微课版

新世纪普通高等教育

生涯规划——探索与管理

CAREER DEVELOPMENT——EXPLORATION AND MANAGEMENT

主编 黄俊毅　郭香敏　李丽华　　副主编 高昊

大连理工大学出版社
Dalian University of Technology Press

图书在版编目(CIP)数据

生涯规划：探索与管理 / 黄俊毅，郭香敏，李丽华主编. -- 大连：大连理工大学出版社，2023.8(2023.8重印)
新世纪普通高等教育基础类课程规划教材
ISBN 978-7-5685-4422-1

Ⅰ. ①生… Ⅱ. ①黄… ②郭… ③李… Ⅲ. ①大学生－职业选择－高等学校－教材 Ⅳ. ①G647.38

中国国家版本馆 CIP 数据核字(2023)第 105107 号

SHENGYA GUIHUA　TANSUO YU GUANLI
大连理工大学出版社出版
地址：大连市软件园路 80 号　邮政编码：116023
发行：0411-84708842　邮购：0411-84708943　传真：0411-84701466
E-mail：dutp@dutp.cn　URL：https://www.dutp.cn
大连日升彩色印刷有限公司印刷　大连理工大学出版社发行

幅面尺寸：185mm×260mm	印张：15.75	字数：364 千字
2023 年 8 月第 1 版		2023 年 8 月第 2 次印刷
责任编辑：齐　欣		责任校对：孙兴乐
	封面设计：奇景创意	

ISBN 978-7-5685-4422-1　　　　　　　　　　定　价：52.00 元

本书如有印装质量问题，请与我社发行部联系更换。

前言 Preface

关于职业规划的教育在我国高校起步较晚,学生的规划意识淡薄,职业成熟度较低。在学校里,有很多的课程教学生怎样管理企业,但很少有课程教学生怎样管理自己,管理自己的学习、工作和人生,以及如何获得成功与幸福。在家庭教育方面,一部分父母的教育过于功利性,学生被安排走同一条道路,学生的特质、兴趣和特长往往得不到应有的重视。因此,高校开展职业规划教育与研究显得十分紧迫和重要。

2007年,教育部明确要求将大学生职业发展与就业指导课程列入教学计划并对教学要求做出了具体的规定(教高厅〔2007〕7号)。近年来,大学生就业问题日益受到广泛关注,不仅普通老百姓关心,国务院及各级相关政府部门也出台了各项措施力促大学生就业。因此,关于职业规划的研究、教育与培训发展迅速。现阶段,我国高校职业规划教育已从单纯的就业指导,主要由辅导员负责,转变为纳入教学计划,主要由专任教师课堂授课,取得了长足的进步。

目前,高校职业指导有日渐转向生涯辅导的趋势。从注重稳定的职业选择向注重变化的职业生涯转变;从只关注职前问题,转变到关注职业早期、中期和晚期的发展问题;从注重单一的职业生涯,转变为将职业生涯与个人的家庭、生活统合考虑;从注重教导式的诊断、提建议指导向注重来访者主动参与、辅导者协助的辅导转变;从以民间、社会为主,过渡到学校、政府,后到企业的全面参与,职业指导发展到职业辅导,又逐渐转向生涯辅导。

本教材正是从职业指导到生涯辅导的一次尝试。当然,鉴于职业在生涯中的基础性地位,作为面向大学生的生涯辅导课程,以满足教学要求为主,本教材仍然将重点放在职业指导。在职业指导阶段,面向大学生讲授职业生涯规划的理念和方法时,编者提出课程的三个目的:关注学生特

质并进行价值引导,引导学生审视使自己成为独特自我的个性特征;唤醒学生职业意识并促进其职业精神要素生成和人生发展;帮助学生制定适合自己的职业方向、目标及相应的计划,以避免就业的盲目性,降低就业失败的可能性,并提供咨询、指导与教育,为个人的职业成功与满足提供有效路径。

本教材编写团队深入推进党的二十大精神融入教材,充分认识党的二十大报告提出的"实施科教兴国战略,强化现代人才建设支撑"精神,落实"加强教材建设和管理"新要求,挖掘生涯规划课程的思政元素,紧扣二十大精神,围绕专业育人目标,结合课程特点,注重知识传授、能力培养与价值塑造的统一,引导学生树立爱国主义情感,积极规划自己的职业生涯,成为社会主义事业的建设者和接班人。

本教材响应二十大精神,推进教育数字化,建设全民终身学习的学习型社会、学习型大国,及时丰富和更新了数字化微课资源,以二维码形式融合纸质教材,使得教材更具及时性、内容的丰富性和环境的可交互性等特征,使读者学习时更轻松、更有趣味,促进了碎片化学习,提高了学习效果和效率。

本教材由厦门大学嘉庚学院黄俊毅、四川工商学院郭香敏、滨州医学院李丽华任主编,营口理工学院高昊任副主编,四川工商学院张红梅参与了编写。具体编写分工为:黄俊毅编写第七章第三节、第四节和附录一;郭香敏编写第一章至第五章;李丽华编写附录二;高昊编写第六章、第七章第一节和第二节;张红梅编写附录三。黄俊毅负责全书大纲策划,统稿并定稿。

本教材适用于大学生职业生涯规划的指导与教学,特别是低年级学生,也可供在就业、职业发展和大学生活方面有困惑的学生自学与参考。

在编写本教材的过程中,编者参考、引用和改编了国内外出版物中的相关资料以及网络资源,在此表示深深的谢意!相关著作权人看到本教材后,请与出版社联系,出版社将按照相关法律的规定支付稿酬。

限于水平,书中也许仍有疏漏和不妥之处,敬请专家和读者批评指正,以使教材日臻完善。

编　者
2023 年 8 月

所有意见和建议请发往:dutpbk@163.com
欢迎访问高教数字化服务平台:https://www.dutp.cn/hep/
联系电话:0411-84708445　84708462

目录 Contents

第一章　基本概念 ·· 1
　　第一节　生涯、生命与生活 ·· 2
　　第二节　工作、职业与职业生涯 ··· 8
　　第三节　职业生涯管理与规划 ··· 14

第二章　重要意义 ··· 18
　　第一节　就业与工作的积极意义 ··· 20
　　第二节　职业生涯规划的重要性 ··· 23
　　第三节　职业生涯管理的必要性 ··· 26

第三章　规划过程 ··· 29
　　第一节　人职匹配 ·· 30
　　第二节　规划模型 ·· 32
　　第三节　影响因素 ·· 36

第四章　自我探索 ··· 39
　　第一节　自我认知 ·· 40
　　第二节　价值观探索 ··· 49
　　第三节　兴趣探索 ·· 62
　　第四节　性格探索 ·· 70
　　第五节　能力探索 ·· 86
　　第六节　生活方式探索 ·· 100

第五章　环境探索 ··· 107
　　第一节　社会环境探索 ·· 108
　　第二节　职业环境探索 ·· 110
　　第三节　家庭环境探索 ·· 117
　　第四节　职业发展评估 ·· 121

第六章 目标计划 …… 126
第一节 生涯决策 …… 127
第二节 拟定目标 …… 137
第三节 开发计划 …… 149
第四节 评估调整 …… 159

第七章 教学评估 …… 168
第一节 思维上的改变 …… 169
第二节 认知上的障碍 …… 172
第三节 管理上的困难 …… 177
第四节 问题及其解答 …… 193

参考文献 …… 209

附　录　大学生职业生涯规划书及其具体要求 …… 211
附录一　职业生涯规划书撰写要求 …… 211
附录二　职业生涯规划书实例点评 …… 213
附录三　课程实践作业与课堂练习 …… 236

第一章 基本概念

【本章纲要】

本章主要讲解基本概念,包括生涯、生命、生活、工作、职业、职业生涯、职业生涯管理、职业生涯规划等。帮助学生厘清职业、生涯、职业生涯之间的联系及其与生命、生活的关系,由此理解和重视生涯规划的要义和重要意义。

【思政元素参考点】

通过对生涯、职业生涯、职业生涯规划等基本概念的学习,珍惜生命的存在、欣赏生命的美好、尊重生命的个性、创造生命的价值、了解人生的挫折和苦难,培养对生涯、对职业的积极心态和负责任的态度。

【引导案例】

有一只猫,他一直不停地追求……

这只猫出生在皇宫里,被称为"虎虎"。"虎虎"是皇帝的宠物,他尽享荣华富贵,却并不快乐,因为他整天只能生活在笼子里,没有自由。

所以,有一次趁皇帝带他散步时,他逃离了皇宫。但一直受到围追堵截,终于有一天他逃到了一艘大轮船上,成了船长的猫。船长不知道他原来的名字,就称他为"哥伦布"。"哥伦布"追随船长游历了整个世界,却并不快乐,因为航行是船长的梦想,而不是他自己的。

于是,一次船长带他下船游玩时,"哥伦布"躲起来没有再跟上船去。他留在了一个马戏团,一位驯兽师发现了他,并开始训练他,叫他"棒猫——亚历山大"。"亚历山大"付出了很多努力,成为驯兽师最好的搭档,可以骑脚踏车穿过有火圈的钢丝绳。驯兽师为此十分自豪,但"亚历山大"却并不快乐,因为他觉得自己只是主人的赚钱工具。

有一次趁主人不注意,他溜走了,来到一家敬老院。老人们疼惜地轮流抱他、宠他、给他东西吃。他们叫他"大黑"。他就这样成为敬老院里的宠物。但"大黑"却并不快乐,因为这不是他想要的生活。

他想要什么呢?他离开了老人们的怀抱和温暖,开始寻找。他现在是一只野猫,随心所欲地流浪,却也不快乐,因为他找不到自己的真正需要。

直到有一天他遇到了自己的梦想——一只小花猫妮妮,他才清醒地意识到:自己想要过的生活,就是娶这只小花猫,一起奋斗,一起生活,和她共度一生。于是,他通过各种努力,终于实现了这个梦想,和妮妮组建了一个家庭,并且有了许多孩子。他成了妮妮口中的"勇勇"。他们全家幸福地生活在一起,直到和妮妮一起老去……

这一次,他没有再选择逃离。因为他拥有了自己的梦想,并拥有了为梦想努力拼搏的人生,这就已经足够了。

(资料来源:黄中天.生涯规划——体验式学习.北京:高等教育出版社,2009.)

我们的生命只有一次,明白自己想要什么,并过上自己想过的生活,才能让我们的生命充满希望和快乐。莎士比亚曾经说过:"人的一生是短暂的,但如果卑劣地过这短暂的一生,那就太漫长了。"人的一生有时间上的长短,更有生命价值与尊严的宽窄和厚薄,能否积极主动地掌握自己的人生才是关键。好好掌握自己人生的前提是,对生命、生活与生涯的深刻了解以及对生涯规划与管理的正确认识。本章将介绍生涯规划的基本概念,掌握这些概念是我们真正重视和做好生涯规划和管理的前提。

第一节 生涯、生命与生活

一、生涯与职业

1. 生涯及生涯规划

对生涯(Career)一词的解释有很多。英文"Career",从字源上看,来自罗马字 Via Carraria 及拉丁字 Carrus,意思是两轮马车,可引申为道路,也就是人生的发展道路。从中文理解:"生",即"活着";"涯",即"边界"。从广义上理解:"生",自然与一个人的生命相关联;"涯",则有边际的含义,因此生涯即指人生经历、生活道路和职业、专业、事业。

生涯发展研究大师舒伯(Super)认为,所谓生涯是指一个人在一生中所扮演的角色的综合及结果。如图1-1所示,生涯是我们从出生到终老的一段过程,这一过程具有阶段性,一个人在生涯发展中要同时扮演多个角色,工作者仅是其中的一个角色而已。因此,生涯规划是对人生各个阶段的规划以及对扮演和平衡多个生活角色的管理。

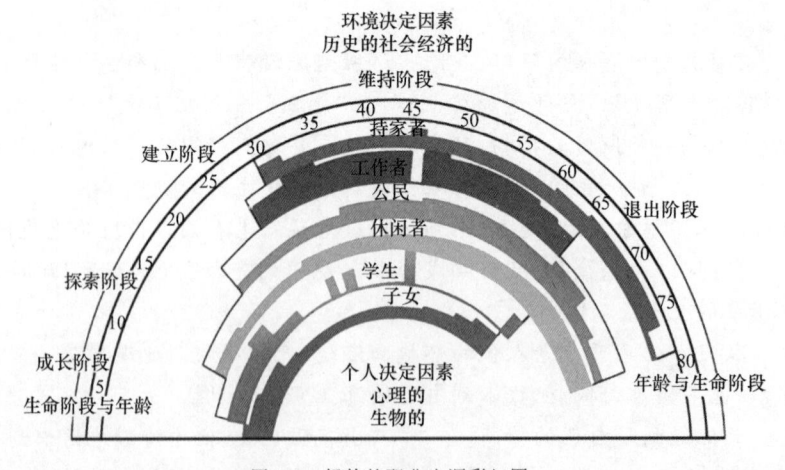

图1-1 舒伯的职业生涯彩虹图

2. 生涯意识与成熟度

唤醒生涯意识，是做好生涯规划的前提。生涯意识，就是一个人对生涯的基本态度、基本观点和立场。首先，你必须认识到生涯是一个发展过程，它呈现阶段性的特点，各个阶段彼此互动、密切关联。其次，你必须意识到每个人都有属于自己的生涯道路，每个人所扮演的角色和水平不同，其人生价值的实现也就不同。相信个人努力还是怨天尤人，将导致完全不同的两种人生。我们所要确立的生涯意识，是一种主人意识（我的生涯我做主）、一种责任意识（我要自己做规划），更是一种奋斗意识（奋斗并快乐着）。

通过生涯规划与管理，不断提高生涯成熟度，并最终得以应对生涯变化及过上自己想过的生活。生涯成熟度是生涯发展与规划的一个重要概念。舒伯认为，生涯成熟是指个人在生涯发展历程中所达到的进度，或是个人面对生涯发展任务的准备度，包括六个向度：职业选择的取向、个人特质具体化、职业偏好的一致性、搜集资料与规划的能力、职业偏好的睿智、职业独立性。据一份调查显示，77%的大学生对"如何规划自己的职业生涯"毫无头绪或仅有初步的了解，因此，帮助大学生提高生涯成熟度是生涯辅导和职业生涯规划教育的重要目标。

3. 职业是生涯的基础

关于生涯及生涯规划的诸多定义中，有些定义比较局限地把生涯限定为职业生涯（Occupational Career），生涯规划即为职业生涯规划。我们认为，生涯是指人一生的经历，职场经历只是生涯的一部分。生涯规划是全方位的，包括：工作、健康、财富、婚姻、人际关系等，这些部分彼此互动。

虽说工作只是生涯的一部分，但工作却是生涯规划的基础。在工作中，个人赚取应得的报酬、享受生活、理财致富、广结善缘或追寻理想的朋友及爱人。对大多数人而言，职业生涯规划是生涯规划的第一步，没有稳定的经济基础和适合的工作，人生的其他规划都不切实际或难以实现。

职业发展是人生成长的关键要素，成功的生涯一般都建立在成功的职业生涯基础之上。马克·吐温是作家，最后成为一代文豪；巴顿是军人，最后成为一代名将；李宁是运动员，最后成为世界冠军。几乎没有人能离开他的职业而获得成功，成功者的背景是其职业。职业能促进自我成长和自我实现，从而让一个人遇见更好的自己，也获得更好的人生。

4. 职业生涯与人生需求

职业生涯大部分是从20岁左右开始的，到60多岁结束，也就是说人一生中真正从事职业活动是35～40年的时间，占人一生生命历程的40%～50%（以平均寿命70岁为基数）。因此，可以说每个人生命的很大一部分时间是在职业生涯中度过的。

马斯洛所提出的人的生理、安全、社交、尊重和自我实现等5个层次的需求，如图1-2所示，都可以通过职业生涯得到满足。但在职业生涯的不同阶段，人生需求的侧重点各有不同。刚参加工作时，可能主要看重物质生活需要的需求满足，但随着基本生活需求的基本满足，会不断提高对高层次需要的需求程度，更希望获得别人的肯定、尊重，获得荣誉、地位，发挥自我才干，实现自我人生理想，而这一切获得都离不开职业生涯这个平台。

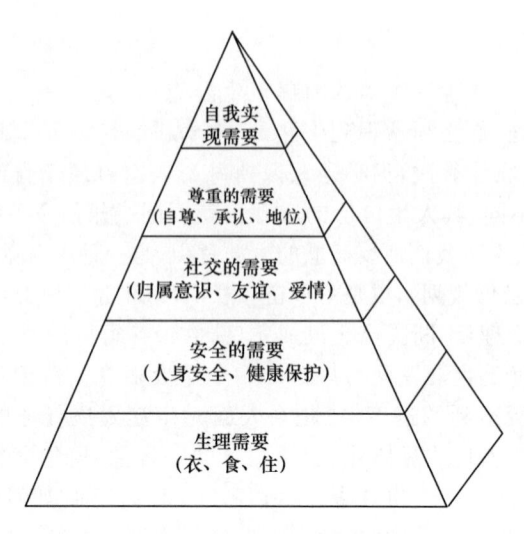

图 1-2 马斯洛的需要层次理论

二、生命与职业

1. 生命及其发展阶段

（1）生命与生命教育

生命是一个由出生、成长、衰老、死亡组成的连续过程，这一过程充满了生理和心理各方面的复杂变化。生命的过程中，存在着太多需要不断去探究的问题。一直以来，生物学、遗传学、热力学、法学、政治学、宗教、文化与哲学等领域都没有停止过对生命的关注和探索。

生命教育是一种多层次的认识生命本质、理解生命意义、提升生命价值的教育。1968年，美国学者杰·唐纳·化特士（J. Donald. Walters）首次提出生命教育的思想，几十年来，该理念的实践在全球已得到迅速发展。目前，生命教育主要针对青少年而展开，黄中天教授在其著作中指出，生命教育主要包括以下方面：认识生命的可贵、珍惜生命的存在、欣赏生命的美好、尊重生命的个性、创造生命的价值、了解人生的挫折和苦难、悲天悯人和承担责任。

（2）生命发展的阶段

生命发展存在阶段性，这是生涯研究的重要内容。一般生命历程可划分为婴幼儿、儿童、少年、青年、中年、老年六个不同的发展阶段，了解不同发展阶段的生理与心理，认识我们自己的生命，才能够在学习、工作和生活中善待自己。然而，我们对生命发展变化的认识，大都侧重在对生理变化的关注，而忽略了对心理需求的满足。

埃里克森是最早、也是最有影响力的研究生命发展问题的学者之一。他认为，人的心理发展可分为8个阶段（见表1-1）。而每个阶段都会遇到某种"危机"，刺激一个人的成长或阻碍其发展。比如婴儿的学习和生存全靠他人，在良好的环境下，婴儿会对父母和其他人建立起信任;反之,婴儿就会对世界产生根本的不信任感,且终生难以消除。每个发展阶段中正面经历与负面经历的比重大小会决定最后结果的性质。

表 1-1　　　　　　　　　埃里克森的 8 个生命发展阶段模型

发展阶段	年龄
1. 基本信任或不信任	婴儿期
2. 自信或害羞、怀疑	2~4 岁
3. 创造或捣乱	4~7 岁
4. 自立或自卑	7~11 岁
5. 懂事或不懂事	少年期和青春期
6. 亲和或孤僻	青年期
7. 多谋善断或故步自封	中年期
8. 乐天知命或怨天尤人	成熟期(老年)期

课堂阅读

- 孔子曰:"吾十有五而志于学,三十而立,四十而不惑,五十而知天命,六十而耳顺,七十从心所欲不逾矩。"
- 王国维谈人生三大境界,第一境界是"昨夜西风凋碧树。独上西楼,望尽天涯路。"第二境界是"衣带渐宽终不悔,为伊消得人憔悴。"第三境界是"众里寻他千百度。蓦然回首,那人却在灯火阑珊处。"

2. 生命发展与职业发展的关系

生涯、生活与梦想都以我们的生命存在为前提。生命的存在受自然环境和社会环境的影响,也与个人对健康的关注和管理有关。成功的职业生涯离不开健康的生命,身心健康同样离不开科学的职业生涯管理。职场竞争与压力日渐增大,如果无法很好地进行压力管理、时间管理、休闲管理,以及人际关系、个人理财和身心健康等方面的管理,可能将需要牺牲健康来获取职业成功。

课堂阅读

- "过劳死"是因为工作时间长,劳动强度大,心理压力大,存在精疲力竭的亚健康状态,最后由于积重难返,突然引发身体潜在的疾病急性恶化,救治不及时而危及生命。据一些媒体调查,制造业、金融业、教育领域、媒体领域人群健康透支最严重;加班严重的行业有媒体、法律、IT、交通运输、广告、快速消费品和房地产,这些行业产生很多"过劳死"案例。
- 中国广播网北京 2013 年 7 月 12 日消息:据经济之声《央广财经评论》报道,想要多挣钱、迅速成长，就要努力工作。可是努力工作也必须要适度。过度的劳累，会损害自己的身体，甚至会搭上性命。看看之前的新闻报道，过劳死的事件层出不穷，从刚刚入职的女硕士，到一线的工人；从淘宝网店的店主，到媒体从业者，似乎各行各业，都有过劳死的风险。根据媒体报道，巨大的工作压力导致我国每年"过劳死"的人数达60万。更令人担心的是，现在逐步成为社会中坚力量的80后成为过劳死的高危人群。

● 另有调查发现，超过七成的80后认为自己处于"过劳"的状态。现在，就连90后也已踏上"疲惫人生"之旅。工作是生活的重要组成部分，但工作并不是生活的全部，为什么这么多人会忽视身体健康舍命工作呢？根本的原因就是社会的压力。有调查显示，近20%的人赞同用健康换取金钱或职位这种方式，还有超过4成的人虽然不认同，但认为必须要这么做。由此可见，人们对于社会的压力，已经习以为常。寻求自我提升，舍弃身体健康，似乎已经成为一种必要的选择。但是人生是一次长跑，跑到终点，才是最终的胜利。"年轻时拿命换钱，年老时拿钱换命"这样的恶性循环，不应该再出现在我们的生命中。

生命发展与职业发展是紧密依存、相互影响的，它们交织在一起，可能相互促进，也可能相互制约。人们在其生命的不同阶段，要面对职业生涯的不同任务和不同的发展问题。25岁职场新人的职业生涯诉求和预期，显然与45岁的经理和65岁的高管有着天壤之别。莱文森的生命周期模型如图1-3所示，对我们从总体上理解成年人生命的发展、把握职业生涯与生命阶段的关系等，有着极其重要的作用。

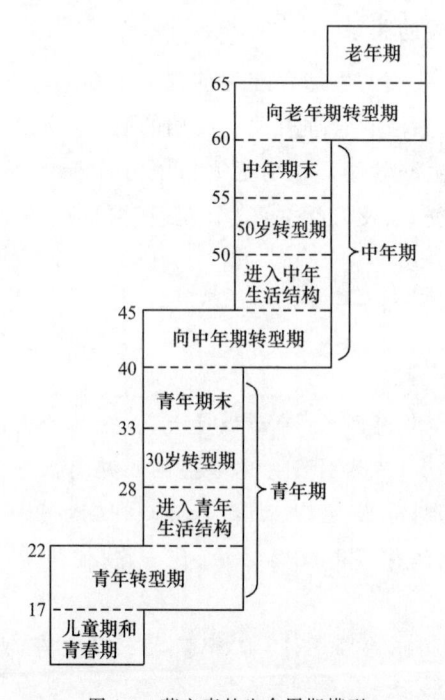

图1-3 莱文森的生命周期模型

莱文森认为，人的生命周期有4个时期：成年前期、青年期、中年期、老年期。每个时期都由稳定期和转型期交替组成。稳定期通常持续六至七年，人们追求实现人生重要价值的目标。稳定并不是指安静下来，而是指人们试图建立期望的生活方式。由于生活方式不可能永远合乎心意，因此就需要有一个调整期，对已经建立的生活方式提出质疑，重新评价，考虑生活中的各个部分并做出改变或调整。稳定与转型、人生价值与生活方式等都与职业发展紧密相关，甚至在很大程度上是由职业发展所决定的。

三、生活与生涯

1. 生活

生活最重要的是"活"，生命的重点是"命"。生命讲究的是尊严和价值，而生活看重的是心态和品质。生活是生命的活动，生涯是生命的过程。一般来讲，生涯重点在于职业生涯，生活重点则在于职业生涯之外。生涯是一个人的人生经历，生命和生活的质量在很大程度上取决于生涯。打个比方，"生命是一张画布，需要生涯去描绘，画上去的便是生活"。

2. 职业发展与生活状态的关系

一个人的生活状态需要时间、金钱和情感的支持，不同的工作能够给予一个人的时间、金钱和情感是不同的，这就决定了不同职业人的不同生活状态。你选择怎样的工作，以及你在这份工作上的表现，将决定着你日后的生活方式，以及对这种生活方式的满足程度。

与其他简单的活动相比，工作要求更多的时间投入，需要更多的体力、智力及情感，对许多人而言，它提供了更巨大的满足感或不满足感。如图1-4所示，工作是生命和生活方式的中心，它就像一个轮子的轮轴，生活中其他重要的方面都围绕着这个轴心运转。而生活是否满足，职业是否成功，很大程度上取决于一个人是否对他的职业生涯进行了有效的规划和管理。

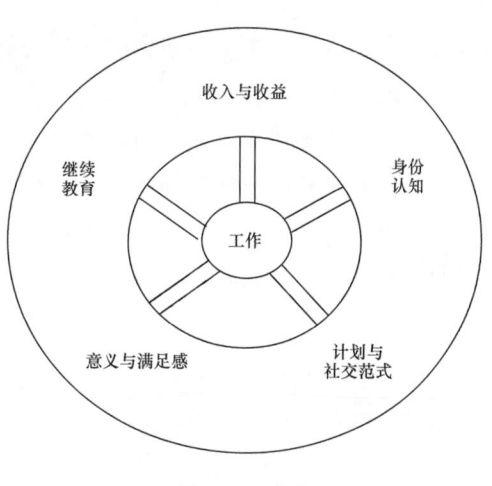

图1-4 工作轮

成功的生涯需要平衡个人、家庭与事业之间的关系，生活平衡也是成功的职业生涯的重要指标。工作与家庭生活在很多方面相互交叉，随着职场女性和双职工家庭的日渐增多，它们之间的角色冲突日渐成为社会热门话题。工作可能会要求我们付出大量时间和精力，甚至把我们搞得筋疲力尽；与此同时，家庭——配偶、子女或父母——又要求我们给予关照和支持。想想你是否会把工作中的情绪、压力或行为模式带回家里，想想你有多少次因为工作而错过了孩子的生日会，再想想你是否曾经为了陪伴家人而放弃了好的工作机会。

课堂讨论与思考

材料	你的感受、想法或者做法
• 自己去一趟墓园，可以是烈士陵园、名人墓地、公共墓地或是村庄的坟地，结合自己清明节扫墓活动，或者亲友逝世的经历，谈谈对生命、死亡的认识。 • 如何达到"把活着的每一天看作生命的最后一天"？请谈谈自己在这方面的认识。 • 马丁·路德·金说："生命的意义在于活得充实，而不在于活得长久"，你怎么看？ • 俗话说"三岁看大，七岁看老"，你认同吗？ • 有网友说："生命是一张画布，随便你在上面怎么画，你可以将幸福画上去，也可以把那些别人对我们的闲言碎语画上去，画上去的便是生活。" • 有网友说："生命是一条艰险的峡谷，只有勇敢生活的人才能通过。我们要学会做自己生命的主角，学会接受并过滤生活。" • 有网友说："生活的理想是为了理想的生活"。 • 职业成功是否代表着生活幸福？ • 如果有一份工作，可以使你获得高收入、高声望，但却要求你牺牲很多与家人、朋友、爱人相处的时间，你是否会接受？ • 一份工作，你最看重的是它的晋升机会、自由时间、稳定性、挑战性还是其他？ • "工作是为了生活"还是"生活是为了工作"？	

第二节 工作、职业与职业生涯

一、工作与职业

1. 工作

这里所探讨的工作是指"有偿工作"，而不包括无偿的义务性工作。我们对"有偿工作"的认识，仅仅起源于约300年前的英国工业革命。在那之前，农业经济笼罩着整个世界,要区分工作和家庭,在很大程度上讲是毫无意义的。

工作这一词语的意义,首先,它是相对于"游戏"或"娱乐"而言的,是指"为特定目的而耗费体力或脑力";其次,它是指"一个人为谋生所做之事",也就是现在社会通常所说的"就业"。一个人拥有一份工作就意味着他必然要减少休闲、娱乐的时间,也意味着他在这个社会上有了生存的基础。

2. 职业

(1)定义

职业的一般词义,是指一个人所从事的行业、专业或领域,或一个人长期从事的具有稳定性的工作。一份工作可能是暂时的、临时性的。而职业则包含较长的一段从业经历,也指稳定性的工作。职业是在生产性效用获得酬金的条件下的工作安排和工作条件的集合体。职业生涯规划强调的不是"打零工",而是在充分探索相关职业的职责与义务、岗位要求与工作条件的基础上,选择一份能发挥所长并能从中获得满足感的职业。

在各类职业中,一些需要接受高深教育或训练的专门职业,如律师、建筑师、医师、教师或会计师等,用专业(Profession)来表达。在体育、娱乐界,一些为赚钱或谋生而全职从事某些专业技艺活动的人,称作职业选手(Professional),与业余爱好者或非职业选手(Amateur)相对。

还可以从两个角度来理解"职业"这一概念。第一,从组织角度而言,职业是组织所提供的一系列职位或一个职业等级链。如实习生、一般职员、领班、主管、部门经理、公司经理、区域经理等。第二,从个人角度而言,职业是一个人一生所从事的相关工作经历。职业必须是能获得提升的、具有专业性的和稳定的。个人是职业的拥有者或者可以把职业看作是一种员工与组织互相拥有的状态。组织所拥有的职业管理系统帮助他们规划和管理员工的职业,员工也会自主规划和管理他们的职业,不仅仅完全根据组织所指定的框架。成功的职业生涯规划必须综合考虑组织需求和个人特质。

课堂阅读

中国灵活就业者已达2亿人

国家统计局相关负责人表示,截至2021年年底,中国灵活就业人员已经达到2亿人,其中从事主播及相关从业人员160多万人,较2020年增加近3倍。中国人民大学发布的《中国灵活用工发展报告(2022)》蓝皮书显示,2021年中国有61.14%的企业在使用灵活用工,比2020年增加5.46%,企业倾向于扩大灵活用工规模。思维活跃、擅长创新的大学毕业生群体成为灵活就业的主力军。根据全国高等学校学生信息咨询与就业指导中心数据统计,2020年和2021年全国高校毕业生的灵活就业率均超过16%。

> 2022年1月,国务院发布的《"十四五"数字经济发展规划》明确提出,鼓励个人利用社交软件、知识分享、音视频网站等新型平台就业创业,促进灵活就业、副业创新。《"十四五"数字经济发展规划》也提出,将进一步健全灵活就业人员参加社会保险制度和劳动者权益保障制度,推进灵活就业人员参加住房公积金制度试点。国家对于灵活就业人群的保障制度及相关措施近年来逐步完善,2021年7月,人社部等8部门共同印发《关于维护新就业形态劳动者劳动保障权益的指导意见》,对维护好新就业形态劳动者的劳动报酬、合理休息、社会保险、劳动安全等权益作出明确要求。
>
> 视频制作、网络主播、文案写手、专送骑手、家政工人……平台经济、共享经济蓬勃发展,孕育出丰富的就业方式,灵活就业也成为当下年轻人的就业新选择。但关于灵活就业还有很多问题值得探讨,例如:灵活就业等于"就业"了吗?灵活就业有没可能是未来的一种职业形式?灵活就业是好的工作吗?灵活就业对于求职者有何利弊?灵活就业对于用人单位有何利弊?灵活就业对于社会有何利弊?灵活就业有"不灵活"的地方吗?灵活就业是全新的就业模式还是零工经济?

(资料来源:中国新闻网)

(2)职业的社会学和经济学意义

职业具有特定的社会学和经济学意义,它是众多学者研究的主要内容之一。管理学中所理解的职业概念仅限于组织中,社会学家和经济学家所使用的职业概念宽泛得多,它涉及个人生活中的方方面面,而不仅是个人的组织生活和专业经历。

职业的社会学意义主要包括:职业是社会分工体系中的一种社会位置;职业产生于社会需要;职业是已经成为模式并与工作相关的人群关系和社会关系;职业同权力和利益紧密相连,每一种职业(群体)在社会分工中都有自身的位置和作用,因此也拥有对他人的权力和经济收益权;职业是国家确定和认可的。

职业的经济学意义主要包括:职业是社会分工体系中劳动者获得的一种劳动角色;职业具有连续性和稳定性;职业具有经济性,劳动者通过职业活动获取经济收入,并以此满足自己和家人的生活需要,职业身价主要受制于市场供求关系的影响。

根据上述观点,我们可以理解就业市场上的很多现象,如铅字排版工、算盘高手等一些为老一辈人所津津乐道的职业为什么会消失,而程序设计师、发型师等新兴职业则层出不穷?律师为什么会成为热门职业?教师的收入为什么没有流行歌手的收入高?我们为什么会根据职业去认识一个人?为什么从事同一职业的人具有一些共性?职业到底有没有高低贵贱之分?

二、职业生涯

1. 定义

职业生涯是指一个人一生中从事职业的全部历程。整个历程可以是间断的,也可以是连续的。它包含一个人所有的工作、职业、职位的外在变更和对工作态度、体验的内在变更。

在英语中,职业生涯(Career)的词义有两种:其一,是指生命历程或人生经历;其二,是指谋生之道或职业,合起来可译为"职业生涯",即与工作或职业相关的整个人生经历。另外,职业生涯一词本身还有"升迁"或"进步"的意思,因此,说到"职业生涯"不是指稀里糊涂过完一生,而且包含"谋求社会地位提升"或"追求事业成功"。

职业生涯包含以下基本含义:

(1)职业生涯是个体的行为经历,而非群体或组织的行为经历。

(2)职业生涯是一个人一生经历与工作有关的经验方式,工作经历包括职位、职务经验和工作任务。

(3)职业生涯是指人的一生中与工作相关的活动、行为、态度、价值观、愿望的有机整体。

(4)职业生涯是一个时间概念,是指职业生涯期。职业生涯表现为连续性的分阶段、分等级的职业经历。

(5)职业生涯蕴含着具体职业内容,它是一个动态的、发展的概念。

(6)职业生涯分为狭义和广义两种。狭义的职业生涯是指直接从事职业工作的这段时间,从任职前的职业学习和培训开始;广义的职业生涯是指从职业能力的获得、职业兴趣的培养、职业的选择、就职,直至最后完全退出职场这样一个完整的职业发展过程,是从零岁人生起点开始。普遍中国学生的职业意识较为淡薄,其实选择大学专业的学习或出国留学等都是职业生涯的一部分。

2. 内部和外部职业生涯

职业生涯是与工作相关的整个人生经历。这个"与工作相关的经历"是很广泛的,包括主观和客观两个方面因素,即内部职业生涯和外部职业生涯。这两部分相互关联,都是职业生涯规划和管理的对象。

(1)外部职业生涯是指与工作有关的客观事件或情境,如工作岗位、工作职责或行为,以及与工作相关的各种决策。

(2)内部职业生涯是指对与工作相关的事件的主观解释,如工作志向、期望、价值观、各种需求以及特殊工作经历的感受。

表1-2展示了一个人的内部与外部职业生涯经历。外部职业生涯是指经历一种职业的过程,包括招聘、培训、晋升、解雇、退休等各个阶段,是职业生涯的客观过程。而内部职业生涯更多地注重所取得的成功满足主观感情的程度以及工作事务与家庭义务、个人休闲等其他需求的平衡,也就是内心的自我实现感,这是职业生涯的心路历程。

表 1-2　　　　　　　　　　　　个人内部和外部职业生涯实例

客观/外部经历	主观/内部经历
14～17岁,物理、化学课成绩优秀	对科学学科感兴趣
23岁,从某校物理系毕业,进入某机械公司	享受解决技术问题的乐趣
23～28岁,几次提升至管理岗位	感到无趣,需要新的激励
28岁,辞退工作,攻读博士学位	享受研究乐趣,成果突出
32岁,获得学位,就职于大型外资企业	享受工作,憧憬未来
35岁,经济动荡,企业变革	希望安全和专业提升
35岁,担任某高校助教	适应专业教学与科研工作
36岁,获得国家级研究课题	希望获得更多研究支持
39岁,至另一高校,任副教授	正确选择,渴望成就
45岁,完成首部专著,任教授	厌倦学术研究,追求实用性
48岁,成为管理咨询顾问	感到管理工作浪费时间
52岁,重新回到学校,专职教学	对工作感到自豪
65岁,从学校退休	享受生活,关注健康

3.职业成功、职业满足与职业选择

对内部职业生涯的评估具有主观性,是一个人对他(或她)自己的职业发展、晋升和目标实现的自我感觉,因此,内部职业的满足感取决于内在的感情和个人价值观。内部职业是职业生涯规划的第一步,主要是根据自我个性特征选择适合自己的职业发展方向。

对外部职业成果的评估主要取决于个人在组织中的等级层次、晋升速度、职业声望、专业资格和收入等,是其他人或组织如何认知个人职业发展、晋升和目标实现的。通过外部评价职业成果更为客观,但外部评价取决于评估者的观察角度。外部职业生涯规划主要是选择职业目标和发展路径。

通过对外部职业生涯的规划和管理,希望能够达成生涯成功(Career Success);通过对内部职业生涯的规划和管理,希望能够达成生涯满足(Career Satisfaction)。职业生涯规划与管理就是要帮助个人实现职业成功与职业满足。而这一切都需要从职业选择(Career Choice)开始,大学阶段的职业生涯规划至关重要。

课堂阅读

高薪贫困症

有些白领薪水高,但因为过高的债务和生活成本,时常存在收入不抵支出的"相对贫困",以及由此带来的紧张焦虑感。从个人职业生涯发展的角度来说,可以理解为部分职场人拥有较高的收入,但职业价值感不足。因为职业生涯规划不清晰,内心诉求未得到满足,家人期望未得到满足,因而产生职业心理焦虑。

课堂讨论与思考

材料

- 对你而言,工作仅是谋生手段还是一份事业?
- 什么样的工作才能成为事业?
- 对于工作,你是否真心喜欢?是否不计回报?是否可以延续终生?
- 让一个人坚持下来的动力,是自我价值实现的满足感。如何激发一种源动力?其靠的是对兴趣和价值观的追求。
- 如果说工作是为了薪水,升迁是为了社会尊重,那么拥有事业则是为了释放自己所有的能量。
- 选择工作就是选择将来的自己。
- 既然你不必为了生存而工作,那你为什么不寻求一份事业?
- 为什么会出现"阿鲁族"?
- 你认为"阿鲁族"是一种追求幸福生活的生存选择吗?
- "阿鲁族"有没有可能会是未来的一种职业形式?
- 职业有高低贵贱之分吗?
- 如果你喜欢的工作,大家却觉得不体面,怎么办?
- 观看日本电影《入殓师》,你是否深受感动?你是否愿意从事入殓师职业?
- 职位、职业和职业生涯的区别。

职业生涯包含了一个雇佣时间跨度,这期间涉及一个或几个职业,而在每个职业中又有一系列的职位。职位是在某一职业中的一个岗位。一个人可以在某一职业中陆续拥有一系列的职位。例如,网络管理员是一个职位,信息技术是一种职业,而从数据录入员做到网络管理员的过程则展现了一个人的职业生涯。我们所要规划和管理的不是一份工作或一个职位,而是职业的发展,即职业生涯,是人生的一段重要的经历和过程。

你的感受、想法或者做法

第三节　职业生涯管理与规划

一、职业生涯管理

职涯规划：遇到更好的自己

1. 定义

职业生涯管理(Career Management)是指个人和组织进行对职业历程的规划、职业发展的促进等一系列活动的过程，包括职业生涯决策、设计、发展和开发等内容。而职业生涯管理又属于管理学人力资源管理的一个方向，它涉及管理学、人力资源管理、心理学、社会学、经济学等学科领域。

2. 主要内容

(1)职业生涯规划(Career Planning)，包括明确自己的核心价值取向，探索性格、兴趣与能力类型，确立职业发展战略目标，设计职业发展轨迹和路径，形成分阶段渐进实施的具体行动方案。

(2)职业生涯开发(Career Development)，包括职业生涯不同发展阶段所进行的职业基础素质教育、职业技能培训和其他修炼活动。如大学的专业学习、毕业后在工作单位的在岗或脱岗培训、根据职业发展需求和个人兴趣选择和参加社会培训、开发第二技能等。

(3)职业生涯调控(Career Controlling)，包括在职业发展过程中，根据内外情势随机应变，对规划实施情况进行跟踪监控，对短期与长期、局部与全局、个人与组织、个人与家庭等一系列矛盾和冲突进行平衡、协调等。

3. 管理宗旨——"工作并快乐着"

职业生涯管理的基本宗旨，简单地说，就是让人们"工作并快乐着"。在当今社会，无论是对于个人追求幸福生活和事业成功，还是对于组织实现人力资源管理战略，抑或是对于社会和谐稳定和经济持续发展来说，职业生涯管理都具有越来越重要的现实意义。

"工作并快乐着"，这是我们每个人的美好愿望。人们大都感到劳动辛苦、工作有压力，但这主要不是由劳动、工作本身引起的，而是由于"劳动为什么"或"为什么而工作"这两个基本问题没有搞清楚。职业生涯管理强调工作本身的内在价值、人生追求的内在意义，在很大程度上就是帮助人们端正工作态度，树立积极向上的人生观和价值观。

现代职场中的有些员工表达了诸多抱怨与无奈，更无法从工作中激发激情并寻找生活的意义。这正是因为他们欠缺职业生涯规划和管理的正确理念，更没有掌握将这种理念运用于实践的方法。

二、职业生涯规划

1. 定义

职业生涯规划(Career Planning)是在了解自己的基础上，确定适合自己的职业方向、目标,并制订相应的计划,以避免就业的盲目性,降低就业失败的可能性,为个人的职业成功和满足提供最有效率的路径。

对该定义的理解,必须把握以下五大要点:

要点1:职业生涯规划包括两大要点,即"衡外情""量己力"。

要点2:职业生涯规划的重点在于拟定目标与计划。

要点3:职业生涯规划不仅针对职场晋升,而且还应该着重于实现心理上的满足。

要点4:职业生涯规划是一个不断发展和调整的过程,因为它要考虑个人、家庭、组织和社会等多方面的因素。

要点5:发挥优点与特长,选择适合自己的职业道路。

2. 认知误区

大学生对职业生涯规划的理解往往存在以下误区:

误区1:找工作就是首先到处搜集信息、到处托人找关系。

职业生涯规划有两个重点,即"衡外情""量己力",而首要的任务是内省,即了解自己。就业信息与社会关系是求职面试的关键因素,但并不是择业与职业发展的首要因素。谋求一份职业首先得从分析自身个性特征入手,如果合适,自当去追求,如果不合适,宁可放弃。个人职业生涯规划是建立在个体差异的基础上的,它无从抄袭也无须应付。

误区2:职业生涯规划主要是针对晋升的。

晋升计划是职业发展规划的重要组成部分,它反映了个人职业生涯的成功。但职业生涯管理包括对内部和外部职业生涯的管理,职业生涯规划不仅是针对晋升的,还应着重于实现心理上的满足。

误区3:赶紧纠错补缺以找到一份好工作。

职业生涯规划的理念是发挥优点与特长,选择适合自己的职业道路。中国传统教育强调纠错补缺,并以此来定义一个学生是否是一个"好孩子",以完美来定义进步。但事实上,大多数人的缺点总比优点多,而且很多缺点都很难改变。当人们把时间和精力都放在弥补缺点上时,就无暇顾及增强和发挥自己的优点和天赋。而优点和天赋则更容易保证一个人的成功。当然,这并不意味着我们可以不必注意自己的缺点,而是要从职业生涯规划的理念出发,扬长避短。

误区4:职业生涯规划主要思考职业发展问题,与家庭状况无关。

大学生职业生涯规划受制于诸多因素,不仅必须考虑宏观的就业形势、社会经济状况等,还必须考虑组织需求和家庭状况。成功的职业生涯规划必须平衡个人、事业和家庭的需求。大学生在完成职业生涯规划时要么完全听从家长的安排,要么完全不和家长商量,虽然两代人之间沟通很难,但考虑父母的需求以及沟通的过程是十分必要的。来自不同家庭的孩子以及父母对孩子在感情、时间和金钱上的不同需求将直接影响个人的职业生涯规划。

误区5:职业生涯规划是一成不变的,无须调整与修改。

职业生涯规划是一个不断发展的过程,保持灵活性,适时地评估与调整是必要的。整个社会大环境在发生变化,职业本身在发生变化,你个人本身也在发生变化,如何应对这些变化,就是做好规划和准备。有效的职业生涯规划必须处理好稳定性与灵活性之间的关系。

误区6:职业生涯规划等于创业计划。

创业是职业生涯的一部分,但创业计划不同于也不能替代职业生涯规划。职业生涯规划更关注你是否适合创业,你是否选择了一条适合自己的创业道路,你是否了解并准备迎接创业者的艰辛与挑战以及创业者的心路历程等。

误区 7:我已经找到工作了,无须做职业生涯规划。

职业生涯规划主要是帮你思考什么是适合自己的工作,并指导你在职场上做一个有目标、有追求、有准备的人,并不仅仅是帮助你找到一份工作。更何况,职业生涯是一个长期的过程,找到一份工作仅仅是个开始而已。

3. 规划主体

职业生涯规划的主体可以是国家、组织和个人。改革开放以前,我国在特定的历史条件下,提倡组织成员与个人应当无条件服从国家或组织的需要与安排。如今,在市场经济条件下,个人的尊严、命运与权利得到了重视,大学生毕业后进入职业市场进行双向选择,企业也必须重视员工职业生涯的自主选择与开发。

(1)社会对职业生涯的规划是指国家根据地区、行业和人才的布局,对人才的需求、培养、引进和发展等所做的总体规划。如三峡工程导致的人口迁徙、国家会计学院的建立等。就个人而言,必须适应环境,善用社会资源,学会在社会大环境下求发展。

(2)组织对职业生涯的规划是指在职业匹配过程中,组织对个体的职业选择进行指导和组织对职业匹配过程的规划。组织必须塑造相互尊重的组织文化,适时进行职业指导,帮助员工开发职业发展方案和措施;根据员工特点,将合适的人放在合适的岗位上;把员工的个人需求与组织需要统一起来,做到人尽其才,并最大限度地调动员工的积极性。

(3)个人对职业生涯的规划是指在职业匹配过程中,个人根据自身的个性、能力、素质、家庭、婚姻和年龄等因素进行职业设计与职业选择。本课程主要从个人角度对个人职业生涯进行规划。这要求个人自身必须有准确的职业定位,理性思考,积极探索并充满自信。

国家、组织和个人构成职业生涯的三维规划。职业生涯的发展是社会、组织和个人相互作用的结果,有效的职业生涯规划必须综合考虑社会、组织和个人三方面因素。大学生虽然还未进入社会和职场,但在进行职业生涯规划的过程中,必须适当考虑社会形势与组织需求,这样才能抓住机遇和规避风险,并实现个人需求与职业要求的平衡。当然,作为面向大学生的职业生涯规划教育,必须首先强调大学生个体的主体地位和作用,每个人都必须根据自己的实际情况拟定一份适合自己的职业生涯规划书。

课堂讨论与思考

材料	你的感受、想法或者做法
• 为什么要首先从"了解自己"开始规划个人职业生涯?	_____
• 结合职业生涯规划说说你的优点和缺点,你更了解自己的优点还是缺点?	_____

本章·课后练习

1. 工作、职业和职业生涯各自对应的英文单词是什么，试简要分析它们的区别。

2. 以你所熟悉的人物为例，分析一下职业与生命、职业与生涯、职业与生活的关系。

3. 谈谈大学生、大学生活以及你现在所修读的专业，跟你未来的职涯和生涯有何联系，为什么。

4. 请采访一下你周边已经工作的亲友，看看他们是否喜欢他们现在的职业，以及他们对职业成功的评价标准是什么、职业满足感主要来自哪里等问题。

5. 对于"长大以后想做什么、未来的理想是什么"这类问题，当你还是小学生时的想法是什么？当你是中学生时的想法是什么？当你现在是大学生了想法又是什么？如果你初入职场还会有想法吗？步入中年呢？

第二章 重要意义

【本章纲要】

本章主要阐述重要意义,包括就业与工作的积极意义、职业生涯管理与规划对社会、组织和个人的重要性等。帮助学生深刻认识职业生涯规划的重要意义,激发学生成长需求,确立学生对就业和规划的正面认知,为职业生涯规划奠定基础。

【思政元素参考点】

通过对就业、职业发展、职业生涯规划的重要意义的学习,树立正确的就业观,勇敢地去追求自己的梦想,激发对未来的美好向往和献身新时代建设的使命感,同时对自己的成长负起责任,确立积极调整和应对困难的态度。

【引导案例】

这是一份放在某人才网站上的简历。从其个人工作经历来看,旅游行业应该可以开出较高的薪水来聘请她。但从其求职意向来看,她并不想在旅游行业就业。那她是否可以如愿以偿地找到一份法律或法务类工作呢?

陈××在旅游行业工作了11年之后,为什么要放弃自己耕耘已久的行业?为什么要重新谋求一份自己完全没有相关工作经历、门槛又相对较高的职业?她面临的问题是"找不到工作,还是找不到适合自己的工作,又或是找不到自己"?

陈××简历(本科/法律/11年工作经验)

目前供职情况:我目前处于离职状态(或还未就业状态),可立即上岗。

基 本 情 况					
姓　　名：	陈××	出生日期：	1980－××－××	性　别：	女
身份证：	×××××	户　　口：	×××	婚姻状况：	未婚
工作经验：	11年经验	视　　力：	良好	身　高：	×××
目前月薪：	6 000～8 000元	专业职称：	中级职称	政治面貌：	×××
家庭住址：	××××××××			工作时间：	2000年
通信地址：	××××××××				
手机号码：	×××××	个人主页：			
电话号码：	×××××	电子邮箱：		×××××	
电脑水平：	熟悉 Word、Excel 等办公软件的应用				
教 育 背 景					
2009-09～2010-07	××大学		法律		本科 （自学考试）
2008-09～2009-08	××大学		法律		大专 （自学考试）
1995-09～1997-06	××中专学校		财会		中专(全日制普通高校)
工 作 经 历					
2007-08～2008-09	××××餐厅				副总经理
工作描述:酒楼开业前期筹备(人员招聘、培训、采购、财务监控等);酒楼开业后负责管理楼面及厨房出品,监管财务					
2005-10～2007-07	××××旅行社 （业务部）				业务部经理
于南京设立办事处,招揽华东地区旅游业务					
2003-10～2005-09	××××酒店 （销售部）				销售部经理
工作描述:制定销售策略和工作计划,带领部门销售人员完成销售任务。定期对下属进行绩效评估,按照奖惩制度实施奖惩,并组织实施培训,提高销售人员的素质					
2000-02～2003-09	××××旅行社 （观光部）				导游
工作描述:接待公司客户,带领来厦门的游客参观游览,带领厦门游客赴国内各地旅游					
培 训 经 历					
2010-10～2010-10	××××培训机构 （厦门航空港大酒店）				主题:企业教练培训
发现自身的盲点,明确自己的目标,改变固有的思维、行为模式,成为教练型管理者					
2010-03～2010-06	××××旅游局				主题:国家中级导游培训
中国古代文学、中国旅游知识					
2004-12～2005-01	××××				主题:机动车驾驶培训
2004-03～2004-06	××××旅游局 （旅游培训中心）				主题:旅行社经理资格培训
2003-03～2003-03	××××旅游局 （旅游培训中心）				主题:国家导游人员资格培训
自我评价：	性格开朗外向,工作认真积极,与同事相处和睦,有较强的组织、协调及沟通能力				
求 职 意 向					
工作地点：	××市				
意向行业：	法律				
意向岗位：	律师/法务类				

该求职者陈××面临两大矛盾,即(1)自己与职业;(2)理想与现实。她并不是找不到工作,而是找不到自己。她一边工作一边通过自学考试获得了法律本科学历,是一个有理想、有追求的年轻人,可以推测从事法律或法务相关的工作是她的梦想,但为什么工作了11年之后才重拾这个梦想呢?她没有错,职业也没有错,但她找不到她想要的工作;理想没有错,现实也没有错,但理想与现实却渐行渐远。

规划能够缩小理想和现实之间的距离,能够让你早日找到适合自己的职业。在工作11年之后,陈××陷入这样的窘境,这是她在职业生涯早期,缺乏职业生涯规划意识和技能所致。但我们相信,在陈××刚踏入社会工作时,可能为了生存的压力,只能选择就业门槛相对较低的旅游业,这或许是没有办法的选择。现在的大学生,学习职业生涯规划的意识和技能,能够帮助你们及早做出规划而不要等没得选的时候再来后悔。

对于现在的陈××,她该如何来面对这个问题?首先,她仍然可以重新来做职业生涯规划,在增加对自己和职业了解的基础上,选择更现实和适合的道路。但更为现实的选择可能是调整,而不是重新规划。例如,根据积累的旅游业一线工作经历,她可以选择培训、咨询等工作;或者去参加司法考试,勇敢地去追求自己的梦想。规划和调整,这是职业生涯管理的两大内容。在人生和职场变化如此快速的当今社会,规划能让我们保持一定的方向感,调整则能更好地让我们不断接近理想。

第一节 就业与工作的积极意义

一、成长与独立的需求

成长与独立是大学阶段的重要主题之一。大学生在这一阶段总是想极力摆脱父母的束缚,但又存在严重的依赖心理,这常常使他们困惑不已。其实,不管个人是否愿意,成长的过程从未停止过,你终将成为一个成年人。就像很多大学生的感受,其实你已经"被迫长大了"。而作为一名成年人,你必须学会独立,独立也就意味着成长。这个独立包括经济独立和自主决策两个方面。成长与独立意识较高的学生往往能做出一份有效的职业生涯规划。因此,克服依赖心理,做自己命运的主人是职业生涯规划的思想前提。

本课程要求大学生首先必须把自己当作一个自主独立的个体,一个能够自行决策并承担决策后果的成年人,一个能够进行积极探索和理性思考的决策者。在大学里,很多学生成长意识不强,他们"想长大"却"不想长那么大",他们想像成年人那样自由地去恋爱和选择,但却无法像成年人那样去承担和执行,他们一味任性地要父母"不要管他们",但却希望父母能够"替他们擦屁股",甚至在必要的时候"替他们负责",他们不愿那么理性、痛苦地去思考,而宁愿选择没有思索的人生,这严重阻碍了大学生做出一份有效的职业生涯规划。你必须学会处理对自己、对世界的一些信息,你必须克服以自我为中心的习惯而学会与他人相处共事,你必须懂得处理个人选择与社会机会的关系等。总之,大学生们从此刻开始必须像个成年人那样思考和行动。

是想一想的时候了,毕业后,你将如何生存?你准备找一份怎样的工作?你想要什么样的生活方式?

课堂阅读

• "你读大学选专业,选的是你父母喜欢的专业,而不是自己喜欢的专业。你报课外活动与选修课,报的是那些容易过并且分数高的课程,而不是你所喜欢但不太轻松的课。你选工作,选的是轻松并且赚钱多的工作,而不是你当初执着追求的那份工作。那你凭什么抱怨你一直找不到喜欢的工作呢?"

二、就业的积极意义

从哲学意义上讲,人由工作而定义。劳动是人区别于其他低等动物的根本标志,工作是人类实现自我潜能和价值的基本途径,也就是说,人需要通过劳动成为真正意义上的人。尤其是在现代社会,一个人的职业发展路径在相当程度上支配和决定着人生成败,职业生涯的价值实现就是一个人生命意义或人生价值的主旋律。

作为一个成年人,一个明显的变化就是你要自己谋生,你的重要活动和主要时间将花费在工作上,工作决定着你的经济收入、时间分配、社会关系网、个人成就等,选择怎样的工作将决定着你的生活方式以及你对这种生活方式的满足程度。具体而言,就业是大多数人一生的一段重要经历。从精神层面来看,就业可充实生活、实现个人理想;就经济意义而言,就业可满足个人欲望、供应家庭需求;就社会层面的意义来说,就业更可促进国家建设,创造源源不断的经济生产力。

三、工作的基本回报

1. 工资

工资是工作的重要组成部分,你的生活水平主要是由你的工资水平所决定的。不管你是不是"月光一族",保有一份工作毕竟能够使你拥有一份收入,这份收入还将在很大程度上决定着你物质生活的丰富程度。

2. 稳定性

对于很多人来讲,稳定性是工作的重要组成部分。工作的稳定性意味着不必担忧生活费用,不会遭遇失业、调职或转业。在环境日益变化的今天,工作的稳定性不仅取决于你的努力程度,更取决于你的工作适应性以及不断提高的工作技能。

3. 人际关系

人际关系就是通过思想与行为与他人的交流和联系,对于很多人而言,这体现了他们工作的主要价值。参加工作,加入社会,融入人群,克服以自我为中心的意识,学会与他人相处和共事。工作是接触人并向其他人学习的机会。观察周围的朋友,你可以发现个人交际圈很大程度上受制于职业性质。

4. 工作挑战

人们可以从工作中了解自己的兴趣和能力，提高对自我的认识，然后进一步通过工作任务发挥自己的能力、满足自己的兴趣，最终完成自我实现。对于有些人而言，有一份具有多样性而不单调的工作十分重要，而有些人则认为这并不重要，工作环境、工作条件、工作方式等都可以影响个人对工作的满意程度。但不管怎么样，享受工作所带来的挑战是重要的人生体验和个人成就感的来源。

很多面临毕业的大学生对就业充满恐惧感。其实，想要经营一个成功快乐的职业生涯，对就业必须有更为积极的认知。职场充满挑战，有机会也有危机，是丰富人生的淬炼所，尤其是在学识、人格、思想都达到一定成熟度的时期，进入就业市场，正如同进入人生的另一个缤纷的世界，不必恐慌，只要提前做好规划与准备，就能享受工作的快乐和成就。有人言，三十岁以前，从工作中学经验；四十岁以前，在工作上交朋友；四十岁以后，靠累积的人脉升职或创业。

就业是另一次学习的开始。社会是人生最好的学校，当然其中不乏尔虞我诈，但也有温情互助的一面。职场竞争日趋激烈，就业后，更不能放弃学习的动力与欲望。为了应对未来就业环境的改变与发展趋势，就业者更应以积极、健康的心态投入就业市场。在校大学生对上述就业和职业发展积极意义的认知程度，将在很大程度上决定着他们是否会重视职业生涯规划，也将决定着他们毕业后是否能够热爱工作。

课堂讨论与思考

材料	你的感受、想法或者做法
• "你以为，未来你不想，它就不来了吗？" • 对于未来，最大的问题不是无法预言，而是毫无意识地认知和故意逃避。 • 算一算，你一生花在工作上的时间有多长？ • 没有工作，意味着什么？ • 职业选择和职业表现对生活有何影响？ • 你觉得人为什么要工作？ • 你中了巨额彩票还会去工作吗？ • 你以为不用工作就会很幸福吗？ • 工作本身是具有激励性的。 • 工作能够也应当让你获得乐趣。 • 工作本质上是为了满足他人的需求，员工的终极目标是要为公司创造价值，只有当你对公司和社会更有价值的时候，你的价值才会被认可，你的事业才会有发展。	

第二节 职业生涯规划的重要性

一、职业生涯规划和决策制定的必要性

职业生涯规划和决策制定的必要性值得学习吗？罗伯特·洛克在其职业生涯规划教材中提出了这个问题，并对其做出了回答。首先，在当今世界，我们面临着各种不确定性，而机会总是留给有准备的人，缺乏职业生涯规划的人将依靠运气救助自己。其次，并非所有的学生都能对某个职业做出明确的选择，而学习职业生涯决策的过程会使你终生受用。最后，职业生涯具有许多重要性，它关系到你人生的大部分时间、你的自我认同感、收入来源，还有你的生理和心理的幸福感。你所要做的工作占用了你毕生最好的年华，让你赖以为生，并且界定了你是一个怎样的人，它决定了你的生活方式和身心健康。它是如此重要，因此职业决策绝不能让别人代劳。

大学生存在各种各样的困扰，既有关于大学生活的，也有关于日后就业的。很多大学生对于如何过好大学生活并没有过多的想法，甚至充满困惑。他们迷茫于校园的学习、社团和恋爱等活动。对于就业问题，有些人同样充满困惑，为什么很多人认为"上大学就能找到一份好工作"，而当我们上了大学后，却发现周围充满了"大学生就业难"的言论和事实。"毕业后出国、考研还是就业？如果就业，那究竟什么样的职业适合我，是否应该先就业再择业"等问题让大学生们十分迷茫。职业生涯规划属于自我管理和自我教育的一个重要构成部分，而现阶段却十分缺乏自我教育课程。关于大学阶段的困惑，包括成长问题和就业压力等，职业生涯规划的理念和方法将可以为当代大学生提供关键帮助，指明思考与行动的方向。

课堂阅读

- 美国著名人力资源顾问罗杰·安德森曾经对100位退休老人进行问卷调查。其中一道题目是"回顾你的一生，你最大的遗憾是什么？"调查的结果令人吃惊，90%的老人认为："一生中最大的遗憾是选错了职业！"

二、职业生涯规划对个人的积极意义

职业生涯活动将伴随我们的大半生，职业生涯规划是人生规划的基础和核心，拥有成功的职业生涯才能拥有完美人生。

规划意义：降低人生不确定

大学阶段将为整个职业生涯奠定坚实的基础，如何激发大学生的学习动机，使其产生强烈的求知欲，充实地过好大学生活，为迈入社会做好充分准备呢？职业生涯规划是有效的方法之一。大学生首先要认识到职业生涯规划的重要意义，才能切实有效地使用这一方法积极地进行自我提高和自我管理，从而成就一个成功而幸福的人生。

1. 加强自我认知,使学生重新审视形成自己独特自我的个性特征

在那个"为大学而来,为大学而去"的高中时期,学生的自我意识并不高。在中国的传统家庭教育中,很多人被要求走同一条道路。其实,每个人都有个性,职业生涯规划正是建立在个体差异的基础上的,适合每个人的路必然是不同的。学生在规划自身职业发展道路时,必须首先充分认识到自身独特的个性特征,职业生涯规划绝不是"千篇一律""人云亦云"。

在大学阶段,学生正处于20岁左右的年纪,与来自不同地方的同龄人朝夕相处、共处一室,自我意识极大觉醒。一份行之有效的职业生涯规划将会引导学生正确认识自身的个性特质、现有与潜在的能力优势,从而有利于大学生及早规避就业、择业中的误区,重新对自己的价值进行定位,挖掘与激发潜能,寻找适合自己和能够更好地发挥自己专长的道路,做出长远规划,实现自己的人生价值。

2. 引导就业探索,使学生关注社会环境变化及新要求带来的挑战

现阶段的中国是一个发展速度非常快的发展中国家,经济、社会等各个方面都面临着急剧的变革,大学生所处的就业市场更是瞬息万变。凡事"预则立,不预则废",职业生涯规划能够引导学生关注就业市场需求及其变化,帮助学生找到自身特点、优势与专业特点、社会需求的最佳结合点,根据主客观条件设计出合理且可行的职业生涯发展方向,从而让学生更有效率地学习而不至于"死读书"。职业生涯规划还能够让学生明确奋斗目标,调整就业的期望值,提高学生的择业能力,从而应对未来变化,迎接就业市场激烈的竞争,避免在择业过程中出现的各种高不成低不就而后只好盲目就业的现象。

职业生涯规划还要求学生对各自家庭状况进行探索,了解家庭在择业和职业发展中能够提供什么帮助和存在哪些障碍,家庭困难的孩子和家庭富裕的孩子的职业发展道路有很大的不同。另外,父母对孩子在金钱、时间和情感上的需求也是需要考虑的因素,本课程鼓励学生加强与父母的沟通。虽然这样的沟通往往很难,但这是一个必要的过程,因为能否有效地平衡个人与家庭需求是衡量一份职业生涯规划是否有效的重要标准。

3. 促进理性规划,使学生追求理想并制订有效的学习与发展计划

哈罗德·孔茨说:"计划工作是一座桥梁,它把我们所处的这岸和我们要去的对岸连接起来,以克服这一天堑。"计划工作能够为组织指明方向与建立协调的关系,帮助降低环境变化的冲击以及设立控制与评估的标准,同时为组织成员提供一种激励。规划是计划的一种形式,其重要性如计划一样,对一个国家如此,对一个组织如此,对大学生个人生涯更是如此。是否拥有规划,人生将会有不一样的结局。如果你今天缺乏规划,那其实你就是在规划着失败。

职业生涯规划能够使学生树立明确的职业发展目标与职业理想,评估个人目标与现实之间的差距,促进学生学会运用科学的方法、采取可行的步骤与措施,不断增强职业竞争力。大学生只有建立了明确的目标和计划,掌握了自我完善的方法和途径,才能将旺盛的精力投入到学习中。职业生涯规划可以增强发展的目的性与计划性,提升成功的机会。在职场上,如果缺乏规划,你可能将接受一份不喜欢的工作,也可能将花费大量时间和金钱用于你所不需要的培训与教育上,你更不可能从你每天的工作中得到满足和快乐,更谈不上追求幸福人生了。

课堂阅读

> ● 中国人口宣传教育中心全国青少年健康人格工程课题组,对北京地区学生进行的一对一的访谈调查结果显示:大学生中,有一半对未来没有明确的规划;有三分之一与父母不沟通;有四分之一与父母出现矛盾才主动沟通;有近二分之一在社会交往中缺乏安全感;有约五分之一对现实生活感到空虚不安;有五分之三觉得孤独。

三、职业生涯规划对社会的积极意义

失业是社会动荡的重要根源。一方面,据不完全统计,每年就业市场上新增加的劳动力,大学生就占了超过60%的比例。如果能够很好地解决大学生就业问题,就可以为社会稳定和发展奠定良好的基础。另一方面,大学生就业后仍然会面临职业发展的问题,例如,个人需求与组织要求的矛盾、个人发展与家庭状况的矛盾等,这些问题都将影响到个人健康和组织可持续发展。职业生涯规划能促进大学生及早为就业做准备,帮助平衡个人、家庭与事业的需求,从而有助于构建和谐社会。

1. 有助于解决大学生就业难的问题

首先,市场经济下的教育体制发生了重大变革,大学生的就业率已成为检验高等学校办学质量的一个重要指标。近年来,高等院校招生规模的扩大、继续教育的普及、市场经济的发展等因素使得大学生的就业形势日益严峻,有些大学毕业生不得不面临"毕业即失业"的尴尬局面,或者形成频繁跳槽的心理。在这样的背景下,上至国务院,下至各级人才管理中心纷纷出台各项措施促进大学生就业。各高校逐渐提高对大学生就业问题的关注,在大学阶段提供有针对性的职业生涯规划指导被广泛认为是解决大学生就业难问题的有效措施。

2. 有助于实现组织人力资源的优化配置

不同的职业和岗位对从业者具有不同的要求,不同的人对职业的期望值也不同,通过职业生涯规划将两者优化组合,才能做到人尽其才。再者,当人们从事自己所喜爱或适合的工作时,他们会全身心地投入,能够充分发挥自身的潜能,因此,职业生涯规划能够提高员工的幸福指数并调动员工的积极性,从而提高劳动生产率,增加企业长期的经济效益。

3. 有助于促进个人与社会的适应发展

大学生就业不是单纯地找工作,它必须是正确的、科学的职业选择和有责任的职业理想规划与实施。一方面,职业生涯规划能够帮助大学生树立正确的人生观、价值观和就业观,鼓励大学生追求理想、立志成才、建功立业,引导大学生正确认识社会竞争和自身在社会中的价值,从而促进社会发展和进步。另一方面,社会的需要决定职业的范围、层次和性质,职业生涯规划引导着大学生将自身状况和现实相结合,根据社会发展的需要正确择业,促使职业人不断调整自己的职业目标,与社会需要相适应,从而为社会和谐提供保障。

成功的职业生涯设计对于大学生的择业乃至一生的发展都有重要的意义。

课堂阅读

- 根据教育部统计,近年来高校毕业生数量逐年攀升:2020届高校毕业生874万人,同比增加40万人,毕业生人数再创历史新高。
- 中国具有第三方公正性的教育数据咨询公司麦可思(MyCOS)发布了《2020年中国大学生就业报告》。报告显示:2019届本科毕业生平均月收入5 440元。2019届本科毕业生就业比例最大的行业是"教育业"。

课堂讨论与思考

材料	你的感受、想法或者做法
• 有人说"上大学能找个好工作",也有人说"大学生就业难",你怎么看?	————————
• 有人说"一毕业就失业,大学生毕业时充满哀伤",你怎么看?	————————

第三节 职业生涯管理的必要性

一、通过有效管理个人职业生涯实现职业成功与满足

就个人而言,我们中的很多人都正处于对将来职业选择和发展的迷茫状态中。而这种迷茫来自环境的不确定性,职业生涯管理正是为了应对这种不确定性的。常言道:"计划赶不上变化"或者"唯一不变的就是变化",但是,如果你连基本的计划都没有,那如何去应对变化呢?计划不否认变化也不能消除变化,但职业生涯规划和管理可帮助你抓住环境变化所带来的机会并化解环境中存在的威胁,从而更有利于实现职业成功与个人满足。

(1)社会、经济、技术和文化等环境的急剧变化,个人职业中不稳定和不确定的因素增多,职业的成功和满足将属于那些了解自己、懂得应对变化和创造机会、能够从失败中学习经验的人。

(2)职业将变得更加难以预测,职业的成功和满足将属于那些具有灵活性和适应性的人才。以前终生职业是职业模式的原始形态,现在,在同一个组织中一直工作下去不仅是不现实的,而且也不一定是理想的职业模式。如今,再也没有人能够手捧一个铁饭碗。如果在世界上有一个比你更便宜或质量更好的替代品,你就处于危险之中。达尔文是正确的,"如果你的进化速度不及你周遭的环境,你就会被淘汰出局"。近年来,公司获取了更

多的技术知识,为了在成本竞争日益激烈的市场上生存,它们渐渐不再依靠大量固定员工。如果将来的工作环境注定会愈加多变,如果单一的可预测的职业发展路线会被碾碎成一场由无数微小零碎工作机会组成的暴风雪,那我们应该怎样做才能给自己一个更有把握的生存机会?

(3)21世纪的新雇员将变得更加积极和自信,有效的职业管理能帮助他们实现职业目标和人生价值。有研究表明,近年来新雇员对工作表现出更高的期望,也更加注重在工作中发挥个性与满足兴趣,他们的职业定位更为多元了,不仅关注一份工作的稳定性、趣味性、挑战性,更关注工作的自由度及其与个人休闲生活的相容度。

二、通过有效管理人力资源保证组织的稳定和长期获利

员工是组织最重要的资产,理解员工的职业需求和问题有助于有效地管理人力资源,从而保证组织的稳定和长期获利。职业发生在特定的社会组织中,尤其是在经济组织中。组织结构形成了内部路线图,提供确定的职位、职位之间的相互关系、胜任这些职位所必需的品质以及引导人们沿着内部路线图前进的机制。通过这种方式,组织可以领导并控制个人职业生涯规划和管理。

另外,企业需要关注不同阶段员工的家庭责任问题,员工也会评估自己接受这份工作是否还有足够的时间兼顾家庭。工作与家庭的关系的确影响了企业及其员工的职业生涯规划。虽然职业生涯管理并不一定就能解决企业中复杂的人力资源问题,但缺乏对职业生涯管理的理解和有效运用则会加剧这些问题,给雇主和雇员带来不良的后果。

课堂讨论与思考

材料	你的感受、想法或者做法
• 你相信"铁饭碗"吗? • 你对于工作的期望和态度与你父母相比是否有根本性的不同? • 毕业后的第一份工作,你可以接受的月薪是多少? • 你觉得参加工作是否就意味着失去自由? • 在一个公司中,你觉得晋升重要,还是自由、健康、休闲等更重要?	

本章·课后练习

1. 一个毕业了的大学生要是没有工作,这意味着什么?职业选择和职业发展对你的生活有何影响?试举例说明。

2. 某大学新生说:"我出身富裕家庭,爸妈已经帮我安排好了一切,职业生涯规划对我而言没有任何意义。"你是否赞同他的看法,为什么?

3. 有人说，"规划规划，纸上画画，墙上挂挂"。也有人说，"计划计划，赶不上变化"。你如何看待职业生涯规划的有效性？

4. 有个即将毕业的大学生说："我已经找到一份工作了，没必要做职业规划。"这一说法是否正确，为什么？

5. 大学生就业质量与职业生涯规划有什么联系，请结合下面三个例子进行思考和给出你的观点。

(1) 大学生小蔡毕业后换过几份工作，每份工作的时间都很短，大都在 3 个月左右，离职的原因要么是因为工作太稳定了，一眼就可以看到头；要么是因为工作太不稳定了，每天很累、很难，不知道哪里是个头。

(2) 大学生小马毕业后好不容易入职了家乡的一家国有企业，但她觉得工作太累了，每天都有做不完的琐碎的工作，还经常要接待领导，而且工资也不高，于是很想离职。

(3) 大学生小陈毕业后想从事美妆行业，因为自己很喜欢这个行业，但却对这个行业一无所知，毕业时也不知道去哪里求职，于是很彷徨。

体验活动

我的生涯

首先，请坐下来回想，你的记忆是从何时开始的？

第一步：

在回忆起来的往事中，你觉得有哪些事是父母等家人长辈规划决定的？

(1) 请一一写下来，比如所就读的小学、基本每日三餐吃什么……

(2) 然后逐项向父母求证确认。自己所回忆的和父母所说的有何相同和不同之处呢？

(3) 请将你的感想写下来。

第二步：

在回忆起来的往事中，你觉得有哪些事是老师、朋友规划决定的？

(1) 请一一写下来，比如选择读文科班还是理科班、去哪里春游……

(2) 问老师或朋友是否是这样？或者问自己的家人实际情形是否如此呢？

(3) 有没有发现一些你不知道、不了解的细节？

第三步：

在回忆起来的往事中，你觉得有哪些事是自己规划决定的？

(1) 请凭第一回忆印象一一写下来，比如有目的地存钱买了第一本自己想看的书，中学期间加入自己选择的兴趣小组……

(2) 然后逐项确认这些是受哪些因素影响而决定的。

(3) 请概括自己的感悟。

以前的生涯是这样走来的，现在的生涯是什么样的呢？未来的生涯你又准备如何应对呢？

(资料来源：黄中天. 生涯规划——体验式学习. 北京：高等教育出版社，2009.)

第三章 规划过程

【本章纲要】

本章主要讲授规划过程,根据人职匹配的理念和方法,介绍职业生涯规划的过程及其影响因素。帮助学生明确职业生涯规划的步骤和内容,这是一个科学的、理性的、可学会的自我管理技术,当然也是一个复杂的决策过程。

【思政元素参考点】

通过对人职匹配的理念、规划方法及影响因素的学习,正确认识自我概念和个体差异,增强欣赏和坚持自我的自信心及不忘初心的自我认同感,培养面对社会变化与现实困境的独立人格,理解工作与生活满意度及成就感的来源。

【引导案例】

王先生是2020届大学毕业生,毕业时,由于不知道如何正确地规划自己的职业,在没有多加考虑的基础上,又迫于就业压力,匆匆与一家公司签约做销售。两年来,他虽然被提升为销售主管,但总感到自己的工作越来越难做,不是因为他没有能力,而是因为他从心底里就不喜欢这个职业,他的理想是做一名律师,这也与他的本科专业相适应,但是,让他放弃眼前的工作,又有些舍不得。

黄先生是一家公司的总经理,日前,他将一名优秀员工提拔为部门主管,但这名员工却突然提出离职,这让他十分费解和为难。把优秀员工提拔做管理人员是现实中很多企业领导人的奖励办法,但这种做法有时会导致这些人辞职或不再像以前那样开心地工作。其实,他所提拔的这名员工属于追求个人独立自主、自我奋斗的成就需要者,不愿意从事沟通与协调的工作,这些员工往往会认为"我自己更倾向于做技术,当不当经理无所谓"。因此,当他被提升为部门主管时,他立马感到了"不舒服",便索性提出离职。

不管是个人的职业选择和发展,还是组织中的选人、用人和留人,都会涉及一个问题,即人和岗位之间是否匹配。王先生迫于就业压力,选择了自己不喜欢的职业,当他在销售的道路上越走越远、越走越成功时,他却越难受、越难以做出改变。在组织内,领导者如果不了解员工,就无法很好地留用他们,即使是有心栽培员工,也难以获得员工的心,并最终在互相误解中分道扬镳。这都是由于缺乏对职业生涯规划的理念和方法的了解所导致的。

第一节 人职匹配

一、人职匹配的理念

人职匹配：职涯规划的方法

1. 人职匹配的含义

职业生涯理论的核心和基础是个人与职业的匹配。正如帕森斯、霍兰德和舒伯等学者所指出的那样，职业选择是个人人格在工作中的表露和延伸，个人通过职业选择来寻求自我概念（Self-Concept）的实现，选择职业就是选择将来的自己。因此，选择职业的关键就在于个人特质与特定岗位的要求是否相匹配，即"人职匹配"，这也应该作为职业选择的重要指导原则。

2. 理解自我概念

要理解人职匹配，就必须先理解"自我概念"。当我们认为自己是怎样的人时，例如，"我的能力是不错的，只是恒心不够罢了"，则此时我们为自己制造了"自我概念"。顾名思义，"自我概念"就是个人对自己的看法。艾莉森（Ann Ellenson）指出，"自我概念乃是个人所持有的特殊角度——是个人筛选和过滤事件，使结果听起来、看起来都符合自我经验的参考架构"。对"自我概念"的理解主要包括以下几个方面：

第一，"自我概念"是生命的核心所在，也是生涯发展的凭借。对于任何一个想要有所成就的人，或只是想活得舒坦的人而言，了解自己"想要什么、喜欢什么、适合什么、擅长什么"等，并且能坦然面对自己是非常重要的。那些不知道自我的各个构面，又不能接受自我的人，就会陷入自欺欺人的恶性漩涡中，最终导致失败或不满意的人生。

第二，人们常会将"自我概念"扩大到某些外界的具体或抽象事物上，即你的选择表明了你是个怎样的人。例如，你是开跑车的还是开老爷车的，你是喝茶、喝咖啡的还是喝白开水的，你是否会选择加入登山协会等。工作的选择往往也体现了"自我概念"，所以，选择工作就是选择将来的自己。人们一旦选择了能够表明自己是个怎样的人的时候，就会获得自我认同感（Identification），于是，就能够获得对该事物或生活的满足感。

第三，职业生涯规划是建立在个体差异（Individual Difference）基础上的，而"自我概念"使个体差异更为明显。所谓个体差异是指人与人之间基于遗传、环境等先天、后天因素的不同而形成的身心功能上的差异。正因为每个人都不一样，所以适合每个人的职业就不一样，人职匹配的意义就在于此。但个体差异并不意味着无法对人进行分类，虽然不存在完全相同的人，但人与人之间还是具有一些相似性的。我们将借助于各种分类技术，对个体类型与职业类型进行匹配分析，从而辅导个体找到适合自己的职业。

第四，拥有积极的"自我概念"对于成功实施生涯规划十分重要。"自我概念"的形成受早期的生活经验、年龄与成熟度、文化背景与经济地位、性别等因素的影响。库柏·史密斯（Cooper Smith）曾指出"自我概念"在生命早期即已成型，大约在 10 岁，一个人对自己的看法已经相当稳定，而环境的变化只会导致自我评价的暂时改变，很快一切还是会回到原来的"自我概念"。但现实生活中,"自我概念"会自行增强或减弱。有积极"自我概念"的人,由于信心十足、自我期望高,因此表现也十分优异,而表现优异的结果往往又增强他的"自我概念",使他相信自己的确是好的。如此良性循环下去,这个人就能很好地适应环境。而具有消极"自我概念"的人就恰恰相反。

课堂阅读

- 让过去的你,遇见未来的你。韩国导演郭在容在《我的野蛮女友》中想说的是"现在的自己想遇见未来的人";后来他拍了《我的机器人女友》,这是因为原来人们真正希望的是"过去的自己遇见未来的人",但是只有在过去才能改变现在,否则,现在遇见未来的人也无法把握。

二、人职匹配的意义

职业生涯管理的要旨是"工作并快乐着",职业生涯规划也是为了实现一个既成功又令人满意的职业生涯,这就需要在人职匹配的基础上做出选择与行动。相关研究也指出人和环境的适配性或一致性将会增加个人的工作满意度、职业稳定性和成就感。如果你能够实现人职匹配,那你将能从工作中获得满足,你将能够赋予工作极大的意义,你将获得天生的力量与激情,你将能够发挥你的全部才能实现自我。

首先,个人对职业的满足通常取决于三个要素,即你所做的工作是否是你所感兴趣的;你是否在工作中充分发挥了自己的才能;你的个性是否与你的工作相吻合。其次,职业心理学家勃兰特研究认为,"事业成功和智力的相关度是0.18,和学习成绩的相关度是0.32,和个性的相关度为0.72。"可见,真正了解自己的个性及兴趣,并接受相关知识的教育和培训,从事相关的职业,不仅能够很快取得成功,而且会增强成就感和满足感。这也就是人职匹配的意义。

课堂阅读

- 弗洛伊德在《文明及其不满》中说道:"如果是出于自由意志的选择,为了谋生而从事的日常工作会带来非比寻常的满足感。也就是说,通过升华,工作能从个人喜好或直觉冲动中发掘潜力,这种潜力保留了原始的力量,或者由于其内在原因,比寻常的力量来得更为强烈。"
- 洛克菲勒在给儿子的一封信上说道:"天堂和地狱都由自己建造,如果你赋予工作意义,无论工作如何,你都会感到快乐……如果你不喜欢做的话,任何简单的事情,都会变得困难无趣。当你叫喊着这个工作很累人时,即使你不卖力气,你也会感到筋疲力尽。反之,就大不相同……如果你视工作是一种乐趣,人生就是天堂;如果你视工作是一种义务,人生就是地狱。"

三、人职匹配的方法

如何实现个人与职业的匹配呢？在技术方法上主要采用类型与类型的匹配，即我们将人的个性特征分为几种类型，同时也将职业分为几种类型，然后分析个性特征类型与职业类型之间的匹配性，最后根据人职匹配的分析结果选择职业目标与发展道路。

为此，职业生涯规划者就需要探索自身个性特征及其类型，我们将采用一些心理测试工具辅助学生了解自己并识别个性特征类型。其次，探索外部环境，我们要求学生搜集自身专业与就业市场的相关信息，鼓励学生与父母多沟通，通过实习与实践进一步探索职业信息。在对信息进行搜集和分析的基础上，进行人职匹配分析，最后采用一定的决策方法和计划方法，拟定目标与开发方案。其实，我们并非鼓励学生对号入座，而是通过该方法引导学生探索自我和思考适合自己的东西。

我们将上述许多理论和理念融入职业生涯规划过程中，从而为学生提供一个职业生涯规划的综合途径。综上所述，职业生涯规划的基本思路如图3-1所示。

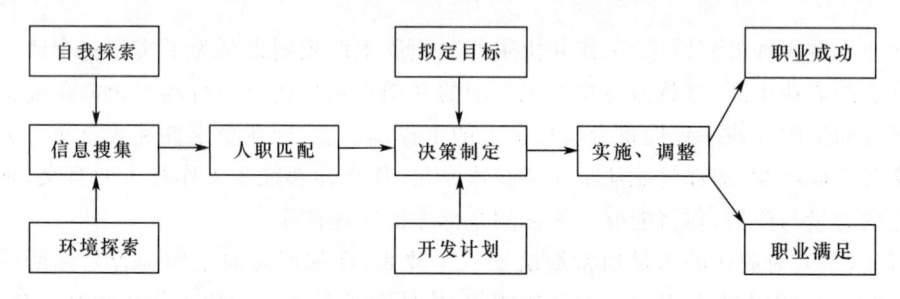

图 3-1　职业生涯规划基本思路

课堂讨论与思考

材料	你的感受、想法或者做法
• 选择的标准是好或坏，还是合适或不合适？ • 适合你的就是最好的！ • "跟钱打交道很有意思，也很适合我"，你也能说出这样的话吗？	

第二节　规划模型

一、职业生涯规划模型

模型能更好地解释现实，并为行动提供指南。格林豪斯提出了一个职业生涯规划模型，如图3-2所示。该模型构建在人职匹配的基础上，描绘了职业生涯规划过程中相互关联的各个要素与步骤,并集中于问题解决和决策制定,为人们规划和管理职业生涯提供了思考方向和行动指南。当然,并非所有的人都能按照该模型规划和管理好自己的职业生涯,但该模型引导人们在信息搜集的基础上,设定目标与开发计划,之后进行反馈、评估与调整,其最终目的是产生令个人满意的生涯结果。

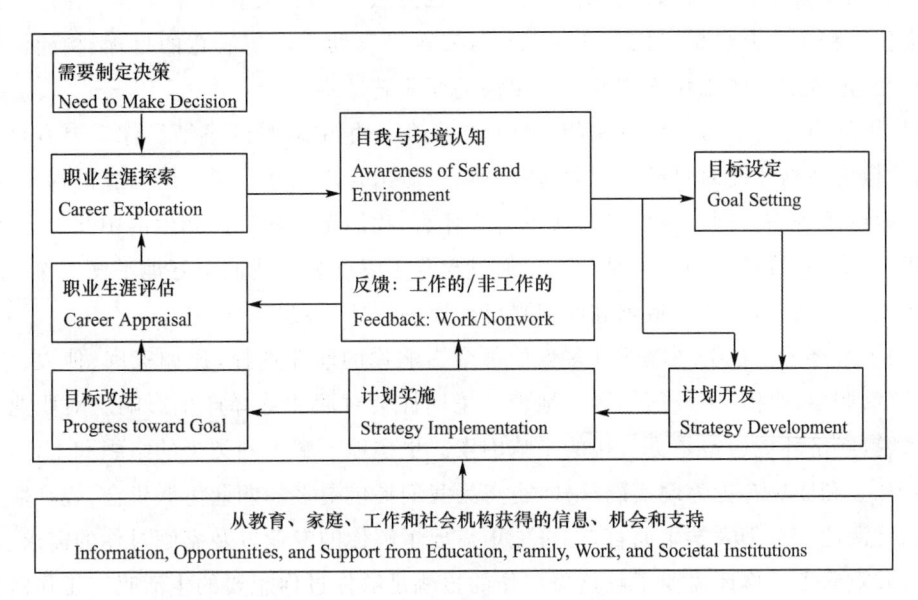

图 3-2 职业生涯规划模型

二、规划模型解释

1. 认识问题,承担责任

只有当你意识到问题的存在时,你才能开始解决诸如职业生涯规划之类的问题。有些学生认为他们只要上课就万事大吉,这些学生中很多人没能完成学业,即使完成了也会接二连三地犯错误。职业生涯规划是一种有效的认识自我、掌控未来的方法,它关系你人生的成功与幸福。当你认识到自己需要设立职业目标时,你必须全身心投入到职业生涯规划过程中,并积极地筹划你的未来。学生对规划过程的主动参与和负责任的态度是有效地进行职业生涯规划的重要前提。

2. 搜集信息

与职业生涯规划相关的信息包括了解自己与了解环境两部分。只有通过信息搜集和分析,我们才能认识自我价值观、兴趣和特长以及环境存在的机会和威胁等,信息越充分和准确,决策就越科学合理,你的求职行动也会越有效率。当你在对自己一无所知,对主修专业所知甚少的情况下,是难以做出职业选择和发展计划的。当你对就业市场充满不切实际的幻想时,总是难免磕磕碰碰或遭遇挫折、失败。你的决策质量取决于你在决策中搜集和运用了多少信息。

你对自己和环境特征的完整和准确的认知将有助于设定合适的目标和开发有效的计划。而你的认知水平主要取决于你所获得的信息数量和质量以及你对信息的解读。试想，如果你对会计工作不甚了解，你根本无法评估你的兴趣和能力是否与该工作吻合，在你对自己的动机和能力所知甚少的情况下，你也无法决定是从事会计技术工作还是谋求管理岗位。相关研究也指出信息的获取和认知水平有助于设定满意的目标、构建清晰的职业路径、形成切实的工作期望并获得更高的职业满足感。

(1)了解自己。对自己做真实的评估可能是你一生中最难的事情。你需要有自知之明，自我概念清晰才能对自己的职业选择和前景做出合理判断。通过对自我的探索，我们可以了解或更进一步理清我们喜欢或不喜欢什么，我们希望从工作和生活中获得什么，我们的优势、劣势、特长与局限各是什么。通过自我了解还能让我们更好地平衡工作、家庭、个人休闲之间的关系，从而追求和获得自己想要的生活方式。

(2)了解环境。社会环境的许多方面都会影响你的职业选择，比如家庭、他人、学校、经济、政治制度、媒体、宗教信仰等。地理环境同样会对职业选择产生影响。对职业生涯规划来说，经济环境通常是更直接的影响因素。更多地了解不同类型的组织和工作，将使我们对社会和职场有更为现实的认知，也将为我们提供更多的职业生涯机会，提高职业适应性和灵活性。对于大学生而言，你可能更需要了解你的专业以及家庭对你的需求、期望和支持或阻碍等。你还需要了解这份工作的报酬足够你过你想要的生活吗？工作能给你心理上的满足吗？你能应对工作中的挑战和承担工作责任吗？做这类工作的人通常具有哪些特征？这个领域的用人需求稳定吗？它需要怎样的教育背景？

3. 制定决策

决策制定主要包括设定目标和开发计划两部分。你需要对搜集到的关于你自己和职业前景的所有信息加以整理，以选择职业方向。学生往往难以进行目标定位和开发有效的计划，这主要还是源于信息不够或对信息的解读不力。再者，新的信息可能会改变你的职业生涯决策。工作上的抉择并非一劳永逸，你对各种职业前景的喜好程度也不会一成不变，最初对被选职业的排序也会随之更改。

(1)设定目标。职业生涯目标是一个人期望获得的与职业生涯相关的结果。目标对人生具有重大的导向作用，一个清晰、有挑战性而又可获得的目标将是一种重要的激励因素。相关研究发现，明确的目标和计划将提高职业灵活性、对工作的投入程度和求职成功率。很多大学生在自由的校园内无所适从，他们往往混迹于同龄人群体中而无所事事，更时常感叹无聊、没劲，结果一晃四年就毕业了，然后感叹时间过得很快而自己却什么都没学到，其实主要的原因正是缺乏目标。新生活从选定新的方向开始，有了目标才能有努力的方向，给自己设定一个目标，从而使你的大学生活和学习更有效率，也使自己勇于追求理想或为求职时做好准备。

(2)开发计划。职业生涯计划是有助于实现目标的一系列行动。对于大学生而言，不仅要关注大学四年的发展计划,包括学习、参加社团、实践与实习等活动,同时也必须关注各类组织中不同的职业发展路径。另外,你可能还需要关注你的休闲、健康、财富、家庭、个人情感等方面。在职业生涯规划中,你需要一些方法找出那些可能吸引你的潜在职业选择,然后在多个方案中进行理性抉择。

4. 实施计划

实施计划这部分包括执行决定,并对执行结果和计划结果进行评估与反馈,在必要时做出调整。

(1)执行计划。执行意味着将你的职业决策付诸实施。有些职业生涯规划程序在做出决定的时候就停止了。对有些学生来说,这样也许已经足够了,可是我们若不行动,决策有何意义?关于职业生涯规划的行动部分包括教育培训、获取工作经验、求职就业准备、提高沟通能力、保住工作等。

(2)获得反馈。人们总是需要知道他们的计划进行得怎么样,这就需要反馈。建设性的反馈能够使人们判断目标与计划是否实现了,更可以使我们监控职业发展,及时修正目标和计划,并做出适时的调整。最直接的反馈莫过于当你开始工作后,你意识到的自己对这项职业选择的情绪反应。如果你的个性特征跟工作吻合,你内在的感觉会是比较正面的。你会感到满足,有成就感。随着合适的工作所带来的金钱和地位上的回报,你会更为自信。

(3)一个循环动态的过程。评估和反馈获得的信息又成为职业信息搜集的一部分,进一步加强了对自己和环境的认知,从而也使职业生涯规划成为一个循环。原本看上去不错的工作一旦着手做,可能感觉并不好,即使是最好的职业选择也会遇到挫折、失意。你的目标可能不切合实际,你的计划可能是个错误的构想。再者,职业生涯发展是一个长期的动态过程,你会变,你所处的环境也会变,你对自己和世界的认知也在不断发展、变化。由于错误或变化所带来的这种不好的感觉也许是个信号:你应该重新做出职业决策。事实上,职业生涯规划的过程永远不会结束,它可以随时重新开始。在工作带来的负面感受下,你又回到职业生涯规划的最初阶段,你意识到职业生涯上存在着问题,需要重复至少一部分职业决策过程。在重复职业生涯规划过程时,你可以在那份糟糕的工作上暂时停留一段时间,但为了自己的身体和情感健康,你最终得换工作。反馈使我们的职业决策模型更为动态和开放。

5. 大学生职业生涯规划步骤

意识和责任、对环境的了解、自我认识、备选职业、有关职业前景的信息、人职匹配、目标与计划、决策、实施、反馈或再评估是职业生涯规划的关键要素。借鉴该模型,大学生职业生涯规划的具体过程包括如下步骤:

(1)自我认知,包括探索自我价值观、性格、兴趣和能力类型。

(2)环境认知,包括探索社会环境、就业市场、家庭信息和职业认知。

(3)确立目标,包括制定短、中、长期目标和人生目标。

（4）选择策略，包括拟订教育或培训、技能与潜能开发、人脉积累等计划。

（5）评估与调整，对所选目标职业与道路进行评估，必要时需要开发第二方案。

第三节　影响因素

一、内在的影响因素

1. 健康状况

健康是最具影响力的因素，所有的职业都需要健康的身体。健康状况直接影响个人的职业选择和发展。所有的用人单位对健康都有着明确的要求，在就业协议或劳动合同上也有关于身体状况方面的要求，不少单位在签订协议之前一定要体检，体检合格后才能录用。对于身体有残疾或健康状况不佳的学生，应针对自身状况做出合适的职业选择。

2. 性格特征

不同气质、性格、能力的人适合不同类型的工作。如多血质的人较适合做管理、记者、外交等，不适合做过细、单调的机械性工作。个性特征最好能与工作的性质和要求相匹配。

3. 职业兴趣

由于兴趣爱好和个人经历不同，个人的职业兴趣也有很大的差异。有人喜欢具体工作，例如，室内设计、园林、美容、机械维修等；有人喜欢抽象和创造性工作，例如，经济分析、新产品开发、社会调查和科学研究等。职业兴趣对职业选择和职业发展都有一定的影响。

4. 教育背景

职业发展受到正规教育和专业训练的影响，一个人所受的教育程度直接影响他（她）的职业选择方向和成功的概率以及将来的职业发展。很多人的职场升迁受制于学历水平，于是选择进一步深造。研究表明，教育的成功与社会阶层的晋升呈明显的正相关，教育是改变社会阶层的主要动力。当然，用人单位选才，在关注教育背景的同时，也看重发展的潜能。

5. 个人负担

负担是指对家人、朋友或社会所承担的财务等方面的义务。职业的选择在一定程度上会受各种义务的影响，对于刚毕业的大学生而言，工资收入很显然会成为择业的主要考虑因素，但当工作几年后，金钱可能就不那么重要了。

6. 性别

虽然现在提倡男女平等，招聘信息也不允许出现性别歧视的内容，但性别因素仍然在职业发展中起着十分重要的作用。图3-3、图3-4分别揭示了男性与女性的职业线，表3-1列举了男性与女性职业发展的几个主要特点。女性职业发展的两个高峰，一个是就业后的6~8年,即女性就业后但还未生育;另一个是在36岁以后的十余年间,此时孩子基本长大但自身精力仍充沛,事业辉煌通常在此时期。女性职业线的低谷通常是生育前期和抚养孩子的8年间。特别值得一提的是,女性所面临的工作角色与家庭角色的冲突是一个十分复杂的社会问题,需要全社会的共同努力。

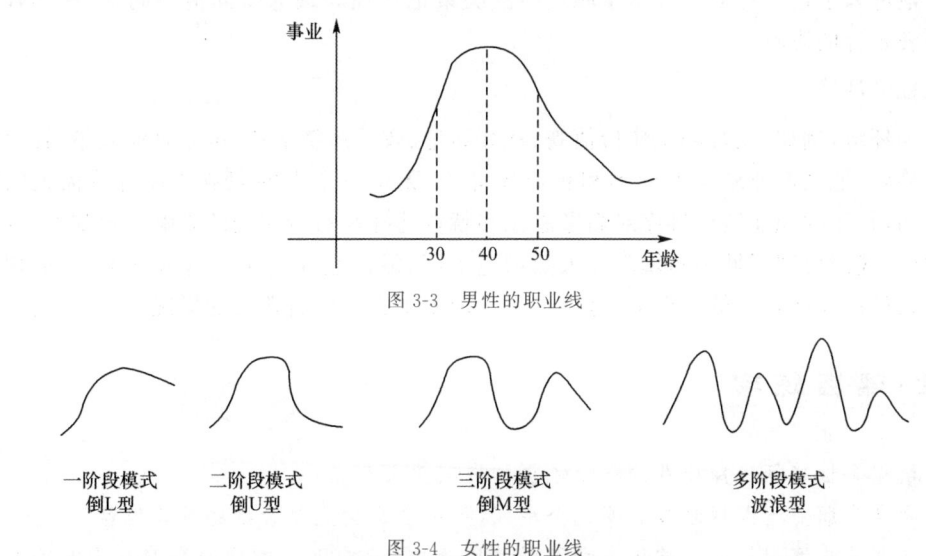

图 3-3　男性的职业线

一阶段模式　　二阶段模式　　三阶段模式　　　多阶段模式
倒L型　　　　倒U型　　　　倒M型　　　　　波浪型

图 3-4　女性的职业线

表 3-1　　　　　　　　　　男性与女性职业发展的主要特点

性别	男性	女性
职业发展特点	①职业辉煌的顶点通常在中年期 ②成功的年龄与其从事的职业关系密切 ③职业成功与配偶的教育背景关系小,与个人的教育背景关系大 ④职业成功与个人家庭背景关系较大	①两个高峰和一个低谷 ②就业面窄,发展速度缓慢,婚姻状况对女性职业发展有较大的影响

7. 年龄

对工作的看法和态度、对机会尝试的勇气、胜任工作的能力和经验,不同年龄阶段的人都有所不同,因此,年龄对职业的选择和成功的概率的影响也有所不同。

二、外在的影响因素

1. 家庭

家庭对个人的职业选择和职业发展都有较大的影响。首先,家庭的教育方式影响个人认知世界的方法;其次,父母是孩子最早观察模仿的对象,他们必然会受到父母职业技能的熏陶;再次,父母的价值观、态度、行为、人际关系等对个人的职业选择有着较大的直接和间接影响。因而,我们常常会看到艺术世家、教育世家、商贾世家等。最后,家长的就业观念和人际关系网络也将对孩子的择业和就业产生影响。

2. 朋友、同龄群体

朋友、同龄群体的工作价值观、工作态度、行为特点等不可避免地影响个人对职业的偏好和选择,以及职业变换的机会。有些人在某一个领域取得了成功,可能当初就是他的朋友引他进入了这个行业。大学生职业生涯决策也往往表现为受同宿舍同学、中学好友或表哥表姐等的影响。

3. 社会环境

社会环境,例如,流行的工作价值观、社会舆论、政治经济形势、国家就业政策、社会经济发展趋势、地区产业结构的变动和企业环境等,无疑对个人的职业选择有着极大的影响。例如,每年的职业地位排序对高考志愿和就业选择都有着相当的影响。再如2008年金融危机,我国出现了城镇新增就业人数增速下降、沿海企业的用工需求下滑、企业现有的岗位人员流失严重等就业形势,这更进一步加剧了大学生就业难的境况。

本章·课后练习

1. 根据个性特征选择职业的理论依据和现实意义何在?
2. 大学生职业生涯规划包含哪几个步骤,每一个步骤又包含哪些具体内容?
3. 在职业生涯规划的影响因素和障碍性因素中,哪些因素对你的影响最大?哪些因素严重阻碍了你做出一份有效的职业生涯规划?

第四章 自我探索

【本章纲要】

本章主要讲授自我探索,包括价值观、性格、兴趣、能力、生活方式五个方面。首先是帮助学生理解这五个方面的概念,然后结合自我认知体验和心理测验工具帮助学生明确自己的个性特征类型,为人职匹配分析提供重要信息。

【思政元素参考点】

通过对价值观、性格、兴趣、能力和生活方式的探索,引导学生正确认识自己和更积极地思考自己,在大学生活中理性而不迷茫,明确自己的追求并勇敢地追求自己的追求,尽快将自己的兴趣与天赋与新时代建设相结合。

【引导案例】

有一本有趣的童话故事书,书名叫《我是谁》。书里面有一个不知道自己是什么动物的小地鼠,不断寻找自己是谁。它首先跟松鼠学爬树,因为它很羡慕松鼠可以爬到高高的树枝上,看远处的风景。但不管它怎么努力,总是没办法像松鼠一样爬得又快又高,好几次摔跤还差点跌断腿。

后来它又跟小狗学跑步,还没跑多远,就累得要命。最后,它又跟夜莺学唱歌,但是它一开口,其他动物们就会都跑光。它很难过,觉得自己是森林王国里最没用的动物,只好挖个洞躲起来。

直到有一天,浣熊妈妈家里失火了,但是浣熊宝宝逃生不及还困在屋里,由于火势太大,没人可以靠近救援。就在千钧一发之际,小地鼠发现自己挖的洞与浣熊妈妈家不远,灵机一动,就挖地洞穿透浣熊家的地板,救出了浣熊宝宝。从浣熊妈妈感激的眼神中,小地鼠发现了自己的价值,也找到了自己。

(资料来源:彭思舟.把自己卖个好价钱.哈尔滨:哈尔滨出版社,2002.)

你是否有类似小地鼠这样的经历和感受？因为羡慕某人而想成为某人，但百般努力之后却发现自己根本就不是那样的人，然后就茫然无措，甚至觉得自己一无是处。盲目羡慕、妄自菲薄都源于我们对自己的不了解。世界上没有完全相同的两片树叶，世界上的每个人都是独特的个体。职业生涯规划是建立在个体差异的基础上的，了解独特的自己是职业生涯规划的第一步。

第一节 自我认知

一、自我认知的定义及其重要性

1. 自我认知的定义

为了实现人职匹配，进行有效的职业生涯规划，我们首先必须了解自己，进行自我认知。很多学生在职业咨询时问的第一个问题是："哪个专业能保证我毕业后可以找到一份薪金优厚的工作？"这是在为自己的生涯决策寻找外部信息，他们把注意力放在环境探索上。其实，从"自我探索"开始决策过程将获得更好的效果，因为从了解自己开始可以使你在最初就把注意力放在你自己——决策者身上，毕竟最终你是为自己的职业选择负责任的人。

自我认知是你关于自己的个性特征的态度以及你对自己的过去、现在和未来的感知，包括生理自我、心理自我、情感自我、社会自我和理想自我。清楚地认识自己是制定切实可行目标的前提。有些人低估了自己，有些人则高估了自己。一个人对自己的认知在很大程度上会受到周围人的影响。你的家庭、朋友和老师如果可以给你多些鼓励的话，你就会形成正面的自我认知；反之，则会形成负面的自我认知。

2. 自我认知的重要性

最佳的职业生涯规划过程首先是了解你是谁，你对自己知道多少，你想要什么和你需要什么，然后将对自己的了解结合到职场的现实中去。这样你就能够有针对性地去选择那些能让你兴奋和充满激情的培训项目和职业类型。兴奋和热情是潜在的雇主最看重的两项指标。即使你所选择的职业领域在市场中是竞争最激烈的，由于你表现出的对所选择职业的献身精神、激情和自豪感，你仍会脱颖而出。

如果我们对自己的价值观、兴趣和技能有更清晰、更敏锐、更坚定的自我认知，我们就可能更好地解决我们的生涯问题和制定生涯决策。当你去研究自己的内部自我——人格时，你会发现哪些东西让你感兴趣，哪些东西让你产生动力并且精力充沛，你的优势和不足在哪里，什么对你是最重要的，等等。我们相信，如果你对这些问题有足够的了解，你就能够缩小你需要寻找的信息的范围，这样可以帮助你不必在对你而言并不重要的职业、在未来可能不复存在的职业或与你的兴趣和技能不吻合的职业上浪费时间和精力。

越是了解自己的人，在生活中困惑越少。如果不了解自己，我们就会常常抱怨，甚至陷入窘境。虽然我们中的很多人正处于对自己迷茫的状态中，但我们对外部世界和内部自我的探索从未停止过。自我认知是职业生涯规划的基础,在职业生涯中了解自己的人将获得更多对自己生活的控制,从而实现职业的成功与满足。只有你自己才能做出适合你自己的决策。本课程将花费大量的时间,要求并指导学生走进自己的内心世界,积极探索自我,以形成一个正确而正面的自我认知。

课堂阅读

> • 俗话说:"找到你喜欢的职业,一生中不必忙于其他。"找到一个有成就感、满意的职业是人生最大的乐事之一。如果你的工作不符合你的技能和兴趣,那你有可能体验到身心压力、挫折和厌倦。既然找到适合的职业如此重要,那为什么许多人依然工作在不适合自己的岗位上呢?原因有很多,包括对金钱的需要、对改变的恐惧和对失业的担心,以及技能的缺乏。找到一个有成就感、满意的职业需要自我意识和自我认知。准确评估你的人格、价值观、技能和兴趣,才能寻找一个能带给你最佳结果的职业,这从来都不会太早,也不会太晚。许多职业都能够提供给你收入稳定之外的个人成就感。

二、改善我们的自我认知

里尔登(Reardon)等人认为,在我们逐渐了解自己以便解决生涯问题和做出生涯决策的过程中,有一些事情是我们可以做到的。首先,我们可以确保自己有一个积极的态度,不让消极的想法干扰我们思考自己的价值观、兴趣和技能。我们需要确保能更"积极"地思考自己,并且越准确越好。最后,我们需要知道怎样提高自我认知的质量,改善我们的自我认知。

1. 更积极地思考自己

第一,我们需要小心过度概括自己过去的经验。

第二,我们需要小心过于依赖他人对我们的价值观、兴趣和技能的看法。

第三,我们需要避免在我们处于情绪危机时制定生涯决策。

第四,充分利用那些包含在现有的生涯干预服务中的各种工具非常重要。

第五,我们可以通过在不同的工作环境中得到的各种工作经验来发展我们清晰的自我形象,同时还要注意自己对这些工作经验的感受以及别人的反馈。

2. 增进自我认知的方法

自我认知的信息基于我们的经历,基于我们能回忆的日常生活中所发生的事件。必须明白的是,过去的经历很重要,我们的回忆同样重要。尽可能多地寻找或获得不同的生涯或生活经历,对我们来说非常重要,即使那些经历和经验是我们不喜欢的或是使我们不愉快的,但它们依然会增加我们的自我认知。加工和谈论这些经历与经验,以及反思与经历有关的感受也很重要,因为它们是自我认知的基石,可以澄清我们的价值观、兴趣和技能。另外,我们还需要思考我们的价值观、兴趣和技能之间的关系,通过把这三者联系起来，用更复杂的方式思考你的自我认知，这样对你才有意义。最后，你必须意识到，改善与生涯决策有关的自我认知是一个终生的过程，永远不会结束。每个新的事件和经历都会增加你的价值观、兴趣和技能的信息存储。而且，没有任何生活经历会被浪费掉——宝贵的经验有时来源于那些最开始被认为是失败的经历。有时，学生们说他们选错了专业或找错了工作，这常常只是短期的评价。从长远来看，这些经历能够明确和澄清个人的职业旅程。

三、我是谁

"我是谁""我从哪里来""我要到哪里去"这些可能是人类永恒的课题，也是关于自我认知的最根本问题，即使不作职业决策，你最终也必须对这些问题的回答负责。在古希腊阿波罗神庙的一个巨大石柱上刻着苏格拉底的一句名言"人哪，认识你自己"。卢梭称这一碑铭"比伦理学家们的一切巨著都更为重要、更为深奥"。老子也曾说过，"知人者智，自知者明；胜人者力，自胜者强"。

古今中外关于"我是谁"这个命题有很多的解释，以周围环境来定义你，即你是周围环境的一部分，周围环境也构成了你，这就是你。如图4-1所示，构成个人的要素也就是影响着你成长的因素。第一是遗传，你从父辈那遗传的外貌或智力，而不是指财富，如我们常听到的音乐世家、书香门第等。第二是物质环境，如南、北方人的差异等，识别环境正负影响十分重要。第三是文化背景，如餐桌礼仪、性别差异等，因为文化差异，你的言行举止有时可能难以为你周围的人所接受。第四是个人经历，当你做出一个决策的时候，以往的经历会增加你的信心，也可能让你感到害怕，对过往经历的探索有助于提高你对自己职业追求的认知，例如，某大学生说："我做法医是遵从我父亲的遗愿。"

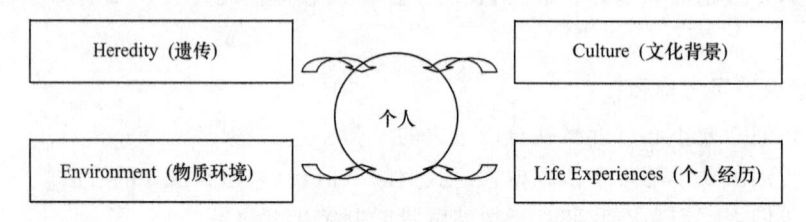

图4-1 影响个人成长的因素

影响个人成长的这四个因素是客观存在的，已经发生并对你产生了影响，所以，至今为止你的个性特征已经形成，改不了或难以改变。心理学家认为，人的个性形成于童年时期且形成后相对稳定。个性不是一天形成的，也不可能突然发生转变，很久以来就一直有一些个性测试，其结果都相当准确。从这个角度来看，这更突显了人职匹配的重要意义，这也是人职匹配职业生涯规划方法的重要假设前提。其实，你的个性特征并不是改变不了的，而是我们相信在很多情况下根本没必要改变，正视自己和接受自己可能更为重要，在了解自己的基础上做好规划和自我管理才是更为可行和有效率的策略。当然，如果你觉得自己存在一些必须改变的个性缺陷的话，我们也鼓励你去改变，这在下文将会提及。

四、你了解自己吗

心理学研究显示,人常常都不了解自己,但却又急于了解自己。有很多人说,"最了解你的人是你自己",也有人说,"最不了解自己的也是自己"。心理学家提出一个模式,即乔哈里窗(Johari Window)来解释这个现象。乔哈里窗是由美国心理学家乔瑟夫(Joseph)和哈里(Harry)在20世纪五六十年代提出的,是一种关于沟通的技巧和理论,也被称为"自我意识的发现——反馈模型",中国管理学实务中通常称之为沟通视窗。我们也可以利用"乔哈里窗"透视自我。

如图4-2所示,乔哈里窗中的第一象限是盲目我,如霸道不讲理、易生气这些不好的个性等他人知道但自己未知的自我部分;第二象限是开放我,如长相、身材等他人和自己都知道的自我部分;第三象限是隐藏我,如内心秘密、身体隐疾等他人未知而自己知道的自我部分;第四象限是未知我,如一些潜能、欲望等他人和自己都未知的自我部分。需要注意的是,这四个象限面积的大小会因为个人的自我反省、坦诚、反馈及顿悟的程度不同而改变。例如,较为了解自己也愿意袒露心声的人,第二象限面积会比较大;反之,则第四象限面积比较大。

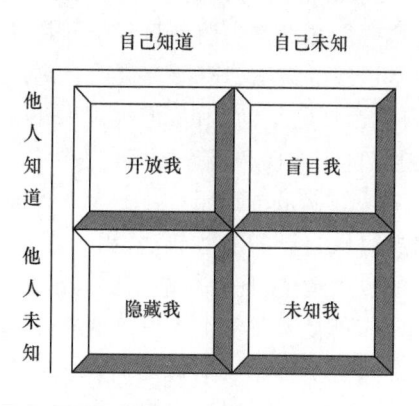

	自己知道	自己未知
他人知道	开放我	盲目我
他人未知	隐藏我	未知我

图4-2 乔哈里窗

课堂阅读

你眼中的别人,就是未知的"你"。你所有的人际关系都是一面镜子,透过它们你可能认识到真正的自己。你与每个人的关系,都反映你与自己的关系。很多时候,你是什么样的人,就会认为别人是什么样的人;你不能容忍他人的部分,就是不能容忍自己的部分;你内在是什么,就会被什么样的人吸引;你对外排斥什么,就对内排斥什么;一般而言,如果你爱发脾气,就会认为别人常惹你生气;那些我们相处愉快的人,正反映了我们喜欢且接受的内在自我;那些我们不喜欢的人,也反映了我们不喜欢且不接受的内在自我;越接近事实的指控,你就越有可能辩护和发火。

五、如何了解自己

如今,各种心理测试工具和帮助人们探索自我的书籍都非常受欢迎,因为人们都渴望认清自己。了解自己的正式方法包括各种专业的自我测评方法和工具等,以计算机为基础的职业生涯支持系统和互联网上的职业测评工具越来越多。非正式的方法也有很多,例如:书写日记和个人简历,记述生活方式,分析重要的工作价值,描绘一种理想的工作,想象一下将来的生活,向信赖者搜集和分享信息,等等。提供专业的认知指导并不属于本课程的主体内容,但本课程的一些建议却可以让你在生活和学习中关注自己、认识自己,从而提高职业生涯规划的决策水平和促进个人的成长。

人生至要之事是发现自己,你可以多阅读有关心理学、名人传记、文化人类学及管理学中有关人类行为的书籍,这有助于你掌握人性。如果你不喜欢阅读,可以多观看一些影片剧集,通过比较剧中人物、你和你周围的人来了解自己。如果这些你都不喜欢,还可以通过与师长好友沟通,多和他们聊聊天,从他人的行为和评价中认识自我。此外,有必要偶尔与孤独、沉思为伍,自查内省是自我认知的重要途径,写日记也是十分有效的方式。

你还可以通过科学性的测验和各种有趣的心理测试工具来了解自己。本课程也借助了一些职业心理测试工具,希望能帮助学生明确自我个性特征类型,但任何测试提供的结果都只能是一个参考,绝不是最终的答案。有研究表明,综合运用表达性的测量和评估性的测量有助于改善我们对自我个性特征的认识,但客观的测量如心理测验或职业咨询专家提供的测验可能没有我们的自我审视和反思有用。

另外,教育很重要的一个功能就是自我探索。上大学以来,可能你会日渐对自己的某些方面觉得满意,同时越来越讨厌自己的某些想法,因为在这里你将和很多同龄人相处,从他们身上,加上自我意识的极大觉醒,你会日渐了解自己。你的生活经验以及那些到目前为止塑造你生活的各种事件,都是有关你个人信息的有效资源。不断地探索自我,不仅仅是就业前的重要大事,也是人生不容忽视的课题。因为,在人生未来的赛程中,自己就是主角,自己是最好的朋友,自己也可能是最大的敌人。

人的一切行为都受到心理特点的影响,职业活动也不例外。人生的重大决定,是由心来规划的。从个人角度出发,职业与心理学有关。就职业规划而言,我们所要了解的心理特点主要是指个性特征(Personality),包括个性倾向性和个性心理特征,前者如价值观、兴趣,后者如性格、能力等。个性存在于人的内心世界,且不容易为别人所发现,它决定着个人如何影响环境和对环境做出反应,与职业选择、职业成功、职业满意紧密相关。

体验活动

盘点自我

以下练习主要是让你回顾过去的经历,并帮助你探讨自己目前的感受和态度,更好地了解自我,这个练习将有助于你完成"自我探索"。先从练习1开始,这一步帮你搞清楚你目前身在何处。练习2让你回顾你的生活重心是什么。练习3发现你的兴趣所在。练习4描述自己(在后面的不同职业对性格的要求中,你可以根据这里的回答完成个性拼图游戏)。练习 5 鼓励你根据自己对各种职业地位的认识,对不同职业的选择偏好进行排序。

练习 1　你目前身在何处

这里为你提供一个机会:想一想自己并把你的回答记录在纸上。请仔细、诚实地填写下面的空格。请对自己诚实,不要为了取悦他人而做出回答。也不要选择理想的自己,应该选择现实的你,即大部分时候你真实的想法是什么。尽量地凭直觉回答,你在回答前考虑时间越长,越可能是对自己的真实感觉做了修饰。

我是_____。

我需要_____。

我想要_____。

我目前职业生涯阶段是_____。

我想在下列方面改变自己_____。

如果未来 5 年内一切都顺利的话,我将从事下列工作_____。

如果未来 5 年内一切不顺利的话,我将从事下列工作_____。

回顾过去的工作和志愿活动,哪些是我最喜欢的?哪些是我最不喜欢的?是否存在某种规律性?_____

练习 2　你的生活重心是什么

回顾有关人生轨迹的情况,我们可以注意到,人生的不同阶段有着不同的侧重点。这些对人生阶段的描述有助于说明问题,我们可以把个人生活和职业阶段高点和低点连成一条曲线。为了换新工作,可以在曲线的拐点上用特殊的符号标记出来哪些重大事件、进入或改变了你生活的人或物。为了帮助你回忆,每个阶段中分别记录三项重要的记忆,即活动、人物、事件。(试着回忆朋友、生日聚会、节日、学校、工作单位的活动等。想一想什么事是最让你难以忘怀的)

0～12 岁

1._____。
2._____。
3._____。
4._____。

13～19 岁

1._____。
2._____。
3._____。
4._____。

20～29 岁

1._____。
2._____。
3._____。
4._____。

30 岁以上

1. _____。
2. _____。
3. _____。
4. _____。

现在,你把这些记忆点标到生命曲线(图 4-3)上。可以用一些符号代表记忆的类型,如 A＝人物,B＝事件,C＝工作。

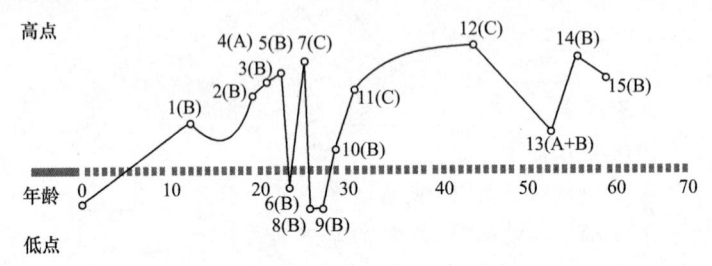

图 4-3 生命线法

1.(B)六年级获得领导能力奖(12 岁)。

2.(B)大学二年级被选为学生大使前往法国(19 岁)。

3.(B)大学四年级在法国度过(21 岁)。

4.(A)遇到了我生命中的重要人物(21 岁)。

5.(B)在纽约读研究生(22 岁)。

6.(B)从纽约搬家到密苏里(和许多朋友失去联系)(23 岁)。

7.(C)第一个正式的工作(并非我理想的职业)(24 岁)。

8.(B)被解雇(一个最典型的性骚扰案例)(25 岁)。

9.(B)失业 9 个月之后,在职业计划中心担任志愿者并学到了许多新的技能(26 岁)。

10.(B)确认了我的理想职业(职业顾问)并开始认真地求职(27 岁)。

11.(C)成功找到了一份我认为完美的工作(30 岁)。

12.(C)不断在工作中学习并且开始探索更多的职业选择和职业拓展机会(44 岁)。

13.(A＋B)开始应对父母的年迈和我自己的中老年身体变化的问题(50 岁～54 岁)。

14.(B)开始寻求生活和工作的平衡,为社区做贡献,开始计划更多的休闲和终生学习(55 岁)。

15.(B)开始关注退休的可能性与挑战(55 岁以上)。

现在请画出你自己的人生轨迹(图 4-4):

图 4-4 我的人生轨迹

练习3　发现你的兴趣
1.在学校里我喜欢哪些课程?
2.我常阅读哪些类型的书籍或杂志?
3.对什么事我最有兴趣,我是怎样使用我的闲暇时间的?
4.我做过哪些工作(包括志愿工作),我喜欢做哪些工作?

练习4　描述自己
在下面形容词上做出标注,圆圈代表像你,叉号代表不像你。
(1)现实性的
务实　执着　矫健　随和　质朴　脚踏实地　稳定　自强自助　直率
(2)调查性的
谨慎　内向　追求目标　自信　好奇　善于分析　精细　书卷气　独立
(3)艺术气质
情绪化　感性　善于表达　灵活　想象力丰富　理想主义　不拘小节　本色　创造性
(4)社会性的
乐于助人　善解人意　深入思考　受人欢迎　善良　善于合作　友好　积极回应他人　老练成熟　嘴甜
(5)企业家气质
精力充沛　勇于冒险　进取　咄咄逼人　雄心勃勃　善于说服　果断　有竞争性　热情
(6)传统式的
理智　谦和　坚持　井井有条　彻底　高效　服从　注重细节　可信赖　细致

请查看你画圆圈的形容词。注意这些形容词清单分为六个部分:现实性的、调查性的、艺术气质、社会性的、企业家气质、传统式的。

哪一组形容词能最好地描述你?绝大多数形容词都是积极的个性特征。这个练习让你有机会了解自己个性中积极的一面。

请在下面空格中标出6组形容词中你选出形容词最多的组名,按顺序排列。

1._____　2._____　3._____

每一组形容词都描述某一特定类型的人。你愿意和哪一类人打交道?请按顺序标出你最愿意与之交往的那一类人。

1._____　2._____　3._____

练习5　职业社会地位的思考
请用数字标出在你心目中下列职业社会地位的顺序。
例如,用1标出在你心目中最有地位的职业,至于如何定义"最有地位"则由你个人决定。比如你认为保证社会秩序和安全在你心目中最有地位,你可以选择警察为1,那第20号职业则代表你认为社会地位最低的。

_____行政助理
_____农场管理员

_____律师

_____汽车修理工

_____电脑操作人员

_____建筑工人

_____牙医助手

_____医生

_____工程师

_____理发师

_____园林设计师

_____导演

_____音乐家

_____管道修理工

_____警察

_____精神科护士

_____公立学校教师

_____餐厅经理

_____机械技师

_____销售人员

思考一下这些职位的哪些特点给你留下最深的印象,对你最有价值。然后思考一下你是如何定义它们的社会地位的?你是基于它们可能带来的收入、所需要的教育程度,还是它们的社会评价做出的选择?你认为你的选择是否是以个人偏好为中心?比如说,你将音乐家圈定在你的前5个选项中,你这样做是因为你喜欢音乐吗?事实上,在这个练习中不存在正确或错误的选择。你的排序反映了你的基本倾向。如果大多数靠前的选择都是基于收入考虑的,那么你可能倾向于追求一种财务上的安全感。如果你的大多数靠前的选择都是与服务性职业(如医生、公立学校教师)有关的,你的追求又不一样。

练习总结:

请用一段简短的文字回答下面的问题:你学到了哪些关于自己的东西?你目前的人生阶段是什么?你的人生阶段与你的职业生涯规划有什么关系?你现在的感受如何?

课堂游戏

乔哈里窗

(1)请用5个词形容你自己。请写在下面。

_____

(2)请你的同伴用5个词形容你。请写在下面。

_____

(3)请将你写的5个词和同伴写的5个词对着看,按表格说明列入表4-1中。

表 4-1　　　　　　　　　　乔哈里窗

	自己知道的	自己不知道的
同伴知道的	你和同伴都写的,相似的词	同伴写的,但你没写的词
同伴不知道的	你有写,但同伴没写的词	你和同伴都没写的词

课堂讨论与思考

材料
- 谈谈对你影响最大的三个人和三件事。
- 分别用一句话形容你的父亲和母亲。
- 描述遗传因素、文化背景、物质环境和个人经历如何影响你的兴趣和职业选择,例如,某个学生说:"小时候,跟很多表兄妹一起住在古屋里,以后希望能够找到能跟同事一起开心工作的职业。"

你的感受、想法或者做法
_____
_____
_____
_____
_____

第二节　价值观探索

一、价值观是什么

自我探索:你想要什么

1. 价值观的实质

价值观是一个比较抽象的概念,哲学家对此进行了大量的讨论,因而价值观拥有了一个非常宽泛的含义。下面这三条准则可能有助于我们理解什么是价值观:首先,价值观是一种假设的理论建构。价值观是一种客观推断,它由人们对自己的目标或外界事物的正确选择得来。价值观也是一种主观显示,它是人们的信仰、兴趣、需求、渴望的外在体现。其次,价值观是与伦理行为、活动和道义联系在一起的。它意味着我们应该怎么做或什么是我们应该做的。最后,价值观是一种激励手段。它影响着我们对工作的满意度,在人们生活中所起的作用很大。

2. 价值观的含义

为了便于理解和运用,我们给价值观下一个比较简单的定义。价值观是一种强烈的想法和信仰,为你所坚持,不受他人影响,并足以长时间引导你的行为。价值观具有明确的目的性、自觉性和坚定性。简单地讲,价值观就是你所看重的东西,你想获得的东西,或是某些你认为应该去做的事情。也就是说,价值观就是人们赋予事物的重要性、优点或者实用性。当你说某样东西对你很重要或者对你意义重大时,你就是在陈述一种价值观。价值观影响着你对人、对事、对物的看法,进而影响着我们生活中的很多行为。

观察一下你已有的或者你希望拥有的东西的性质,例如,你房间的衣服、饰品、电子产品等;再想一想你所崇拜的人物的特征,如勇敢、果断、有创造力、仁爱、有道德的行为等,这些体现了对你而言非常重要的价值观。一般来说,你对某些行为或社会状况所持的赞许感觉越强烈,你就会越珍视它。比如最近是否有一些新闻让你感到兴奋或者愤怒?是否有些活动或事件让你感到振奋?在你生活中出现的哪些遭遇会促使你采取行动?所有这些都是你价值观的指示器。

3. 价值观的形成

(1) 影响因素

个人价值观大都从亲密的社会关系中习得,包括家庭、学校、朋友等,特别是童年的家庭环境。儿童通过观察他们的父母、老师和其他成年人,模仿大人们的行为并接受大人们的价值观。许多父母无意识地形成的消费价值观及对物质利益的追求,影响着孩子们的日常生活。成年后,我们开始将这些价值观进行整理和筛选,并可能在青春叛逆期因拒绝某些家庭价值观而发展某些自己的价值观。你所生活的物质环境和文化背景与价值观的形成同样关系密切,如果你从小生活的社区崇尚实用主义、利他主义、创造性、顺从而不是理想主义、个人主义、固执,那你也会形成跟他们一样的价值观,农村孩子与城市孩子,中国北方人与南方人的价值观明显存在差异。

此外,政府、媒体和宗教信仰等也会对价值观的形成产生影响,如24字的社会主义核心价值观、基督教的"救赎论"以及现代一些媒体、网络对青少年的影响等。必须承认,部分媒体和新生文化已经成为垃圾价值观的载体。娱乐性质的媒体是一个众多消费者汇集的电子村庄,在这里,孩子们接触到了与他们父母教给他们的完全不一样的价值观。电子村庄形成了"一个没有围城的家园",父母必须时刻警惕并保护他们的孩子免受垃圾价值观的侵蚀,如暴力行为等。思考上述影响因素,作为已经是成年人的大学生来说,对自己的价值观进行澄清和再确认是十分重要的。

在探索价值观时,必须注意一个问题,即价值观内化现象。这是一个心理学术语,简单讲就是你把别人的价值观,通常是你父母的或亲密朋友的内化为自己的。曾有个父亲,一直怀着"参加奥运会"的梦想,但终究未能实现。当他不断地把这个梦想告诉他女儿并持续高强度地训练她时,他的这个缺憾将成为他女儿的价值观。这属于环境对价值观的影响,正如"孟母三迁择邻处"的故事一样。价值观内化现象可能导致你所探索出来的价值观不是你真正想要的,而是属于你父母的,甚至可能扭曲了你的价值观。当然,你可以帮助你父母实现他们的理想,但这最终不一定会带来双方都满意的结果。

课堂阅读

- 教育家渡边和子有次谈孩子的价值观曾引用这样的案例:一位母亲带着三岁大的孩子,从正在进行水管作业的工人们身边走过。她边走边告诉孩子:"多亏叔叔们的辛苦劳动,宝宝才能喝上甘甜的水哦。来跟叔叔说句'谢谢'再走吧!"又一位母亲带着小孩,从同一个地方经过。她这样对孩子说:"宝宝要是不学习,长大就只能干这种活哦。"价值观就是这样由父母教给孩子的。第一位母亲在孩子心中种下的,是人与人需要互相扶持、对劳动心存感激的观念。第二位母亲则赋予孩子对职业的偏见,以及以学历论高低的价值观。

(2) 价值观的构建

你将看到成千上万种价值观,你可能也感到自己有许多价值观,但是其中的一些比较模糊。和以前的年代相比,在今天,我们所面临的诱惑和信息要多得多,因此,个人要形成清晰的价值体系可能要更难一些。你需要通过大量的思考和自我反省才能明确地表达出对你而言更重要的价值,在辨别和明确自己的价值观的过程中会经常遇到困难,学会理解自己的价值体系可能需要花费一生的时间。Raths等在其著作《价值观与教学活动:教学中的价值观》中,提出了建构价值观的七条标准(表4-2)。你也可以通过课后练习"澄清你的价值观",探索和明确自己的价值观。

表4-2 构建价值观的七条标准

选择(第一条标准)	1. 自由地选择
	2. 从各种可能的选择中进行选择
	3. 对每种可能选择的后果进行了深思熟虑后做出的选择
赞赏(第二条标准)	4. 珍爱自己的选择,并为此选择感到满意
	5. 愿意公开并确认自己的选择
行动(第三条标准)	6. 按照自己的选择来行动
	7. 以某种生活方式不断重复,坚持自己的价值观

价值观的选择依据人们的认知能力。人们必须在不屈服于外界压力的条件下做出自由的选择,不存在任何其他人强迫你这样做,你自己拥有这些价值观,它们正如你的一部分。对价值观的评价着重于个人的感情水平,关键是要避免把一个人的价值观强加到另一个人身上。落实价值观关联到个人的外部行为而不只停留在口头上。价值观绝不仅是空想或理想化地想象你的一生该如何度过,而是通过你如何使用你的时间和你的生活反映出来的。价值观不应该随着时间和外界形势的变化而变化,人们自己选择价值观,并且落实自己的选择。如果上述七条标准都没有达到,就说明价值观的定向不明确或价值观正处于"形成时期"。

4. 价值观与职业生涯规划

首先,"人各有志",每个人的价值观都不同,因此,每个人对工作或职业所带来的金钱、权力、声望等的看法也不一。如果你有定义清晰的价值观,它将帮助你识别你生命中最重要的东西是什么,进而能够保证你拟定一个切实可行的自己真正想要实现的目标。你的核心价值观是目标定位的基础和来源,选择一份能够满足你的价值观的工作,让你生活在你的价值观里,是非常明智的做法。

其次,价值观具有明确的目的性、自觉性和坚定性,为你所坚持,不受他人影响,并足以长时间引导你的行为。成熟、独立和成功的人总是根据自己的价值观而行动,而不是依照别人的价值观行动。只有这样,人们才能从无谓的犹豫、疑惑和彷徨中解放出来。

再次,价值观是一种明确的职业选择态度和行为,对一个人职业目标和择业动机起着决定性的作用。是什么原因导致一些人坚持多年学习进入医学或法律领域,而另一些人却寻求最快、最容易的挣钱方式?是什么原因导致一些人花费多年钻研一项专业并在某一领域积累自己的声望,而中途又更换了职业?为什么留美博士回国后放弃到研究所工作的机会而开办了一家养猪场?上述问题的答案就是价值观使然。你的价值观经常是一种无意识的,却在你一生中左右你的决定性力量。价值观是一种深植于你内心的信念,它会在你面对抉择时影响你的思考,为你在评估信息和选择时提供一个框架。如果你重视身体健康,你就会挤出时间去锻炼,进行积极的自我肯定,并摄入适当的营养。如果你重视职业满足,你就会花时间检查你的价值观并且做出与之相吻合的职业选择。

最后,价值观是人们衡量某种职业优劣和重要性的内心尺度,是个人对待职业的一种信念,并为其进行职业选择、努力工作提供充分的理由。人们在进行职业生涯规划时会琢磨,我怎样才能从脑海中那么多的可能性中做出一个合适的职业选择。这一点恰恰证明了解你的价值观是多么重要。比如你已经确认经济回报、帮助他人和职业稳定是你最高的3个价值;你正在考虑成为一名艺术家、一名演员或是一名演讲家。你可能能够同时胜任这3个职业,甚至你可以同时从事这3个职业。为了确定一个发展方向,你必须决定这3个职业中哪个职业能够最好地满足你的3个最高价值。这样的选择方式最有可能获得职业上的成功和幸福。

二、你的价值观类型是什么

1. 基本价值观取向

思考以下6个基本的价值观取向,它们由戈登·奥尔波特、菲利普·弗农、加德纳·林德芮于1960年提出,是一个历史悠久且被广泛应用的价值观目录。思考过后,你可以联系自己的生活经历和感悟,按照这些价值观对你的重要性程度进行选择或排序。

(1)理性。理性类型的人以发现真理为主要乐趣。为了达到这一目标,他们会采取实验、批判、推理以及智力的方法。这种类型的人渴望去认识、推理,渴望整齐有序、系统化的知识与思想,不会根据事物的外表或者是否有用做出判断。

(2)经济。经济类型的人更看重事物是否有用以及是否实际。他们非常拥护商业世界的价值观:生产、销售、消费产品及积累有形财富。这一类型的人希望教育是有用的,他们认为不实用的教育就是浪费。与那些控制他人(政治类型)和服务他人(社会类型)的人相比,他们更感兴趣的是在财富方面超越他人。

(3)审美。审美类型的人很重视外形与和谐。他们从优雅、对称、恰当的立场来判断每一段经历。他们把事物的完美和协调看得比什么都重要,追求零缺陷、形式美感、创新、品味和鉴赏力,十分注重自己的形象,洁身自好,有时避免卷入世俗纷争,对社会比较冷漠。这是这一审美类型的人的典型特征,不论他(她)是不是一个艺术家。

(4)社会。在给予别人和照顾他人方面,社会类型的人一向是被描绘为具有利他精神以及博爱精神的。他们认为,只有对他人的爱和关心才是唯一恰当的并合适的人与人之间的关系。与理性类型的人和审美类型的人相比,该类型的人更热情、更有人情味、更接近宗教类型的人的虔诚态度。

(5)政治。政治类型的人主要对权力、个人的影响力和名誉感兴趣。这种类型的人并不一定活动于政治领域,你可以在任何职业领域里发现他们。在任何一个职业领域里的领导人,他们生活的大部分时间都是在竞争和奋斗,他们一般都具有很高的权力欲望。所以许多思想家一向把权力看作做事情的最基本和最普遍的动力。

(6)宗教。宗教类型的人关心的是所有经验的统一。他们也是神秘的,渴望将世界理解为一个统一体,并且认为自己也是这个统一体的一部分。这一类型的人中有一部分是以一种积极参与生活并肯定生活的方式来实现自己的宗教信仰的,而他们中的另一部分则是通过回避生活、自我克制和自我反省来实现自己的宗教信仰的。宗教是人类价值体系的重要来源,对于我们探索生活的价值和意义都有贡献,但必须正确对待宗教,去其糟粕取其精华,从中获得启发为我所用,警惕非法宗教活动及其极端思想。

课堂游戏

"拍卖你的生涯"

假设你现在身处一个拍卖现场,你将参与竞拍生命中一些内容,而你的筹码正是你的生涯。一个人的生涯,就是你人生的追求和事业的发展,它可以掌握在你自己手中。你必须真诚而全身心的投入,自己决策。每个人手上都象征性地拥有1 000元,代表着你一生的时间和精力,你可以用自己手上的积蓄,购买以下可能性:

A. 豪宅　　　　　　　　　　　　B. 巨富
C. 一张取之不尽、用之不竭的信用卡　　D. 美貌贤惠的妻子或英俊博学的丈夫
E. 一门精湛的技艺　　　　　　　　F. 一个小岛
G. 一所宏大的图书馆　　　　　　　H. 和你的情人浪迹天涯
I. 一个勤劳忠诚的仆人　　　　　　J. 三五个知心朋友
K. 一份价值50万美元并每年可获得25%纯利收入的股票
L. 名垂青史　　　　　　　　　　　M. 和家人共度周末
N. 一张免费旅游世界的机票　　　　O. 直言不讳的勇敢和百折不挠的真诚

2. 工作价值类型

工作价值是指你能从一份工作中获得的回报和满足。对工作价值观的研究是职业生涯规划的基础。你常常会觉得"某些职业就是比另一些职业要好",这反映的正是你对工作价值的排序。如果你在职业生活中找到了自己的价值,那你的工作就会变得有意义、有目的。如果你的工作没有使你得到满足,生活本身就会变得乏味、单调而令人烦躁。

每个人希望从工作中获得的回报是不同的,每一份工作对个人价值观的满足程度也是不同的。在同一个组织中,有的人更重视金钱报酬,有的人更重视工作成就,有的人更重视权力地位。在社会的千万种工作中,有些工作的平均收入水平较高,有些工作则更容易获得自由和生活平衡,有些工作比较稳定,而有些工作则富有挑战性和变动性。在世人眼中,这些工作总是有所谓的好与坏,但在规划职业生涯时,我们要思考的不是这些工作的好与坏,而是哪一个工作更能与你的价值观相匹配。

工作价值观通常都是与某种职业紧密相连的,并且是你与职业类型进行匹配的基础。例如,如果创造性对你来说是一项重要的工作价值,那么,建筑师、设计师、广告创意人员、工程师和表演艺术家们的工作就是以创造性为显著特征的,而独立、变化、旅行、被认可和有影响力则被认为是记者这一职业的工作价值。当你认为某项很重要的价值在一项职业

里缺失的时候,就会出现职业错位的现象。

一份工作能够提供给你的价值是多样的,主要工作价值类型见表4-3。首先,每个人可能都有几个自己所看重的工作价值类型,你必须确认哪些工作价值类型是你真正想要的,哪些可以不要。其次,在一种职业选择中,满足个体认为所有重要的工作价值类型是不可能的,因此你必须对那些你认为重要的价值类型进行排序,从最重要的到最不重要的。最后,分析你的目标职业是否能够满足你的这些价值,哪些能够满足,哪些没办法满足。或者,你也可以思考能够满足你最重要的那几个工作价值类型的工作类型有哪些,而这些工作中,哪些能成为你可行的目标职业。

表 4-3　　　　　　　　　　主要工作价值类型

序号	类型	序号	类型	序号	类型
1	经济收入	6	工作环境	11	具有多样性而不单调
2	稳定性	7	人际关系	12	生活方式
3	独立自主	8	成就感	13	社会地位
4	创造性	9	社会奉献		
5	管理与领导	10	知识性		

3. 职业价值观类型

请完成课后职业生涯规划心理测试题"职业价值观测验",然后对照表4-4识别属于你的职业价值观类型,最后分析你的目标职业是否符合这些类型。表4-4中的"可能职业",只是用于进一步说明每一种价值观类型的特点,并不是说你一定要选择这些职业。它的参考意义在于:你的目标职业的工作性质最好与这些"可能职业"是一致的或类似的。

心理测验是一个探索和了解自己的方法,不可过度依赖也不能完全否定。心理测验的结果可以作为一个参考,最终必须辅以其他自我探索的方法以及每个人的自我反思。可以联系日常生活、为人处事的实际情况,对心理测验的结果进行判断。从自己的生活经历中举例说明哪些类型是准确的,而哪些类型则让你怀疑。例如:如果你的自由型得分最高,那么对你而言,相比较经济收入、支配权力和社会地位,你应该更看重的是自由和充分发挥自己能力的机会。而你能否针对这个结论从你的经历中举个例子加以证明或者举个例子加以反驳?再例如:你的支配型和合作型得分都很高,也就意味着你是一个支配欲望很强,但同时也很希望周围的人都开心的人,你是否时常面临这样的价值观冲突的纠结?再举一例:你是理工科的学生,那你的技术型是否超过了12分?你的志愿型和合作型都很高,那你是否更愿意从事与人打交道的工作而不是一份技术性工作?

表 4-4　　　　　　　　　　职业价值观类型

序号	职业价值类型	特点	可能职业
I	自由型/非工资生活型	不受别人指使,凭自己的能力拥有自己的小"城堡",不愿意受人干涉,想充分施展本领	室内装饰专家、图书管理专家、摄影师、音乐教授、作家、演员、记者、诗人、作曲家、编剧、雕刻家、漫画家等

(续表)

序号	职业价值类型	特点	可能职业
Ⅱ	经济型/经理型	断然认为世界上的各种关系都建立在金钱的基础上,包括人与人之间的关系,金钱可以买到世界上所有的幸福	各种职业中都有这种类型的人,商人为甚
Ⅲ	支配型/独断专横型	想当上组织的一把手,无视他人的想法,且视此为快乐	进货员、商品批发员、旅馆经理、饭店经理、广告宣传员、调度员、律师、政治家、零售商等
Ⅳ	小康型	较为虚荣,优越感也很强,渴望能有社会地位和名誉,当欲望得不到满足时,由于过于强烈的自我意识有时反而很自卑	会计、银行出纳、成本估算员、税务员、法庭速记员、办公室职员、计算机操作员等
Ⅴ	自我实现型	不关心平常的幸福,一心一意想发挥个性,追求真理。不考虑收入、地位及他人对自己的看法,尽力挖掘自己的潜力,施展自己的本领,并视此为有意义的生活	气象学者、生物学者、天文学家、药剂师、化学家、科学报刊编辑、地质学者、物理学者、数学家、科研人员等
Ⅵ	志愿型	富有同情心,把他人的痛苦视为自己的痛苦,不愿意干表面上哗众取宠的事情,把默默地帮助不幸的人视作无比的快乐	社会学者、导游、福利机构工作者、咨询人员、社会工作者、教师、护士等
Ⅶ	技术型	性格沉稳,做事组织严密,井井有条,并且对未来充满平常心态	木匠、农民、工程师、野生动物专家、自动化技师、电工、司机、机械制图员等
Ⅷ	合作型	人际关系较好,认为朋友是最大的财富	公关人员、销售人员、秘书等
Ⅸ	享受型	喜欢安逸的生活,不愿从事任何具有挑战性的工作	无固定职业类型

三、关于价值观探索的说明

(一)把价值观探索放在首位

价值观探索至关重要,同时也是最难的。价值观探索的重要性体现在两个方面:一是它直接关系到工作满意度;二是它难以调和。价值观是你想获得的东西或你终生追求的事物,你的工作能够给你所想要的,你当然会感到幸福;如果你得到的并不是自己想要的,你一点都无法假装快乐。因此,价值观在我们确立生涯目标或选择职业中起着非常重要的主导作用。例如:学生A想要的是一份比较稳定的工作,但现在从事的却是一份不稳定的但收入很高的工作;学生B想要的是一份收入高点的工作,但现在从事的却是一份稳定的但收入不高的工作。学生A经常羡慕学生B,学生B也很羡慕学生A,但他们只是活在彼此的羡慕中,他们对自己的工作并不满意,自然也很难从中获得幸福感。所以,价值观探索和排序在一定程度上就是要明确自己的追求,并勇敢地去追求你的追求。

价值观的冲突是难以调和的。首先,你很难去接受和追求自己不想要的价值。俗话说"强扭的瓜不甜",不管是在职场上还是在家庭中。你跟之前的朋友渐行渐远,很多时候是因为你们的价值观开始不一致了。当你想要去改变一个人的价值观时,或当你面对不同价值观之间的争论时,往往是奔溃和没有结果的。你再试着回想一下,当你跟一群和你价值观一致的人一起相处时的感受,当你正在做的事情没法给你所想要的东西时,当所爱非所选,当所选非所爱时,那是怎么样的感受?其次,多数人的价值观都是多元的,因此也就难以避免不同价值观之间的冲突,也就是"鱼与熊掌不可兼得"。例如:一个同时具有"支配型"与"合作型"的人总是纠结的;"高收入"和"稳定性"常常互不相容。因此,各个重要的价值观之间如何取舍、如何平衡是十分重要的现实难题。

价值观探索也是最难的。你或许很容易回答"你不想要什么"或"你想要什么",但你想要的所有东西不可能都能得到,于是对于"为了什么,你宁可舍弃什么"或"你不能舍弃的是什么"的回答就十分重要和困难了。所以,价值观探索最难的在于,你必须按照重要性对你所想要的事物进行排序。

反思和明确你所选择的价值观类型。在做价值观探索时,需要明确以下几点:

1.价值观与工作满意度水平相关。当我们根据自己的价值观生活时,会得到最大程度的幸福感和高自尊。

2.一个人可能有几个自己所看重的价值,按照重要性对你的价值观进行排序。当然,有些价值的重要性会随着时间推移而有所改变。

3.你的价值观可能非常多元,它们之间可能存在冲突。

4.不同于性格,价值观是难以调和的。

5.每个人的价值观都不同,要学会尊重别人的价值观。

(二)坚持核心价值观的引领

社会主义核心价值观为职业生涯教育提供了重要的价值导向,应该成为中国当代大学生择业、创业和个人全面发展的价值取向目标和价值评价尺度。

首先,职业生涯教育要适应本土社会的发展才能发挥作用,其成功实施离不开社会环境和文化环境。社会主义核心价值观为职业生涯教育本土化提供了有力的价值支撑,当代大学生的职业生涯规划必须以此为价值指引。

职业生涯教育源自西方,生涯规划的基本概念和相关理论大都源自国外,由于历史和社会发展的现实国情不同,简单的"拿来主义"并不完全适用。西方社会强调个人价值的实现,个人是其生涯辅导的出发点和归宿,因此其职业生涯理论主张价值中立,坚持个体责任中心观点,强调每个人不同的价值追求都是正当合理的。但中国受儒家文化的影响,历来倡导国家和集体利益大于个人利益,强调先"国"后"家",主张"修身齐家治国平天下"。再者,一种价值观的提出和弘扬,一定与其所处时代的经济、政治、文化、社会、国际等方面面临的复杂形势和挑战有关。当前社会主义核心价值观的凝练和提出,既是我国社会主义建设、改革历史与现实发展的必然要求,又是应对我国正处于全面深化改革关键时期所面临的复杂形势与时代要求的需要。因此,要想让职业生涯教育更加有效地发掘其对个人、社会的积极意义,当地大学生的职业生涯规划就要适应中国国情,而以社会主义核心价值观为价值指引是适应国情的最基本路径。

其次,青年人的职业价值观需要社会主义核心价值观来引导,以促进其构建"主体价值与社会价值相统一、工具理性与价值理性相统一、努力追求个性自由全面发展"的就业价值观。

大学阶段正是年青人对未来职业生涯的探索期和准备期,是职业理想、职业价值观形成的关键时期,若缺乏核心价值观的明示与启迪,学生将缺乏历史使命感和社会责任感,人生目标和职业理想必然呈现出功利性和实用性,也容易在其职业生涯规划中将短期职业目标作为自己的行动内驱力。一项针对95后大学生的择业观调查显示,功利化和个性化是大学生求职的主导,择业主要考虑因素有经济收入、工作地点、符合兴趣、发展前景、工作稳定、施展才干等,经济收入因素位居榜首,功利化的择业倾向明显。个人对物质欲望的合理追求是无可厚非的当然利益诉求,然而在理性的天平上,人生价值是很难和物质利益之间保持平衡。就业价值问题是理性和非理性的结合体,当一味追求名利、享乐、虚荣的标准,非理性的热情势必使得理性的诉求无法实现。发挥社会主义核心价值观的引领作用,有助于大学生克服主体性需求异化、实用主义价值观影响等问题。在选择职业时,大学生应该遵循的主要指针是人类的幸福和自身的完美,核心价值观能在思想上指导学生在市场化的就业竞争中保持清醒的心灵和冷静的头脑。

24字社会主义核心价值观分三个层面:富强、民主、文明、和谐,是国家层面的价值目标;自由、平等、公正、法治,是社会层面的价值取向;爱国、敬业、诚信、友善,是个人层面的价值准则。这是每一个公民必须恪守的基本道德准则,也是社会主义市场经济对人才的基本要求。就个人层面上的核心价值观而言,爱岗、敬业指要忠于职守,是一个人对自己所从事的工作及学习负责的态度;诚信、友善强调信守承诺、诚恳待人,是职业道德和素养的一个重要内容。也就是说,在职业生涯教育时,大学生应该在职业规划选择中提倡爱国,在职业道德教育中倡导敬业,在就业指导过程中倡导诚信,在职业素质养成中倡导友善。

职业生涯规划关注的是人的发展,强调满足个体需要。但人的发展离不开社会,个体发展的本位性从属群体发展的社会性;个体需要的满足也离不开社会,要处理好个人与国家社会的利益关系。大学生进行职业生涯规划时,必须符合以社会主义核心价值观为导向的社会人才需求标准;进行择业时,必须符合以社会主义核心价值观为导向的社会职业的要求。只有在价值上把主体性价值和社会性需求有机统一起来,把职业当做实现自我价值与社会价值的主要舞台,当代大学生才能在中国社会更好地实现自己的人生和职业发展期待,获得职业生涯与人生生涯的成就感与幸福感。

最后是职业理想。树立职业理想是职业生涯教育的核心,而职业理想主要受价值观的影响。大学生从职业生涯教育中,获得的不仅是职业生涯技能,更多的是对人生价值和生命意义的思考和追求。社会主义核心价值观能够引领学生坚定理想信念,树立远大理想,厚植家国情怀,凸显责任担当。在市场经济的自由竞争环境下,大学生的价值观取向日益多元化和复杂化;面对严峻的就业压力与形形色色的社会风波,大学生的职业行为趋向现实和自我;甚至有部分学生存在拜金主义、享乐主义、道德滑坡、内心浮躁、理性不足等问题。这对大学生树立职业理想带来了很大的挑战。不少大学生在确立个人理想的过程中不考虑社会的实际需求,过分的强调自我发展,就业评价标准趋于功利化,这样就很容易偏离择业的正确轨道。大学生要从人类社会发展的规律和现实社会发展的要求来认识和反思个人的进步,认识到只有符合社会发展要求的个人追求才是合理的,只有在为社会作贡献的过程中才能实现真正的自身价值,才能成为社会、企业需要的人才。从个人来讲,只有在心中真正树立起了远大的职业理想,才会形成一种强大的内驱力,从而主动学习,积极上进;从社会来讲,青年的价值取向决定了未来整个社会的价值取向,个人的命运与社会的发展是息息相关的,一个崇高的职业理想是个人理想和社会需要紧密结合的、是个人发展与社会发展同频共振的,这样我们的国家才会变得更加美好,我们的生活也会变得更加幸福。

体验活动

1.请描述你的职业理想,并按照社会主义核心价值观的要求来审视自己的职业理想和阐释未来职业的期待和可能的困境。

我的职业理想是:_____
_____
_____

在国家层面上,我的职业理想与核心价值观的关系是:_____
_____
_____

在社会层面上,我的职业理想与核心价值观的关系是:_____
_____
_____

在个人层面上,我的未来职业是这样体现核心价值观:_____
_____
_____

2.工作价值拍卖会

表4-5一共列出了15个工作价值项目。假设你有500个生命单位(你一生当中可以投入到工作中的时间和精力的总和),请将你愿意出价的单位写在所竞拍的工作价值项目后面的"出价单位"格内。出价完成后,请找出5个出价单位最多的项目,并将它们的顺序写在"出价顺序"栏内。

出价时,请注意以下原则:

(1)不必对每个项目都出价(若你觉得该项目不重要,可以不出价)。

(2)每个项目的出价单位不得低于10单位。

(3)出价总数不得超过500单位。

表 4-5　　　　　　　　　　　　　工作价值出价表

工作价值项目	出价单位	出价顺序
1.我的工作能增进他人的福利		
2.通过我的工作能使这个世界变得更美好、更有艺术气氛		
3.我想从事发明新事物、设计新产品、倡导新观念的工作		
4.在工作中,我可以独立思考、学习与分析事理		
5.我能够用自己的方式来做事,不太受外界的牵制		
6.我能全力以赴地把工作做好,并看到具体成果		
7.我能受到别人的推崇与尊重		
8.我想从事策划并能管理别人的工作		
9.我想从事高收入的工作,这样我就能买自己要的东西		
10.我想要一份稳定的工作		
11.我想要良好舒适的工作环境		
12.我希望能同上司和谐相处		
13.我希望能与志同道合的同事一起愉快地工作		
14.我想多尝试不同的工作		
15.我想选择自己喜欢的生活方式,并能实现自己的理想		

【心理测验】　职业价值观测验

下列题目中有A、B两种观点和态度,比较同一题中的A与B,在它们的后面把与自己平时考虑接近的画"√",不符合的画"×"。

1.A.做事果断,认为即使有所损失,以后可以再挣回来。

　B.做事三思而后行,没有切实可靠的盈利把握就不着手做。

2.A.经济力量在发挥作用,从而国家繁荣。

　B.政治力量在发挥作用,所以国家才繁荣。

3.A.想当政治家。

　B.想当法官。

4.A.对一个人的了解,始于他(她)的穿着打扮或居住条件。

　B.认识一个人,不能够仅通过外表。

5.A.为大刀阔斧地工作,必须养精蓄锐。

　B.必要时,愿意献血。

6. A. 想领养孤儿来抚养。
   B. 不愿意让其他任何人留在自己家中。

7. A. 买汽车时,会选择买全家人能一起乘坐的大型汽车。
   B. 买汽车时,比较注重汽车的外形和颜色。

8. A. 留意他人和自己的服装。
   B. 对于自己和他人的事,全都不放在心上。

9. A. 结婚前,首先确保自己有房子。
   B. 认为眼前的事最重要,不考虑以后的事。

10. A. 与人相处能够照顾到各个方面,被认为是个考虑周到的人。
    B. 认为自己是个有判断力的人。

11. A. 不随波逐流,认为自己的生活方式同他人的不一样也无所谓。
    B. 愿意与人攀比,认为其他人家里有的东西自己也应该凑齐。

12. A. 为能被授予勋章而奋斗。
    B. 心地善良,暗地帮助不幸的人。

13. A. 时常自以为是,认为自己的想法比别人的都正确。
    B. 比较客观,认为必须尊重他人的价值观。

14. A. 最好自己的婚礼能上电视,而且有人赞助。
    B. 希望把自己的婚礼搞得比别人的更有气派。

15. A. 被周围的人认为有眼光,能推断将来的事。
    B. 被周围的人认为是处事果断的人。

16. A. 有事业心,店面虽小,也想自己经营。
    B. 不干被人轻视的工作。

17. A. 很关心佣金、利息。
    B. 在陌生的环境里,对自己的能力和适应性十分关心。

18. A. 认为人的一生中只有获胜才有意义。
    B. 认为人应该互相帮助。

19. A. 在社会地位和收入两者中,认为前者更有吸引力。
    B. 认为安定与社会地位相比更实惠。

20. A. 对社会惯例并不重视。
    B. 善于表达并且有幽默感,经常被邀请主持婚礼。

21. A. 乐于同独身生活的老人交谈。
    B. 不愿意为别人做事,嫌麻烦。

22. A. 生活中的每一天都过得十分充实。
    B. 时常得过且过,只要还有生活费就不想干活。

23. A. 认为学习在人的一生中占有很重要的地位,有空闲就想学习充电。
    B. 时常考虑如何掌握被他人喜欢的方法。

24. A. 总想一鸣惊人。
    B. 对生活没有过高的要求,同别人一样就行了,平平淡淡才是真。

25. A. 认为用金钱就能买到别人的好意。
    B. 在人的一生中,爱比金钱更重要。
26. A. 对未来有一种恐惧感,一考虑到将来就紧张不安。
    B. 认为将来能否成功并不重要。
27. A. 总是认为自己还有机会,伺机重新大干一番。
    B. 关心发展中国家人民的生活情况。
28. A. 认为应该尽量地利用亲戚们的关系网。
    B. 亲戚之间应该友好相处,并且互相帮助。
29. A. 如果来世转生成动物,愿意变为狮子。
    B. 如果来世转生成动物,愿意变为熊猫。
30. A. 生活有规律,严格遵守作息时间。
    B. 愿意轻松地生活,讨厌忙忙碌碌。
31. A. 有空的话,想读成功者的传记,以便从中得到启示。
    B. 有空的话,就看电视或者干脆睡觉。
32. A. 认为干不赚钱的事是没有意思的。
    B. 时常请客或送礼给对自己有用的人。
33. A. 对于能够决出胜负的事情感兴趣。
    B. 擅长改变家庭布局和修理东西。
34. A. 对自己的行为十分有信心。
    B. 认为协作十分重要,所以注意与对方合作。
35. A. 常向别人借东西,却不愿意借东西给别人。
    B. 时常忘记借进或者借出的东西。
36. A. 认为人生由命运决定是错误的。
    B. 玩世不恭,认为被命运摆布也很有趣。

计分方法:

画"√"者,不论选择A还是选择B,都得2分,画"×"得1分。请按照以下公式,计算Ⅰ～Ⅸ等九种类型的价值观得分,得分等于或超过12分的就是你的职业价值观类型。关于这九种价值观的说明,请参考表4-3。

Ⅰ = 1A+15A+16A+26A+27A+33A+34A =
Ⅱ = 1B+2A+14A+17A+25A+28A+32A+35A =
Ⅲ = 2B+3A+13A+15B+18A+24A+29A+31A+36A =
Ⅳ = 3B+4A+12A+14B+16B+19A+23A+30A =
Ⅴ = 4B+5A+11A+13B+17B+20A+22A+26B =
Ⅵ = 5B+6A+10A+12B+18B+21A+25B+27B =
Ⅶ = 6B+7A+9A+11B+19B+24B+28B+33B =
Ⅷ = 7B+8A+10B+20B+23B+29B+32B+34B =
Ⅸ = 8B+9B+21B+22B+30B+31B+35B+36B =

课堂讨论与思考

材料	你的感受、想法或者做法
• 你想要什么？ • 你不想要什么？ • 你关注什么？记得什么？ • 对你而言，什么是好事？ • 对你而言，什么东西更重要？ • 为了什么，你宁可放弃什么？ • 平常看报纸或浏览网络，你最关注哪类新闻？ • 如果你有一百万元，你将怎么花这些钱？ • 你觉得生命中最重要的东西是什么？是金钱、权力、声望、工作、家庭还是朋友？ • 列举你生命中最重要的5个人。 • 列举你生命中最重要的5种事物。 • 有一名学生说："我有许多梦想：我想当一名教师，教书育人；我想当一名医生，治病救人；我想当一名律师，为正义辩护……"请问她的价值观是什么，对她而言什么最重要，如果无法找到这样的工作她会怎么样？ • 是去追求"你没有的"，还是去追求"你想要的"？ • 追求比妥协更容易？ • 当价值观与能力不匹配时，你会怎样做？ • 你会不会"为了所谓的梦想，放弃了最简单的幸福"？	

自我探索：你喜欢什么

第三节　兴趣探索

一、兴趣是什么

1. 兴趣的含义

兴趣是个体力求认识某种事物或从事某项活动的心理倾向，它表现为个体对某种事物或从事某项活动的选择性态度和积极的情绪反应。兴趣是个体对客观事物的选择性态度，正如"青菜、萝卜，各有所爱"。兴趣是个体对需要的情绪表现，它是一种能够引起你想去了解某项事物或从事某项活动的内在感情。

任何人的兴趣都不是与生俱来的,而是在生活实践中逐渐产生和形成的。如果一个人对某一事物根本不了解,那他根本就不可能感兴趣。兴趣来自价值观、家庭生活、社会阶层、文化背景、物质环境等因素。但是具有相同价值观的人可能会拥有不同的职业兴趣,如科学工作和文学工作同样都可以满足创造性的价值要求。当然,兴趣是会改变的,也是可以培养的。研究发现,在25~55岁,人们的兴趣变化较少,但在15~25岁人们的兴趣可能变化很大。

课堂阅读

● 哈佛大学是怎样挑选学生的?有人说看成绩,有人说看领导力,更有人说看家世,莫衷一是。一次,我问从哈佛毕业的儿子:"你高中成绩并不拔尖,哈佛是怎么看上你的?"儿子一笑,说他也弄不清,只知道当年哈佛看上了他在高中拍的环保短片,为学校歌剧做的曲,以及发表过的文章。儿子又说:"哈佛看上我的,是我从小就喜欢的,也是我今天正在做的。虽然你和妈妈当时不看好我的这些兴趣,但我至今仍在从事拍片、作曲和写作。"儿子说得有理。哈佛挑人才,最看重的是你未来能做些什么。

2. 兴趣的发展与差异

从职业兴趣的产生和发展来看,一般要经历:有趣—乐趣—志趣。有趣是兴趣发展过程的第一阶段,这种职业兴趣是变化多端的、短暂的,如今天想当教师,明天想当设计师等。第二阶段是乐趣,它是在有趣的基础上发展形成的,这种职业兴趣会向专一的、深入的方向发展,如一个人对无线电有乐趣,他不但会学习这方面的知识,还会亲自装配和修理,参加有关活动等。第三阶段为志趣,当人的乐趣与人的社会责任感、理想、奋斗目标结合起来时,便由乐趣转为志趣。志趣具有社会性、自觉性和方向性的特点。在职业生涯规划上,我们鼓励探索自己感到有趣的东西,并去发展相关技能让它成为你的乐趣,最终把它确立为你的志趣。

人的职业兴趣差异主要表现在:①兴趣对象差异,如偏好物质生活还是精神生活;②兴趣空间差异,如兴趣广泛还是单一;③兴趣稳定性差异,如兴趣会持久或易变;④兴趣效能差异,如会对兴趣执着或是漠视;⑤兴趣可行性差异,如兴趣是切实可行的还是过于浪漫的。

3. 兴趣与职业生涯规划

(1)兴趣匹配的误区

误区1:很多人都有兴趣爱好,但却从不认为自己的兴趣爱好是择业的基础

有很多的学生说自己没有什么兴趣爱好,而且从来没想过兴趣与工作有关。其实,这跟我们从小到大所受的教育有关,特别是家庭与文化背景。中国传统教育都偏向功利性,完全割裂了学习、成长与娱乐的关系,认为任何娱乐都是"玩物丧志",孩子的培养方向较为单一,自然等他们长大后也就不可能有把兴趣当成职业的想法,甚至认为兴趣是无关紧要的。

曾有个学生描述了她相对开放的父母，说他们从小到大从不逼迫她学习东西，她完全凭着兴趣做出选择和努力，因此，在课堂上，她表现出对兴趣探索极强的热情。也曾有个会计专业的学生，在课堂上和课间休息时，常常涂涂画画和看一些设计类杂志，当本人与她交谈时，她表达了对艺术设计的兴趣，同时也说会计专业的确让她难以忍受。可是当本人建议她去旁听艺术专业的课程时，她很直接地说，"可是那不是我的专业"，当我再反问她，"可是你不喜欢你的专业"，她却很肯定地说，"可是那是我的专业"。当然，如果你认为它很重要，你也可以学好它，但毕竟那始终不是你的兴趣所在，你终将难以取得既成功又满足的职业生涯。

许多人认为，把职业选择建立在适合自身特点和喜好的基础上是不现实的。不知从何时起，我们开始迷失了由真正的自我激发出的早期梦想，而把注意力集中在一些现实上，如哪些职业具有较高的职业稳定性和较好的工资报酬。也有人认为兴趣应和工作分开，其实工作是一个人一生中投入时间和精力最多的活动，那你为什么不选择一份自己喜欢的工作？你也大可不必艰难地为了生存而工作，那你为什么不选择一份自己喜欢的工作？你可以追求一份不能兼顾个人业余爱好的工作，但这并不能否认兴趣的重要性。

其实，在许多情况下，我们都有机会去根据自己的兴趣探究和了解一些职业。当然，追求自己所喜欢的工作是需要勇气的，找到自己喜欢的工作也需要过程与策略。例如，一个男孩热爱棒球但又不愿意经过长时间的训练去做一个职业棒球手，他就干脆放弃了这个领域一切可能的工作机会。其实，他完全可以寻找一份与自己的兴趣有关的职业，比如，做一个球队的体能教练，一个棒球场的场地管理员，或者一个公园娱乐活动的组织者。这些职业都比做一个棒球手或与棒球毫无关联的职业更适合他的个性和兴趣。

误区 2：业余爱好就是职业兴趣

很多学生会在职业兴趣探索中，罗列以下内容："喜欢听音乐、看 NBA、玩游戏、看电影"等，这些是职业兴趣吗？业余爱好是索取，职业兴趣是付出。一般情况下，你不会因为喜欢漂亮的衣服就去做裁缝，不会因为喜欢美食就去做厨师。但业余爱好并不一定跟职业兴趣无关，有人踢球踢成了职业球员，有人养鱼养成了一个职业。然而，把业余爱好变成职业的难度也很大。

（2）兴趣与职业生涯规划的关系

从最早期的帕森斯开始，职业发展专家就专门把兴趣当作职业选择的一个重要部分。将你的职业建立在兴趣的基础上不仅是现实可行的，而且是十分必要的。

首先，"兴趣比天才重要"，一个人一生中选择什么样的职业，兴趣占主导地位，有时兴趣甚至比能力更重要。假设有两份工作摆在你的面前，第一份你有兴趣但感到没有能力做好它，第二份你感到有把握可以胜任但却不感兴趣，你会选择哪份工作？如果你选择第一份工作的话，可能你会暂时感到有压力，但从长远来看，你的能力会不断得到提升，因为"兴趣是最好的老师"，最终你将拥有一份在兴趣与能力方面实现匹配的职业。如果你选择第二份工作，很大的可能是你的能力会不断衰退，而且因为你没能从事自己喜欢的职业，你可能会在工作的时候感到不开心，或者缺少成就感。显然，选择第一份工作比较符合人与职业匹配的理念。

其次，"成功的真正秘诀是兴趣"，许多成功人士都有一个相似之处，就是对自己感兴趣的事非常执着,对他们来说,为自己感兴趣的事情付出是一种乐趣,而不是负担。兴趣是那些你能愉快地投入大量时间和精力的事情,它能形成一些习惯和帮助你发展。兴趣是成功的推动力,正如一句台词所讲的"有喜好,就会执着。有执着,才会成功"。

再次,兴趣不仅是择业的基础,更是职业满足感的来源,它还能提高应对职场压力与竞争的能力。兴趣是引起和维持人的注意的重要内部要素,就像一个灯塔,为人们探索职业发展指明了方向。职业心理学家的研究表明,一个人对某种职业产生兴趣可以增强其对职业的适应性,且能发挥他全部才能的80%~90%,令他长时间保持高效率而不感到疲劳;如果相反,则他的才能只能发挥约20%~30%。

最后,你的目标职业必须源于你的兴趣。兴趣是点燃激情的火种,激情是成功的内燃机。真正的兴趣是发自内心的,如果你所从事的工作是你真正发自内心热爱的事业,你就不会仅仅将工作当作是谋生的手段,而是当作事业去干,完全自愿地不知疲倦地投入,充分体验到工作挑战的乐趣和成就感。当然,有时候我们对我们真正感兴趣的东西并不十分清楚,可能你会将家人、亲友不切实际的期望误以为是自己的真实理想。

课堂游戏

小组辩论

- 请观看网络综艺节目《奇葩说》第六季的辩题"感兴趣的工作总是996,我该不该886"(2019年11月14日),然后在课堂上就该辩题进行分组辩论。

课堂阅读

- 怎样才能知道自己的兴趣?
  - 回想做什么事情让你感觉有最大的喜悦,感觉做起来简直不是工作,而是在玩;
  - 多去尝试一些事情,看看能否找到感兴趣的;
  - 寻找兴趣时,要做好该做的事情,这样才有资格去做自己喜欢的事情;
  - 就算不知道自己的兴趣,也不要浪费时间去做自己痛恨的事情;
  - 有时候不要执迷于只做自己喜欢的事情,而是要去做自己该做的事情。

二、你的职业兴趣类型是什么

1. 霍兰德职业兴趣类型

如果兴趣能够被有效地测量出来,就能简化职业生涯规划的过程。试完成课后职业生涯规划心理测试题"霍兰德职业兴趣类型测验",对照表4-6,识别属于你的职业兴趣类型,然后分析你的目标职业是否符合该类型。

表 4-6　　　　　　　　　　　霍兰德职业兴趣类型

序号	职业兴趣类型	特点	可能的职业
1	现实型	爱与物打交道,不爱与人打交道。爱做技术性强的工作,求实用,讲实效。他们被形容为:循规蹈矩、谦恭、自然、害羞、直率、现实、执着、稳重、诚实、温和、实用、节俭	汽车修理工、空中交通管理员、地形探测员、农业工人、电工等
2	调研型	爱动脑筋,穷根究底,独立思考,不随大流,力求有所发现、有所发明。喜欢以人物为导向的工作和独立完成任务。喜欢解决抽象的问题和探索物质世界。他们被形容为:分析、好奇、内向、精细、严谨、独立、条理、理智、批判、书卷气、谦和、内敛	生物学家、化学家、物理学家、人类学家、地质学家、医疗技师等
3	艺术型	爱自由自在,不受过多的约束,充分发挥自己的聪明才智,引人注目。喜欢在能够提供自我表达的艺术氛围中工作。他们被形容为:复杂、理想化、冲动、不顺从、情绪化、想象力丰富、独立、本色、善于描述、不实际、直觉、无条理	作曲家、音乐家、舞台指导、作家、室内设计师、演员等
4	社会型	爱与人接触,做领导、组织、发动和服务工作。与人为善,助人为乐,以解除别人的痛苦或困难为志趣。擅长社会交往,有责任感而且关心他人的利益。对机械或物理方面的技能不感兴趣。他们被形容为:善于说服、慷慨、思想深刻、善于社交、合作、负责、助人为乐、仁慈、世故、友好、理解、理想主义	教师、职员、咨询顾问、护士、私人指导、演说家、教练等
5	企业型	爱活动,喜欢冒险,希望得到较多的报酬。喜欢领导、讲演和推销。对细致的工作没有耐心。他们被形容为:敢于冒险、盛气凌人、乐观、承担风险、雄心勃勃、自信、精力旺盛、寻欢作乐、吸引他人注意力、冲动、爱欢迎、善于社交	销售员、经理、公司高层主管、电视制作人、体育项目推广人、采购人员等
6	事务型	爱做室内有规律的具体工作,宁愿被别人管,不愿管别人。喜欢类似办公室工作等非常清晰的工作,无论这些工作是运用语言还是运用数字。对艺术或物理方面的技能不感兴趣。他们被形容为:严谨、保守、条理、内敛、一致、效率、执着、自制力、清醒、顺从、实际、有板有眼	记账员、计算机操作员、银行职员、成本控制员、税务专家等

2. 工作世界地图

从事美国大学入学考试（ACT）项目研究的心理学家戴尔·普雷迪格将工作对象分为数据、观念、人和物四项,他将以上四分法与霍兰德划分的六大工作领域结合起来,得到了工作世界地图,如图 4-5 所示。这一分类方法可为大学生进行职业探索和人职匹配提供重要指导。

工作世界地图把工作系列分为 12 个区域,这些工作系列覆盖了美国所有的工作,尽管每类工作都有自己不同的位置,但大多数都接近所给出的某一点。一个工作系列的位置基于首要的工作任务,总共有四种首要的工作任务:数据、观念、物和人。这是一种简洁而有效的职业兴趣分类方法,其实多数工作都同时涉及数据、观念、物和人,但程度不同,有一些工作需要你把大部分时间花在数据、人或机器上,分析你的专业或目标职业属于以下哪一类。

(1)数据包括事实、记录、文件、数字、计算、商业过程和系统性程序等。数据性任务是不直接与人打交道的任务,它通过人来促进商品或服务的消费,如促销代理商、会计以及空中交通管制者的工作主要是与数据打交道。

(2)观念包括抽象概念、理论、知识、觉察、洞察力等。观念性任务是个人头脑中的工作,如创造、发现、解释和综合抽象概念的应用等,科学家、音乐家和哲学家的工作主要是与观念打交道。

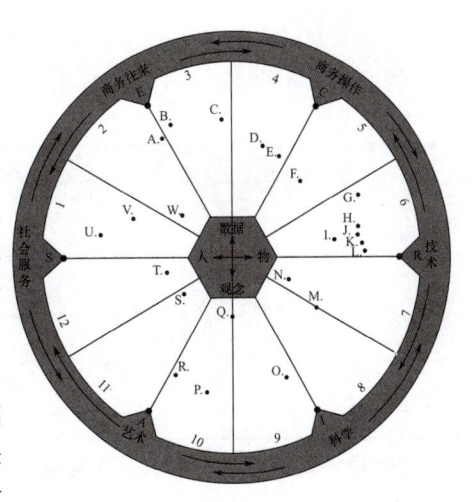

图 4-5 工作世界地图

(3)物包括机器、工具、生物、材料等,是一种与人无关的任务,如制造、运输、维修和修理等,砖匠、农夫、机械工等工作主要是与物打交道。

(4)人包括帮助、照顾人们、为他人服务,提供信息或卖东西给他人等。人的任务是人际间的任务,如看护、教育、服务、娱乐、说服等,是要在人类行为中引起一些改变的。如教师、销售人员等工作主要是与人打交道。各区域下代表性的工作类型见表4-7。

表 4-7　　　　　　　　各区域下代表性的工作类型

区域	工作类型	区域	工作类型	区域	工作类型	区域	工作类型
A.	市场与销售	G.	交通工具操作与修理	M.	工程学与相关技术	S.	应用艺术(写作与演讲)
B.	管理与规划	H.	建筑与维护	N.	医药学与技术	T.	统合性健康护理
C.	记录与沟通	I.	农业与自然资源	O.	自然科学与数学	U.	教育与相关服务
D.	金融交易	J.	手艺与相关服务	P.	社会科学	V.	社会与政府服务
E.	存储与分派	K.	家庭/商业电器维修	Q.	应用艺术(视觉)	W.	个人/消费者服务机构
F.	商业机器/电脑操作	L.	工业电器操作与修理	R.	创造/表演艺术		

体验活动

1. 招聘广告中的职业

找出两三周内报纸或网络上的招聘广告,这些必须是近期的而且是本地区范围内的。阅读所有上述的招聘广告中你所感兴趣的,暂不考虑这些工作你能否胜任。思考一下你所感兴趣的这些职业的广告词,想想是哪些字眼吸引了你的注意力。在下面的空格中记下让你感兴趣的职务名称和行业。

2. 自我认识的工具——好恶调查表

按照表4-8的方式,写下你对生活和职业的喜好项目和厌恶项目,越多越好。

表4-8　　　　　　　　　　　好恶调查表

喜好	厌恶
喜欢旅行	不想为小公司工作
喜欢住在闹区	不愿意在大城市里工作
喜欢做自己的老板	讨厌整天对着电脑工作
喜欢住在中等规模城市	不喜欢一直穿套装
爱看足球赛	工作时间不喜欢说话
爱玩篮球	不喜欢加班
……	……

【心理测验】　霍兰德职业兴趣类型测验

考察以下与六种职业兴趣类型相关的各种活动,其中有哪些是你喜欢的,你所喜欢的活动在这一兴趣类型中有没有超过6个,如果有,那你基本上就属于这一职业兴趣类型。

R. 现实型活动

1. 装配、修配、修理电器或玩具。
2. 修理自行车。
3. 用木头做东西。
4. 开汽车或骑摩托车。
5. 用机器做东西。
6. 参加木工技术学习班。
7. 参加制图描图学习班。
8. 参加机械和电气学习班。
9. 装配修理机器。

统计回答"是"的次数_____。

I. 调研型活动

1. 读科技图书和杂志。
2. 在实验室工作。
3. 改良水果品种、培育新的水果。
4. 调查、了解土壤和金属等物质的成分。
5. 研究自己选择的特殊问题。
6. 做数学游戏。
7. 参加物理课。
8. 参加化学课。
9. 参加几何课。
10. 参加生物课。

统计回答"是"的次数_____。

A. 艺术型活动

1. 进行素描/制图活动。

2. 参加话剧戏曲活动。

3. 设计家居/布置室内。

4. 练习乐器/参加乐队。

5. 欣赏音乐或戏剧。

6. 看小说/读剧本。

7. 从事摄影创作。

8. 写诗或吟诗。

9. 进艺术/美术/音乐培训班。

10. 练习书法。

统计回答"是"的次数_____。

S. 社会型活动

1. 参加学校或单位组织的正式活动。

2. 参加某个社会团体或俱乐部的活动。

3. 帮助别人解决困难。

4. 照顾儿童。

5. 出席晚会、联欢会、茶话会。

6. 和大家一起出去郊游。

7. 想获得关于心理学方面的知识。

8. 参加讲座或辩论会。

9. 观看或参加体育比赛和运动会。

10. 结交新朋友。

统计回答"是"的次数_____。

E. 企业型活动

1. 说服、鼓动他人。

2. 卖东西。

3. 谈论政治。

4. 制订计划/参加会议。

5. 将自己的想法告诉别人。

6. 在社会团体中担任职务。

7. 检查与评价别人的工作。

8. 结识名流。

9. 指导有某种目标的团体。

10. 参与政治活动。

统计回答"是"的次数_____。

C. 事务型活动

1. 整理好桌面和房间。

2. 抄写文件和信件。

3. 为领导写报告或公务信函。

4. 核查个人收支情况。

5. 参加打字培训班。

6. 参加珠算、文秘等实务培训。

7. 参加商业会计培训班。

8. 参加情报处理培训班。

9. 整理信件、报告、记录等。

10. 写商业贸易信。

统计回答"是"的次数_____。

课堂讨论与思考

材料	你的感受、想法或者做法
● 你做什么很重要,比你能获得什么更重要。 ● 做自己所爱的,你才能遇见最好的自己。 ● 不喜欢没关系,关键是你喜欢什么,你为你喜欢的东西付出了多少。 ● 努力很重要,但更重要的是享受你正在做的事情。 ● 将兴趣变成职业,要牺牲很多、付出很多。 ● 追逐热情,而不是热门。	_____ _____ _____ _____ _____ _____ _____

自我探索:你适合什么

第四节　性格探索

一、性格是什么

1. 性格的含义

生活中,我们常讲"某某人热情开朗,为人豪爽""某某人胆小怕事,对人冷淡",这些就是性格的表现。性格是我们很熟悉的心理特征,但对个人性格特征进行较为全面的辨识却非易事。你是否曾经对一个朋友说过"这不像你"?是否也有人对你说"你今天的举动完全不像你自己"?每个人的性格相差如此之大,由此构成了一个个独特的个体,而且就这些独特的个体本身而言,其性格特征也是十分复杂的。

同样,为了便于理解和运用,我们给性格下一个较为简单的定义,即性格是个人对现实的一种稳固的态度以及与之相应的习惯化的行为方式。性格并不是偶然出现在一个人身上的心理特征,一个人的性格一旦形成就具有稳定性,在某些情况下,一个人总是表现出特定的生活情感和态度。当然,所谓性格的稳定性并不是说一个人在行为举止上都是千篇一律的,不可能有不同的表现,而是指一个人性格的基本结构是不变的,在不同情境下,同一种性格可能会以不同的形式表现出来。

2. 性格差异

人与人之间的性格差异主要表现在态度特征、气质特征、理性特征、情绪特征和意志特征五个方面。

(1)态度特征

态度是个体对特定对象(人、观念、情感或者事件等)所持有的稳定的心理倾向。对于态度的定义最早是斯宾塞和贝因(1862年)提出的,他们认为态度是一种先有主见,是把判断和思考引导到一定方向的先有观念和倾向,即心理准备。迈尔斯(1993年)对于态度的定义较为完善,认为态度是对某物或者某人的一种喜欢或者不喜欢的评价性反应,它在人们的信念、情感和倾向中表现出来。

迈尔斯提出 ABC 态度模型,即态度涉及三个维度:情感(Affect)、认知(Behavioral)和行为意向(Cognition)。具体而言,在处理各种社会关系方面的态度特征主要包括:①对社会、集体和他人的态度特征,如因公而忘私或假公济私;忠心耿耿或三心二意;善于交际或行为孤僻;热爱集体或自私自利;礼貌待人或言语粗暴;正直或虚伪;尊敬或蔑视;喜欢或厌恶;富有同情心或冷酷无情等。②对工作或学习的态度特征,如勤劳或懒惰;认真或马虎;创新或墨守成规;相信或怀疑;赞成或反对等。③对自己的态度特征,如谦虚或骄傲;自尊或自卑;严于律己或放任自由等。

态度这种心理倾向蕴含着个体的主观评价以及由此产生的行为倾向性,因此态度理论认为态度具有工具性功能、认知功能、自我防御功能和价值表现功能。例如:态度有利于人们寻求他人的赞许、有利于保持清醒的意识状态和正确的定向行为、有利于促进个体心理冲突的解决和增加对挫折的忍耐力、有利于人们表达自我概念中的核心价值和获得内在满足。也就是说,态度所蕴含的正面的先有主见、评价性反应和行为倾向将深深影响着我们的成功和幸福,正如有研究指出态度与执行力、人际关系等高度相关。试回想一下,我们与他人的日常交往中所表现出来的积极或消极的态度,这会对我们的社交网络和他人行为产生很大的影响。同时也会发现,有时候只要我们态度稍有转变,表现和事情的结果就大不相同。另外,态度的形成和转变既是个人主观建构的结果,也受个人经验的影响。在职业生涯发展的过程中,要有意识地去建构积极的态度,并在具体情境中学会如何转变自己消极的态度。

(2)气质特征

气质主要是由生物特性决定的相对稳定而持久的心理特征,是行为的表现形式,体现了行为的速度、强度、灵活性等特点。气质在很大程度上受先天的遗传因素的影响,具有相对稳定性,但受环境的影响也可能发生某种改变。"江山易改,禀性难移"就是说气质的稳定性。气质大都与生俱来,它本身没有好坏之分。每种类型的气质都可以形成不同的性格,同一种气质类型的人可能是优秀的人才,也可能是平庸之辈。所以问题的关键并不在于你是什么气质类型,而在于你的气质与职业是否相适应。

气质是性格形成和发展的生理基础,但气质本身不是性格,两者之间存在明显差别。首先,气质主要受遗传因素的影响,人一生下来就表现出一定的气质差异,较难改变。在性格的形成过程中,生活实践起到重要作用,性格虽说比较稳定但也可能发生改变。气质是先天的,是行为的外显特征,与行为内容没有关系,没有好坏之分。其次,气质与性格之间不是单一的联系,相同气质的人可以形成不同的性格特征。也就是说,在任何一种气质类型的基础上,既可以发展好的性格特征和优异的才能,也可以发展不良的性格特征并限制才能的发展,但特定气质有利于形成某种性格特征。如果要形成具有自制力的品质,胆汁质的人需要长期的努力,而抑郁质的人比较容易;但胆汁质和多血质的人则比较容易形成果敢和果断的性格特征;黏液质的人比胆汁质和多血质的人更容易形成冷静、忍耐的性格特征。与此同时,性格可以在一定程度上改变和掩饰气质。一些专业性很强的行业需要具有沉着、机智、果断等性格特征的人,如果是胆汁质的人要从事这样的行业,就要进行规范性格训练程序,长此以往他们就会形成沉着冷静的性格特征,而原本容易冲动的胆汁质特征就被掩饰或改造了。

课堂游戏

心理测验

● 假设你身处以下场景,你当下的第一反应是什么?你父母又分别是什么反应?

场景:上电影院看电影,因迟到而被门卫挡住。

A. 与门卫争吵,认为检票员在为难他,并企图闯进去。

B. 想方设法另找入口,从楼上的小门里翻了进去。

C. "第一场总是不太精彩,我去其他地方等一会,幕间休息时再进去。"规规矩矩守在门外,觉得剧院的规定有理,等待幕间休息。

D. "我老是不走运,偶尔来一次电影院就这么倒霉。"垂头丧气地回家,边走边哀叹自己命运不济。

人的气质多种多样,它表现了人的神经系统的某种特征。心理学中一般把人的气质分为四种:①胆汁质的人可能勇敢、爽朗、有进取心,也可能简单、粗暴、爱闹矛盾;②多血质的人可能活泼、机敏、爱交际,也可能轻浮、不踏实、不诚实;③黏液质的人可能稳重、坚毅、扎实,也可能冷淡、固执、知错难改;④抑郁质的人可能办事细致、严守纪律、独立思考,也可能多疑、多愁善感、缺乏自信。这是最流行也是最有效的从古希腊沿袭下来的对气质类型的划分。"课堂游戏"中选项ABCD对应的分别是多血质、胆汁质、黏液质和抑郁质。表4-9详细地描述了这四种气质类型所对应的职业特点、适合的职业与不适合的职业。

表4-9　　　　　　　　　　气质类型表

气质	职业特点	适合的职业	不适合的职业
多血质	工作能力强,灵活多变,容易适应新环境,工作面较广泛	外交工作、管理工作、医生、律师、运动员、记者、演员、警察等	细致、单调的工作
胆汁质	喜欢不断有新活动出现,喜欢不断变换工作环境	导游、推销员、勘探工作者、监督员等	长期不变、细心检查的工作
黏液质	自制、镇定、安静、不急躁	法官、会计、管理人员、出纳等	经常变换的工作
抑郁质	工作细致,但常常信心不足	化验员、保管员、机要秘书、编辑等	经常与人交往的工作

(3)理性特征

理性特征是指人在认知过程中的性格特征,表现在以思维为核心的智力活动上。包括:①感知。主动观察型和被动观察型;记录型与解释型;罗列型与概括型等。②记忆。主动记忆型与被动记忆型;直观形象记忆型与逻辑思维记忆型;记忆的快慢、长短之分等。③想象。主动想象型与被动想象型;幻想型与现实型;想象的深度与广度的区别等。④思维。独立型与依赖型;分析型与综合型等。

(4)情绪特征

情绪特征是指人情绪活动的强度、稳定性、持续性和主导心境等方面表现出来的性格特征。包括:①情绪强度:个人受情绪影响程度和情绪受意志控制的程度,如有的人情绪体验比较微弱,容易用意志控制;有的人则相反。②情绪稳定性:有的人无论是在成功还是在失败时,情绪都比较平静,保持"平常心";有的人成功时则沾沾自喜,失败时则垂头丧气。③情绪持久性:有的人遇到愉快的事,当时很高兴,事后很快恢复平静;有的人愉快的情绪能持续很久。④主导心境:有的人经常愉快,有的人经常忧伤。

(5)意志特征

意志特征是指人在对自己行为的自觉调节方式和水平方面的性格特征。包括:①对行为目的的明确程度:具有目的性或盲目性;具有独立性与易受暗示性;具有纪律性或散漫性等。②对行为的自觉控制水平:具有主动性与被动性;具有自制力和冲动性等。③在长期工作中表现出来的特征:恒心、坚韧或见异思迁、虎头蛇尾等。④在紧急或困难情况下表现出来的特征:勇敢或怯懦;沉着镇定或惊慌失措;果断或优柔寡断等。

3. 性格与职业生涯规划

如果你的性格与职业要求相适应,你工作起来就会感到得心应手,心情舒畅,也就容易在工作中取得成就。相反,你的性格就会阻碍你完成工作任务,使你感到被动,缺乏兴趣并难以胜任。如具有开朗、活泼、热情、温和的性格的人比较适合从事新闻、服务、外贸、娱乐以及其他同社会与人群交往较多的行业;具有多疑、多问、深沉、严谨的性格的人,比较适合从事科研、治学方面的工作;做事马虎的人,显然不适合做外科医生;而具有勇敢、沉着、果断性格的人则是企业家和管理者必不可少的性格特点。

构成性格的态度、气质、理性、情绪和意志特征都对职业选择和发展有着重要的影响。气质类型不仅影响着选择的工作的性质,而且影响工作的效率,对择业有比较大的影响。虽然,对大多数职业而言,气质并不是决定职业适应性和成功的主要因素,它只具有一定的辅助作用。但在一些特殊的职业中,气质对职业的影响力非常大,如飞行员、运动员都要求能承受高度紧张的压力、反应敏捷、具有顽强的毅力等,多血质的人比较适合这类职业,而黏液质、抑郁质的人则不适合。其他性格特征对职业满意度和发展也有明显的影响,例如:很多雇主看重的不是你是否具备完成某项任务的能力,而是你是否愿意付出、愿意学习等态度品质;理性、情绪与意志特征影响着一个人的自我状态,对人的独立性、主动性、自制力、坚韧性等具有促进强化或抑制削弱的作用。

总之，你越了解自己的自然倾向和偏好，就越容易发现一条能够最大限度发挥自己与生俱来的能力的职业轨道。如果在你走上职业道路时，能把自己的性格和兴趣考虑进去，你就越有可能从工作中得到乐趣和满足感。

4. 性格缺陷

性格是一个人的行为表现较为稳定的基本特征。一个人的性格在一定的教育和环境的影响下形成，难以改变。但实际上，人的性格并不是绝对地不能改变，只是改变起来不太容易罢了，有时候甚至是不太可能的或没有必要的。对成年人来说，性格实际上是由心理态度所决定的。如果你能改变自己的心态，那就能够改变自己的性格。

如果你真的觉得自己存在某些性格缺陷，比如懒惰、自卑、过分虚荣等，那么可以在生活和工作中运用一定的方法稍加训练，慢慢改正自己的性格缺陷，但这一过程并不轻松。首先是自我意识，即你必须意识到自己具有这样的性格缺陷，而你本身认为这个缺陷十分严重，迫不及待地想改正它。其次是改变你的心理态度，接着是改变行为特征，慢慢地新的行为就会成为你的习惯，习惯养成性格，而性格决定命运。

（1）懒惰

懒惰的产生有多种原因，有些人因为看不起自己而导致产生"自我击败感"；有些人则因遇事经不起挫折而导致"受挫折耐力低弱"，逆商太低；还有些人因对自己要求过高而导致产生对别人的敌对情绪，产生一种"应该必须式"的意识；另外有些人则属于眼前享乐主义者，他们往往会产生抑郁、消沉、烦恼、妄自菲薄、焦虑、枯燥等情绪，从而使其斗志涣散、精神沮丧、暮气沉沉、懒懒散散，很难焕发积极情绪并鼓起干劲，甚至心中常有一股无名之火，认为自己必须这样或者应该那样等。认识懒惰的原因及其所产生的情绪，克服与暂时忍受眼前的挫折和不适，是改正懒惰缺陷的前提。下一次如果你准备拖延行动，找出懒惰的理由并分析它是否站得住脚。

（2）自卑

自卑感的产生不是来自"事实"或"经验"，而是来自自己对事实和经验的评价。有些人的自卑是气质上的，童年时，如果常常遭到大人的吆喝、训斥甚至谩骂，会使他一生都变得唯唯诺诺，这是先天的。后天形成的则是认识型自卑，主要源于过分注重自身形象、过分注重自我，其结果是谨小慎微、患得患失、过分疑虑。第三种也是后天的，叫挫折性自卑。自卑是自己缺乏信心，轻视自己，认为自己不如别人的一种心理状态。有些大学生来到大学后变得十分自信，而有些则刚好相反，变得十分自卑。

其实你是这个世界上独一无二的人，你完全可以大有作为，所有的可能性都存在的，就看你是否愿意丢掉自卑的包袱，建立起强大的自信心。第一，"眼睛是狗熊，手是英雄"，真正去做了可能会很简单。如果你在一个方面不行，不妨换一个目标或方向。我有不及别人的地方，别人也有不及我的地方。第二，对于自卑的人应该正确看待竞争与输赢，正确地与别人比较，人各有所长，"不要拿自己的冬天和别人的春天比——每个人都有自己的四季"，更何况"花不一定开在春天"。第三，自卑的人可以通过积极的自我暗示，避免"我难以应付"等消极暗示,以培养坚强的个性,用自我激励和勤能补拙等方式加以克服。拿破仑说:"默认自己无能,无疑是给失败创造机会。"你应该正确评价自己,正确表现自己,正确补偿自己,正确面对人生。

(3)虚荣心

虚荣心是人普遍存在的心理现象,无可厚非,人之生为人,总是希望得到别人的认可,总是希望过得比别人更好,所以虚荣心在一定程度上可以催人上进。但如果过分虚荣,那么就会成为阻碍成功的心理缺陷。很多大学生没办法看待自己与周围学生的差距,特别是物质方面的巨大差距,因此产生了较强的虚荣心或其他不好的心态,导致好高骛远等行为特征,因此,也就影响了择业与职业发展。

二、你的性格类型是什么

1. 最普遍的划分

(1)内倾型与外倾型:前者关注的对象和兴趣集中于内部世界,富有想象力,比较孤僻;后者关注的对象和兴趣倾向于外部世界,开朗、活泼、善于交际。多数人属于中间型。

(2)顺从型和独立型:前者喜欢按别人的意见办事,按常规办事,希望别人对自己的工作负责,不愿意自己做主;后者自尊、自信、自立、自强,独立思考、自主决策、应变能力强,喜欢让别人接受自己的观点。

(3)行动型和思考型:前者乐天派和开朗的人居多,为人处事灵活多变,八面玲珑,但做事马虎、松散、有始无终、容易急躁。后者严谨、有计划、求稳妥,严守信誉和规则,专心致志,持之以恒是其优点,但做事常犹豫不决,行动迟缓。思考型的人往往是纸上谈兵、缺乏行动型的人所具有的决断力和实际行动的精神,在处理人际关系时,也没有行动型的人的那种爽快、平易的情感和洒脱劲儿,人们往往体察不出他们的内心活动。

(4)按知、情、意三因素在性格结构中的地位,性格类型分为理智型、意志型、情绪型。前者爱分析、爱钻研、较文静、少冲动;中者目标明确、主动积极、敢作敢为、坚韧不拔;后者情绪产生迅速、情绪体验深刻,言谈举止受情绪制约。

(5)五种基本个性类型:外向的、温和的、谨慎的、情感稳定的、爱好尝试的。上述这些词语中哪些可用于形容你的性格特征?

2. 个性的类型理论

(1)荣格的四种性格类型

在现代心理学研究中,对个性的类型理论贡献较大的是瑞士心理学家荣格。荣格提出了个性类型可划分为内倾型和外倾型。后来,他又根据生活中人际互动的个性特点,将类型细分为敏感型、情感型、思考型和想象型四种类型。请完成课后【心理测验】"性格类型测验",对照表4-10,识别属于你的性格类型,然后分析你的目标职业是否符合该类型。当然,测验的结果只是个参考,重点是你通过它来探索和了解自己,增加对自己和他人的理解。

表 4-10　　　　　　　　　　　　　　　四类性格类型

序号	性格类型	特点	可能职业
1	敏感型	精神饱满,好动不好静,办事迅速,但行为常有盲目性,有时情绪不稳定,在与人交往中往往会拿出全部热情,但受挫时又容易消沉失望。40%的人属于该类型	适合做运动员、行政人员等
2	情感型	感情丰富,喜怒哀乐溢于言表,不喜欢单调生活,爱刺激,容易感情用事,喜欢鲜艳色彩,对新鲜事物很有兴趣,在与人交往中容易冲动,有时反复无常,傲慢无礼。25%的人属于该类型	适合做演员、导游、活动家、护理人员等
3	思考型	善于思考,逻辑思维发达,有比较成熟的观点,一切以事实为依据,已经做出决定能持之以恒,生活、工作有规律,爱整洁,时间观念强,但有时思想僵化,纠缠细节,缺乏灵活性。25%的人属于该类型	适合做工程师、教师、财务人员和数据处理人员等
4	想象型	想象力丰富,憧憬未来,喜欢思考问题,生活中不太注重小节,不耐烦,有时行为刻板,难以相处,不易合群。10%的人属于该类型	适合做科学工作者、技术研究人员、艺术工作者和作家等

(2) 大五人格

大五人格是西方心理学界公认的一个人格特质模型,包括:外向性(extraversion)、宜人性(agreeableness)、尽责性(conscientiousness)、神经质(neuroticism)、开放性(openness)。这五个人格特质可以涵盖人格描述的所有方面,反映了人格的一般心理倾向(外向性)、人际关系倾向(宜人性)、对规则认同与遵循倾向(尽责性)、情绪稳定性(神经质)和智能倾向(开放性),见表 4-11。近年来,大五人格被广泛应用于临床心理、职业发展、企业管理等领域。研究发现,外向性、宜人性、神经质等均与心理健康有关;外向性和开放性是职业发展的两个重要相关因素;尽责性与人事选拔有密切联系。也有学者研究了大五人格与青少年心理发展的关系,高外向性、低宜人性、低尽责性的青少年常发生与外界冲突的行为问题;高神经质、低尽责性的青少年则经常表现出由内心冲突引起的问题。

表 4-11　　　　　　　　　　　　　　大五人格及其高低分特征

人格特质	含义	低分特征	高分特征
外向性	表示人际互动的数量和密度、对刺激的需要以及获得愉悦的能力	孤独、不合群;安静;被动;缄默	喜欢参加集体活动;健谈;主动;热情
宜人性	考察个体对他人所持的态度,表现在信任、坦诚、同理心以及对合作和人际和谐是否看重	多疑;刻薄;冷淡;易怒	信任;宽容;心软;好脾气
尽责性	反映个体自我控制的程度以及推迟需求满足的能力,评估个体在目标导向行为上的组织、坚持和动机	马虎;懒惰;杂乱无章;不守时	认真;勤奋;井井有条;守时
神经质	反映个体情感的调节过程,个体体验消极情绪的倾向和情绪稳定性	冷静;不温不火;自在的;舒心的;情绪稳定的	焦虑;自寻烦恼;神经质;冲动;愤怒;感情用事
开放性	描述一个人的认知风格,为了自身的缘故对经验积极主动寻求理解以及对陌生情境的容忍和探索	刻板;创造性差;按部就班;缺乏好奇心	富于想象;创造性强;标新立异;有好奇心

如何用大五人格来探索和判断自己的性格类型？简单来说，你可以结合自己经历和他人评价，思考以下哪几个词语可以形容你的性格？这些词语是外向的、温和的、谨慎的、情绪稳定的、爱好尝试的。完成课后【心理测验】"性格类型测验"，反思和了解自己的性格类型。在某一人格特质上，你可能具有典型的高分特征或低分特征，但也有可能你刚好介于中间。例如：你是高外向性、高尽责性、低开放性，但宜人性和神经质则处于中间水平。中等神经质可能说明你大部分时间是情绪稳定的，但也经常焦虑和感情用事。中等宜人性可能给你的启发是你大部分时间是善解人意的、友好的、乐于助人的，但有时候可能对某些事或人很冷淡和充满怀疑。

我们必须正确理解大五人格探索给我们的启示。内向性的人比较安静、谨慎，不喜欢与外界过多接触。他们不喜欢与人接触不能被解释为害羞、抑郁、傲慢或不友好，这仅仅是因为比起外向性的人，他们不需要那么多的刺激，因此喜欢独处。高神经质的人比较冲动，但冲动并不一定就是坏事。冲动的个体常被认为是快乐的、有趣的、很好的玩伴。冲动的人能够随着环境的变化做出快速的决定，给个体带来暂时的满足，但也常常会给自己带来麻烦，容易产生长期的不良后果。高尽责性的人往往比较谨慎。谨慎的人被认为更加聪明和可靠，更易于避免麻烦，但是谨慎的人可能是一个完美主义者或者是一个工作狂。极端谨慎的个体让人觉得单调、乏味、缺少生机。

三、关于性格探索的说明

在做性格探索时，我们通常会有以下疑问：我能准确而完整地描述我的性格吗？性格类型测试有用吗？我能改变我的性格吗？我的性格好还是不好？性格到底重要不重要？对某些人而言，探索自己的性格是一件困难甚至是痛苦的事情。但不管有多困惑，我们都希望你首先要将性格探索当作一件有趣的事情。

人与人的差异直观地表现在性格上，或热情外向，或羞怯内向，或沉着冷静，或火爆急躁。所以，性格是每个人都比较熟悉的心理现象。我们对自己和对别人的性格都能有所了解，但却很难做出准确而全面的描述，因为多数人的性格都是多元的。纯粹而绝对地属于某一性格类型的人并不多，关于性格类型的识别其实是一种关于自己个性倾向的判断。例如：绝对外向或内向性格的人并不多见，多数人的性格都是介于中间的，在做性格类型探索时，不是要判断你是绝对外向或绝对内向，而是要判断你是倾向于外向还是倾向于内向。

采用各种性格类型理论和测试工具，主要目的是辅助我们了解自己和识别性格类型，从而为人职匹配分析奠定基础。所以，从一定程度上讲，这些测试不是为了给出准确的个性描述，也不是为了具体地指出哪种个性适合哪种职业，而是让你了解自己的个性特点，从而明确从事某一类工作或活动更适合你、更能从中得到满足。最重要的是要学会如何解读这些知识并将其应用到职业生涯规划中去。

性格是个人在过去的成长环境中形成的，因此性格是比较稳定和难以改变的。所以，我们要把重心放在发现自身个性优势上。首先,只有原谅自己、接受自己、爱上自己,我们才可能更好地改变自己。其次,实质上性格不存在绝对的优劣势之分,每一类性格都有自己的优势也都有自己的劣势,每一类性格都有与之相适应的工作范围,关键看与岗位的匹配度,生活中人与人的相处同样如此。

在做性格探索时,需要明确以下几点:

(1)性格与职业的匹配是一个大概的趋势,不像价值观、兴趣、天赋与职业的匹配那么严格。

(2)性格改不了,但行为可以改善。拥有完善性格的人并不多,而且多数人所抱怨的性格缺点并不是一无是处。更何况,还可以通过教育、培训、训练等方法改善自己的行为。

(3)性格决定命运,任何一个成功的人都有能够足以让他成功的性格特点。

(4)发现并发挥自己个性上的优势。扬长避短是人职匹配的重要理念,只有在个性优势上做匹配才能更有效地实现人职匹配,才能在处理人际关系时从容地调整自己。

(5)了解自己的性格,同时学会同不同性格的人相处。有助于情商培养,从而提高人际沟通的有效性。

体验活动

九型人格:描绘你的情感列表

九型人格体系中有九个不同的人格类型,代表人们九种不同方式的感受、思考与行动的习惯,连接着九种独立的人格与精神的提升途径。九型人格能够帮助我们了解并接受自己和他人,也是帮助我们提升情商、改善人际关系、提升沟通和领导力的重要工具。以下节选金杰·拉皮德·伯格达《九型人格:展现工作中的最佳自我》以便辅助了解自我性格。

在九型人格体系中,每个人只有一个类型,而且永远不变,但是你的人格特征可能会随着你的成长和发展变得不明显或显著。你可能会发现自己有两个甚至三个与你匹配的人格类型,这并不奇怪。尽管你只有一个核心人格类型,但是还有其他四个类型与你的主类型相关,这些相关类型丰富了你的人格类型。

九型人格类型中,每个人格类型都来源于三个智慧中心——"脑中心""心中心""身体中心"中的某一个。每个人都会以其中一个中心为主。情感列表可以反映主要的智慧中心,可据此初步判断我们属于九型人格类型中的哪一类。请根据以下指引描绘你的情感列表,并对照九型人格类型及特征表进行分析和理解。

(1)探索的指引

我们都有情感,但是我们不一定拥有同样范畴的情感,也不一定会感受到同样的强烈程度。实际上,情感分为四大类:愤怒、悲伤、高兴、恐惧。情感感受强度可分为:高强度、中等强度和低强度。请阅读情感列表(4-12),在每个代表你经常体验到的感受前打钩,用所有打钩的词绘制你的全部情感列表。在练习的过程中请注意,这一体验不是你昨天或某次的感受,而是在你的生命中你经常感受到的那些情感。

表 4-12　　　　　　　　描绘你的情感列表

愤怒			悲伤		
高强度	中等强度	低强度	高强度	中等强度	低强度
□怨恨	□激动	□困扰	□极其痛苦	□被抛弃	□无聊
□恼怒	□好斗	□愤世嫉俗	□挫败	□冷淡	□失望
□狂怒	□好战	□不高兴	□抑郁	□灰心	□不抱幻想
□敌对	□反对	□不满	□不顾一切	□哀伤	□无助
□激怒	□失意	□烦恼	□憔悴	□无望	□孤独
□大怒	□愤慨	□惹怒	□羞辱	□忧郁	□痛苦
□义愤	□恼火	□气恼	□无能为力	□悲观	□闷闷不乐
□暴怒	□不满	□紧张	□无目的	□伤心	□不快
□报复	□反叛	□打乱	□无价值	□软弱	□敏感

高兴			恐惧		
高强度	中等强度	低强度	高强度	中等强度	低强度
□极其快乐	□生机勃勃	□有活力	□害怕	□忧虑	□谨慎
□高兴	□愉快	□宁静	□无保护的	□焦虑	□担心
□狂喜	□激动	□舒畅	□哀伤	□迷失方向	□糊涂
□满腔热情	□感激	□满足	□惊吓	□扰乱	□怀疑
□欣喜	□乐观	□平和	□胆怯	□不安	□提防
□快乐	□热切	□安静	□恐吓	□受惊	□犹豫
□旺盛	□自豪	□得意	□恐慌	□紧张	□勉强
□充满生机	□满意	□放松	□目瞪口呆	□烦恼	□猜疑
□精力充沛	□感恩	□可靠	□精神创伤	□担忧	□小心

(2) 分析与理解

首先看一下总体状况。你打了很多钩（超过50%）还是打了很少钩（少于25%）？在四个情感分类中你打钩最多的是哪类，最少的又是哪类？你的打钩模式是否显示了你通常会倾向于哪种强度的情感表达？

其次明确自己的智慧中心和人格类型。如果你在恐惧列表中打了很多钩，你的人格类型就可能是在脑中心。脑中心包括九型人格类型中的五号、六号、七号。五号面对恐惧的反应是抽离，继而分析了解。如果你的情感列表在其他三个感受大类里基本上都是低强度的，你可能是五号。六号对焦虑和恐惧的反应是预演最坏的情景，计划可选择的办法，以避免不好的事情发生。六号的情感列表在恐惧分类的三种强度水平中，通常都会选择很多。七号用另一种方式应对恐惧，他们快速地从烦恼中转移到舒适区，尽管七号在表面上并未表现出恐惧，实际上他们是从恐惧和痛苦中逃离——这就是一种逃避反应。七号的情感列表经常显示，他们不但在恐惧分类中选择很多选项，在高兴分类中也会如此。

如果你在四种情感分类中都选了很多选项，那么你的人格类型可能是心中心。心中心包括二号、三号、四号。二号努力打造一个被人喜欢的形象，他们在他人的肯定中找到自我价值。因为二号通常是温暖的、乐观的、热情的，所以他们通常在高兴分类里选择很多选项。如果你在四种情感分类中都打了钩，但是在悲伤类别中打钩很少，那么你可能是三号。三号致力于打造一个成功的形象，他们通过自身价值的实现在他人那里寻求尊重和敬佩。与其相反,四号特别熟悉悲伤和忧郁的感觉,所以四号在悲伤分类中会勾选很多选项。四号在三种心中心类型中是最关注内在的,他们努力打造一个唯一或特殊的形象,他们经常利用自己敏锐的情感来抵御别人的拒绝。

如果你在情感列表的愤怒分类中打钩最多的选项,那么你的人格类型可能在身体中心。身体中心包括一号、八号、九号。如果你在愤怒分类中更多的是选择中等强度选项,同时伴有一系列的悲伤类别选项,这可能预示着你是一号。一号的愤怒经常是深层的,经常表现为突发不满之后的频繁激怒。一号倾向于自我批评,他们经常变得灰心和消沉,让他们身边的亲朋好友也陷入悲伤的情绪中。如果你在愤怒分类中勾选了很多项,特别是在高强度选项中选择很多,那么你可能是八号。八号倾向于频繁、直接地表达他们的愤怒。他们的愤怒被各种事件刺激后(例如看到某人被不公正对待、看到某人弱点、某人不能有效控制某事或者是某人在撒谎),愤怒会迅速爆发。九号的愤怒有时候被称为"睡着了的愤怒",这种愤怒处于深层次,只有当九号感觉被忽视或被迫做事的时候,这种愤怒才活跃起来。不过,九号的情感列表在愤怒分类中可能勾选得多,也可能不多。九号倾向于回避愤怒和冲突,与他人在一起时,他们宁愿感受和谐与舒适。因此,九号在四个情感分类的选项中,通常是以低强度或是中等强度感受为主。具体见表4-13。

表4-13 九型人格类型及特征

人格类型	特征描述	褒贬评价	惯有特征
一号:完美主义者	因为对行为有很高的内在预期,我努力让自己和他人都负责任地达到这些重要的标准。对我而言,很容易就能看到什么是不正确的,也很容易看出该如何改进。我可能被认为过度要求或过度批评,但是如果不按照正确方式去做事,我很难接受。承担责任让我非常满足,追求完美让我十分享受。当我说我要做某事时,我就已经下决心一定把这件事做好。当其他人做事不公正或者不负责时,我会感到愤恨,尽管我会努力不表现出来	努力工作、遵守纪律;爱批评、不灵活	在脑海中是否有个声音或信息,像个录音机一样,不停地批评我什么事情做错了
二号:给予者	我最大的优势就是对他人的需求十分敏感——即使对一些我还不很了解的人。好像我有一个隐形的能读懂他人需求的天线,甚至在他们还没有了解自己需求的时候,我已经了解了。我喜欢成为一个热心、友好、慷慨大方的人。对我来说,良好的关系非常重要,我也会努力发展这些关系。拒绝帮助别人是很难做到的。当我的帮助对别人而言是理所当然或者不被欣赏的时候,我会情绪化或变得固执己见	关心他人、感同身受;不直截了当、过度热情	是否总能觉察别人的需求,却很难说清楚自己的需求究竟是什么
三号:实干者	对于成功、卓越的追求让我充满动力。总的来说,只要设定了目标,我一定会把它做好。我相信一个人的价值在很大程度上取决于自身的成就。因为我非常忙碌,经常不顾及自我感受,也没时间自我反思,这样才能完成全部任务。如果其他人浪费我的时间,或是没有接受挑战,我会感觉十分挫败。虽然我喜欢竞争,但我也会是一个非常好的团队成员(尽管我经常领先团队其他人)	自信、结果导向;过度竞争、工作狂	是否所做的一切都是为了获得他人的重视和尊敬

(续表)

人格类型	特征描述	褒贬评价	惯有特征
四号:浪漫主义者	我是一个敏感的人,我发现人与人之间的真诚关系是有价值和有意义的。我享受象征性的美学表达,所以我很容易被不同形式的艺术所吸引。我的艺术品位是优雅而独特的,我经常感觉其他人并不理解我;对此我会十分愤怒或者特别悲伤。当我对事物有特别的感觉或是内心被触动的时候,我会非常高兴。我也愿意体验生活中悲伤的部分,事实上,忧郁是我渴望的品质。通常,我发现平凡的生活百无聊赖,距离或许求之不得,但却有着动人的美	创造力强、富有变现力;极端、自我	当强烈地感受到某事时,我能长时间控制情感
五号:观察者	我是一个喜欢分析思考的人,喜欢独处。我喜欢置身事外静静观察,我不喜欢被人过多地要求。当我一个人的时候,我喜欢反思自我经验,我享受、理解甚至有时重新回顾那些经历。我有着非常活跃的内在精神世界,因而从来不会因为独处而感到无聊。我愿意过一种简单、不复杂的生活,尽可能地自给自足	分析、客观;疏离、不自信	当事情变化或有压力时,我能很容易地从中抽身,然后再根据自己的选择回到当下这一刻
六号:怀疑论者	我最大的优势就是拥有敏锐、深刻的思维能力,当我感到我的安全受到威胁时,我的大脑会高速运转。我的好奇心也让我拥有敏捷的直觉和洞察力。对我而言,信任别人是最重要的问题,我经常反复观察我所处的环境以及提防危险是否即将到来。我一边怀疑权威,一边又忠于我所在的组织。对于危险,我要么逃避,要么迎头面对。我喜欢支持受压迫的人	忠诚、负责;过度担心、高度警觉	是否经常担心,总是想着什么不好的事情要发生,而且努力为阻止这些可能发生的负面事情想办法
七号:享乐者	我是一个乐观主义者,我总是喜欢去做新鲜、有趣的事情。我的思维十分活跃,快速地在不同想法中变来变去。我喜欢在大方向上把不同的想法整合在一起,如果我能把一些刚开始看起来一点不相关的想法整合在一起,我会十分兴奋。我喜欢做我自己感兴趣的事情,我会投入全部的精力。如果让我做那些无意义或是重复枯燥的任务,我很难坚持下去。如果事情让我沮丧,我宁愿把我的注意力转移到更快乐的事情上。对我来说,有很多选择是很重要的,否则,我就感觉被束缚了	天真率直、多向思维;不专注、反叛	是否不停地寻找新鲜、刺激的人物、想法或者事件,让生活变得兴奋,继续前行
八号:保护者	我很看重坚强、忠诚和可靠,我喜欢坦率正直做事。我欣赏强壮有力、直来直去的人,如果有人对我撒谎或者做事不够光明正大,我会直接指出。我愿意保护无辜,特别是当有人被不公正地对待时,我会挺身而出直接控制局面。当我不认可权威或者没有人愿承担责任时,我会挺身而出直接控制局面。当我生气时,我很难掩饰自己的感受,我时刻准备为朋友和家人两肋插刀	直截了当、坚定自信;控制	是否有个坚强的外表,有时会有意或无意地恐吓他人,但内心深处却藏着脆弱
九号:调停者	我能看到并欣赏不同的观点,所以我善于帮助别人解决分歧。我不带评判的看法,能把握不同方面的优势所在,但这经常让我犹豫不决。我不喜欢冲突,让我直接发火很难。我爱好广泛,但有时会沉溺于某项活动而忽略了自己应该做的事情。我性格随和,喜欢舒适、和谐、随意的生活	平易近人、随和;拖延、逃避冲突	是否会自动地融入别人积极的能量场中,但是当身处消极、愤怒和冲突时会十分悲伤

【心理测验】 MBTI

在下面的练习中,我们使用的一些测试工具都是建立在瑞士心理学家卡尔·琼(Carl Jung)(1923)的研究工作基础上的,他发展了一套了解我们天生的倾向并将其分类的方法。凯瑟琳·布瑞格斯(Katherine Briggs)和伊莎贝尔·布瑞格斯·迈尔斯(Isabel Briggs Meyers)(1962)后来又扩展了卡尔·琼的理论,她们发展出一个确定个性倾向的测试工具。这种被广泛使用的测试方法叫作迈尔斯——布瑞格斯类型鉴别工具(MBTI)。如果你想更详细地了解MBTI测试及其对人格的分析,最好在课后深入学习伊莎贝尔·布瑞格斯·迈尔斯和彼得·迈尔斯合著的《天资差异》一书。

下面的练习由4部分组成,在每一部分中,你可以在两个特点或偏好的描述中,选择哪一个更像你。概括地说,你可以从第一部分到第四部分中选择某些反映你的性格倾向的内容,包括:(1)外向型或内向型;(2)理智型或直觉型;(3)思考性或感觉型;(4)判断型或感悟型。

说明:阅读下面每一对描述,选择其中在大多数情况下最像你的一个(所有人在某种程度上具有所有这些特征)。你必须设想最自然状态下的自己,你在没有别人观察情况下的举止。

第一部分:关于心理力量释放的描述

E
喜欢行动和多样性。
喜欢通过讨论来思考问题。
采取行动迅速,有时不做过多的思考。
喜欢观察别人是怎样做事的,喜欢看到工作的结果。
很注意别人是怎么看自己的。

I
喜欢安静和思考问题。
喜欢在讨论之前先进行独立的思考。
在没搞明白之前,不会很快地去做一件事。
喜欢理解这项工作的道理,喜欢一个人或很少的几个人做事。
为自己设定标准。

解释:E(Extraversion)代表外向型。大部分选择E的人的兴趣指向行动、人和事物。I(Introversion)代表内向型。选择I的人的兴趣指向一些内在的东西,如道理或个人感受。当然每个人都是外向而行动、内向而思考的,你也一样,肯定会做这两件事,而非一件,但是你在做某件事时会感到更舒服,正如右撇子的人更愿意使用右手一样。具体见表4-14。

表4-14　　　　　　　　　内向型和外向型举例

内向型
小丽是一个计算机专家。她的工作是计算机系统设计。她与某公司的计算机网络专家合作,后者为她提供一张公司对计算机系统的需求清单,她设计这些需求,对系统进行调试直到满足用户的需求为止。她让别人去培训使用者。她通过集中精力从事技术工作而得到力量。她通过一个人独处得到恢复。她的爱好包括通过阅读、上网和远程学习等方式来学习和探索新东西
外向型
纪纲是一个计算机专家。他经常参加一些公司内部人员参加的需求和解决方案会议。他乐于为需要系统升级的客户提供培训。他的爱好包括参加他儿子的家长会议、担当各种活动领导和组织周末露营等活动。他乐于从人群中获得力量

第二部分:关于处理信息的描述

S

主要通过过去的经验本身去处理信息。

愿意用眼睛、耳朵和其他感官去察觉、感受事物。

讨厌出现新问题。

喜欢用已会的技能去做事,而不愿意学习新东西。

对于细节很有耐心,但当出现复杂情况时则开始失去耐心。

N

主要通过分析师所反映出的意见以及两者之间的逻辑关系去处理信息。

喜欢用想象去发现新的做事方法和新的可能性。

喜欢解决新问题,讨厌重复地做一件事情。

与其说愿意练习旧技能,不如说更愿意使用新技能。

对细节没有耐心,但不在乎复杂的情况。

解释:S(Sensing)代表理智,N(Intuition)代表直觉。S和N代表两种接受和处理信息的方式,即两种运用和对待经验的方式。每个人都在不同程度地运用理智和直觉,但有些人更倾向于使用其中的一种。S型的人更多地把注意力放在源自个人经验的事实上。S型的人更容易察觉细节,而N型的人则更倾向于从整体上看事物。因为,N型的人更倾向于从事实的背后看到它所代表的意义。具体见表4-15。

表4-15　　　　　　　　　理智型和直觉型举例

理智型
小王有极好的记忆力。她当一家汽车经销商的会计已经有好几年了。一天,她向上司提醒扰流器和车挡板销售得很快,上司查阅了销售记录,同意了这一观点并把她提升为库存管理员。上司发现她很喜欢跟踪材料进销数字的特点对公司很有帮助
直觉型
洪齐是一位自由撰稿人,并且在电影学院里教授剧本写作。他运用他的创造性和现实生活经验帮助他人,为独立制片人创作剧本。他经常在幻想中或在健身房锻炼时得到写作灵感。他在车里放上一个笔记本,随时记录下自己的新想法。另外,他也教授别人如何在写作中记录下自己的创意

第三部分:关于做决定的描述

T

喜欢根据逻辑决策。

愿意被公正和公平地对待。

可能会不知不觉地伤害别人的感情。

更关注道理或事情本身,而非人际关系。

不需要和谐。

F

喜欢根据个人感受和价值观决策,即使它们可能不符合逻辑。

喜欢被表扬,喜欢讨好他人,即使在不太重要的事情上也是如此。
了解和懂得别人的感受。
能够预计到别人会如何感受。
不愿意看到争论和冲突,珍视和谐。

解释：T(Thinking Judgment)代表思考判断,F(Feeling Judgment)代表感觉判断。T型的通过检验事实和数据做出决策,很少把个人感情牵涉到决定中去。F型的人通过个人的价值观和感受做出决定。每一个人每天都有T型和F型的判断,只是有些人更多地倾向于运用某一种决策方式。具体见表4-16。

表 4-16　　　　　　　　　思考型和感觉型举例

思考型
毛坎是一个学生,他正在考虑是否应该选择工商管理专业。他将根据所搜集到的事实来做出决定。他与大学的职业顾问进行了谈话,在职业中心做了兴趣测试,他已经选修了一些与工商管理有关的课程,他还去了一些雇用工商管理专业毕业生的公司。甚至他还调查了某些雇主所需要的研究生学位学习的课程
感觉型
莎瑞一直想要成为一名模特。但是她受到丈夫和成年孩子们的影响,他们都希望她取得一个大学学位。她保持着良好的体型并且一直坚持参加某公司的模特培训班,同时还在大学读书。在与一位大学职业顾问谈话后,她决定学习时装销售,这样既可以学习一个与她理想职业有关的专业,同时,又可以让她的家人满意

第四部分:关于日常生活方式的描述

J
喜欢预先制订计划,提前把事情落实并决定下来。
总想让事情按"它应该的样子"进行。
喜欢先完成一件工作后,再开始另一件。
对人和事的处置一般很果断。
可能过快地做出决定。
在形成看法和决策时,务求正确。
按照不轻易改变的标准和日程表生活。

P
喜欢保持灵活性,避免做出固定的计划。
轻松地应付计划外和意料外的突发事件。
喜欢开始许多项工作,但是总不能完成它们。
在处理人和事时,总愿意搜集更多的信息。
可能做决定太慢。
在形成看法和决策时,务求不要漏掉任何因素。
根据问题的出现不断改变计划。

解释:J(Judgment)代表判断型,P(Perception)代表感悟型。J型的人更容易对他人表现出自己的思维和感情判断,而不太轻易对他人表现出自己的直觉感受。P型的人与J型的人正相反,他们在同外部世界打交道时,更容易表现出自己的直觉感受,而非理智的判断。具体见表4-17。

表 4-17　　　　　　　　　判断型和感悟型举例

判断型
马林是位电影编辑。他有个计算机控制的约会日历装置,用来提醒他一些重要的约会时间。他所有的客户都知道,当他确定一个完成工作的最后期限时,他肯定能够在确定期限内完成,他不会让任何事打乱他的计划。他的上司给他紧急任务会让他发疯。他不愿意在还没完成手上的工作之前接受任何新任务
感悟型
王凯也是一位电影编辑。一些同事认为她做事精力不集中。她在同一时间里从事几项任务。尽管她的办公室很乱,但她似乎总能找到胶带、电话号码和其他所需要的杂物。她经常在结束一项旧工作之前又开始一项新工作,因为她不想落下任何事。每当她的主管提醒她某项工作应该在前一天就结束,她应该准时完成工作时,她就被激怒了

回顾前面的4个部分,哪些类型更接近你?请圈出适当的字母。

E　　　　I
S　　　　N
T　　　　F
J　　　　P

你偏好的4个字母为:_____

EJ型(ESTJ　ESFJ　ENFJ　ENTJ):"我想要尽快决定发展方向并开始我的生活"

EJ型的学生在上大学后,会很快地把选择专业的问题提上日程。他们经常在第一学期结束前,就找职业顾问并很快地宣布已经决定攻读的专业。过早地决定有它的缺点。例如,某个EJ型的学生可能在他还很年轻时就决定要做一名医生、律师或工程师,而后又发现自己缺少从事这些专业的才能或持久的兴趣。这时,这个学生会感到很沮丧,急急忙忙又选择另一个专业,原因是"我不想再浪费时间了"。事实是,这类学生所需要的恰恰是慢一点做出决定,并搜集更多的信息。这类学生适合做经理、学校行政人员和组织者。

EP型(ESTP　ESFP　ENFP　ENTP):"我想要在决定之前先经历一下"

对于EP型的人,决策似乎是一个持续不断的过程。他们经常摸着石头过河,他们经常想把所有的事都尝试一遍——每一门课、每一个专业或者选修一大堆感兴趣的课程。他们不断地关注各种选择是否仍然对他们开放,但是常常不知道怎样选择其中的一个。他们的父母很难理解这种做决定的方式,特别是对那些判断型的父母来说,更是如此。EP型的人必须接受一个事实,即做出决定是人生旅程的一个组成部分而非最终目的,懂得这一点他们才能成为一个更好的决策者。这类人适合做心理学家、心理顾问、作家和社会服务工作者。

IJ型(ISTJ INFJ ISFJ INTJ):"我希望对我的选择有把握"

IJ型的人在做出最终决定前一般要花费大量的时间思考。他们翻阅许多有关专业和职业方面的书籍和资料。一旦他们做出一个决定就会坚定不移地走下去,因此,他们必须小心谨慎地搜集和对待有关信息。他们一般都是独立做出决定的,因此,在他们宣布其决定时,常常让人感到震惊。他们适合的职业为会计师、计算机编程人员和工程师。

IP 型（ISTP ISFP INFP INTP）："我不知道我长大要干点什么"

IP 型的学生以自己的节奏做决策。他们迟迟不做出决定，而是要把各种选择统统考虑一遍。他们一般也会拒绝其他人强加的最后期限，但他们有时也需要外部的影响帮助其做出决定。当他们意识到做出决定的最后期限到来了的时候，他们也能够采取行动。这类人甚至到了中年还不是太清楚到底要干点什么。他们的这种犹豫不决的决策方式反映出其内心的挣扎，即外部世界海量的信息和其内心真实需求之间的矛盾。他们适合的职业为艺术家或其他具有创造性的工作。他们的职业生涯是一个永无止境的追求知识、事实、灵感的过程。

课堂讨论与思考

材料	你的感受、想法或者做法
● "性格决定命运"。 ● "Your attitude determines your attitude." ● 就你的个性而言，你觉得你适合以下哪种工作？ 　　A　　　　　　　　B ▶每天从事不一样的工作　每天重复一样的工作 ▶遵从详细的指令　　　　自行判断，自主决策 ▶独立工作　　　　　　　与别人共事 ▶影响别人　　　　　　　受别人影响 ▶在压力下工作　　　　　无压力的工作条件	

第五节　能力探索

一、能力是什么

1. 兴趣与能力

兴趣是一个人从事何种职业的导向，而能力则是他能否从事这种职业的必要条件。许多能力倾向与兴趣类型具有同样的名称，但区分兴趣和能力十分重要。兴趣表明你喜欢做某事；能力则表明你能运用技能做某事。一个表达了你的偏好，另一个则指出你胜任的资格。喜欢做什么和能把它做好是两回事，你喜欢踢球但不一定可以成为职业球员，你喜欢音乐但不一定可以成为音乐家。兴趣和能力是两个需要独立思考的因素，但两者也并非全然无关。你的兴趣可能促使你去学习从而提高做某事的技能，反过来，你喜欢做某事很有可能是因为你有能力把它做好，你能做成某事的成就感会让你对这件事情产生兴趣。

职业生涯规划过程的下一步是确定你的能力。正如肌肉塑造着你的身体一样，能力塑造着你的职业生涯。职业生涯规划帮助你发现和确认现有的和准备开发的能力，彻底的能力分析是不可或缺的步骤。

2. 能力的含义

能力是大家比较熟悉的心理现象,它一是指"所能为者"(Actual Ability),二是指"可能为者"(Potential Ability)。前者主要指专业知识与技能,后者主要指潜能与天赋,这两者是不同的,但都是我们所定义的能力,从一定程度上讲,后者代表着一种倾向性,正如价值观、性格与兴趣一样,是我们能力探索的主要方面。

一个人的潜能(Aptitudes)与天赋(Talents)不同于他的专业知识,也不同于专业技能。专业知识是人类进行各种专业活动经验的总结和概括的总和,而专业技能则是人们在长期的学习、工作中逐步形成的熟练的操作规范方式。一般而言,专业知识与技能都是后天获得的,并随着年龄的增长而增长。而潜能与天赋则含有某些先天的因素,并不总是随着年龄的增长而增长,事实上,到了一定的年龄,还会出现减退的现象,如我国对飞行员和驾驶员都规定了终止驾驶的年龄。因此,潜能与天赋不等同于专业知识或技能,后者强也不等于就有天赋。但潜能与天赋影响掌握专业知识和技能的速度和程度,也影响着专业知识的运用能力。

3. 能力的来源

能力首先来源于遗传——你从父母那里获得的基因特点。每个人都有先天的遗传优势和不足,你可以识别你的潜能优势与天赋并利用它。然而,你也必须要承认你的不足,尽管你对此无能为力。当然,许多缺陷可以通过强烈的成就需要去征服、补偿和改变,历史上不乏某人战胜身体缺陷的例子。

你的环境也能塑造你的能力。文化影响通过你的社会、社区、学校和家庭在你的能力发展中发挥作用。大家都知道学习斯诺克台球就得去英国,一个天生具有音乐才华的人在没有音乐氛围的环境中是不可能发展音乐能力的。文化也可以通过其对能力的评价作用来影响能力的发展。在你生长的文化中,如果某项能力被认为是有价值的,你就会努力去发展这种能力,反之,你的能力则得不到挖掘。在中国商业气息浓郁的泉州、温州和广东地区,很多人具有商业头脑,好像天生就会做生意一样,出自这些地区的学生多数会确立经商、创业的目标。而做生意的方法、打台球的技术、弹钢琴的技巧等许多技能还需要在后天的个人努力中获得。

课堂阅读

- 有个学生在职业生涯规划书中写道:"我想了很久也没想出我有什么能力,因为我现在没有用到什么能力。只记得小时候,邻居有个修车的,还有个修电脑的,他们做事的时候,我总喜欢在一旁看。就这样,我也会修摩托车和普通的电器了,基本故障都能修。读小学时,我就喜欢玩迷你四驱车,总买零件自己组装,一下午都蹲在地上也不觉得累,而且还用木材和砖头做跑道。现在家里有什么东西坏了,我都要自己拆开来看看,一般也都能修好。"

4. 能力与职业生涯规划

现实中,有很多人无法胜任本职工作,也有很多人并没有充分发挥他的聪明才智,这两种人都没有实现人职匹配。如果一个人没有从事某项职业的能力却在做着这项工作,那么这就是一个悲剧,对自己而言,他总是在努力,但总达不到要求,很辛苦但难以取得成功;对组织而言,它聘用了一个无法胜任本职工作的人,难以实现应有的生产力水平。相反,如果一个人的能力得不到发挥,他常常会感到郁郁不得志,甚至因为郁闷而消磨了斗志,最终难以实现自我。

一个人所从事的职业,不仅应该是自己感兴趣的,同时也应该是自己所擅长的专业,即对自己所从事的工作具有与生俱来的天赋条件,并且能够充分运用潜能达到优秀的水平。我国职业教育奠基人黄炎培认为,"一个人职业和才能相当和不相当,相差很大。用经济的眼光看起来,要是相当,不晓得增加多少效能;要是不相当,不晓得埋没多少人才。就个人而言,相当,不晓得有多少快乐;不相当,不晓得有多少怨苦。"

能力类型与职业类型的匹配,一方面是能力水平与职业层次相一致,另一方面,则必须充分发挥优势能力。如从思维能力来看,有些人擅长形象思维,这类人比较适合从事写作、音乐、绘画等文学艺术方面的工作;有些人擅长抽象思维,这类人比较适合从事哲学、数学、物理等理论性、逻辑性较强的工作;有些人擅长具体动作思维,这类人比较适合从事体操、机械维修等动作技能性方面的工作。每个人只有根据自己的能力所及来确定自己的职业方向和领域,才可能胜任工作,也才可能取得职业的成功。好高骛远、不求实际的做法,其结果只能是适得其反。

在求职竞争力方面,能力显得更为重要。技能是求职者所使用的通货,在职业市场上你以技能换取薪酬。一个能够清晰地向潜在的雇主描述自己技能的人,最有可能获取一份正好能发挥其某项特定技能的职位。一般而言,喜欢自己工作的人工作效率更高,身体和心理也更健康。

二、你的能力类型是什么

1. 能力探索

(1)能力探索误区

第一,认为自己毫无特长。当我们要求学生去描述自己的特长时,很多人往往茫然无措,甚至说自己毫无特长。其实,每个人都有自己所擅长的事务,每个人都是天才,只是你还没有发现自己在某个方面比周围的人更擅长而已。例如,有的人善于思辨,有的人善于操作;有的人善于口头表达,有的人善于理论分析;有的人善于交往,有的人善于处理精细事物;有的人运算敏捷,有的人过目成诵;有的人善于形象思维(文学、艺术),有的人善于抽象思维(哲学、数学),有的人善于具体行动思维(机械维修)。所以,在能力探索时,必须首先确信自己身上总是有一些别人所不具备或不擅长的东西。

第二,害怕失败。年轻人具有很大的可塑性,自己究竟适合或擅长做什么,最好先不要武断地下结论,应该先去尝试,进行试错式地学习和检验,直到找到"得心应手"的感觉,那可能就是你所擅长的工作。在职业生涯早期,不要害怕失败,害怕失败其实就是拒绝成功,凡事都应该"试试看",因为"不试怎么会知道呢"。对于潜能与天赋需要进行积极探索和勇敢尝试,对于一些可通过后天努力习得的技能则需要用发展的眼光来看待。

第三,过度依赖自发性技能。技能还包括我们将之带入到一个工作或任务中,并且在其中学到的具体特质、才艺和个人品质。每一份工作都需要技能。我们通过生活、与他人的交流以及完成日常事务,不知不觉地发展了技能。我们的个人偏好常常影响着我们的技能和能力的发展。我们倾向于在我们喜爱的活动中反复地运用一些技能。那些我们反复运用、驾轻就熟的技能被称为自发性技能。在这类能够产生自我激励的技能方面,我们做得很好而且很得意。你的成就感会使你确认这就是自己的兴趣所在,但同时也可能蒙蔽了你的双眼,让你无法探索其他更真实的兴趣。

第四,忽视潜能开发。潜能是择业的关键因素之一,每个人都有一定的潜能,即使是刚出生的婴儿也拥有学习能力,并开始使用他们的这些潜能。你可能并不知道在你没有接受正规和系统的教育或培训的情况下,你的潜能成了一种技能。研究表明,人70%的潜能都是沉睡的,也就是说,现在不管你如何看待自己的能力,其实你最多只表现出30%的能力而已。其实,我们本没有不同,只是我们所受到的教育和培训不同,个人对潜能的开发程度不同而导致我们在职场上表现出差异。

第五,缺乏自信。个人对自身能力判断往往不正确,但却总被他人认为是正确的。自信的人认为自己很有能力,能控制很多事情,对社会很有用,对别人很重要。缺乏自信的人认为自己没有能力,受很多事情的控制,对社会没有价值,对别人不重要。加强自我认知和自信心是个人职业成功重要的一步。很多时候,不是你没有能力做好,而是你不相信自己能够做好。通过锻炼确立自己的自信心,能使你获得更多提升能力的机会。

课堂阅读

> • 不害怕的鸟儿。一只站在树上的鸟儿,从来不会害怕树枝断裂,因为她相信的不是树枝,而是她自己的翅膀。与其担心树枝,不如担心自己的翅膀;与其相信树枝,不如相信自己的翅膀。与其担心未来,不如努力现在;与其把梦想寄托在某个人或某件事身上,不如说服自己只有你自己能给自己最大的安全感。

(2)列出你的技能清单

如果你现在被问及你的技能,你会开出一份怎样的技能清单?很可能这份清单会很短。这并不是因为你不具备多种技能,而是因为你从来没有被问及过,不习惯去思考和讨论它们。反思你的技能是件很困难的事,因为我们大多被教导应该保持谦虚的态度。我们经常认为某些事我们做得很好并不需要特殊的技能,这低估了我们的技能。如果我们目前没有运用到某项技能,就被认为不应该宣称具备这种能力。另外,如果我们没有把某项技能运用在某一个职业上,似乎也看不到它的价值。

所有以上的错误假设使我们不能诚实、准确地列出我们的技能清单。你现在的任务就是要确认能使你在职场上升值的技能。实际上，我们已经从生活中获得了数以百计的技能，不论这些技能能否使你得到回报，它们已经成为你技能组合的一部分。

当你认识到自己的技能后，你将超越自我设定的狭隘限制，认清自我。我们所有人都倾向于狭隘地定义自己。比如回答"你是谁？"的问题时，你会给出"我是一个学生""我的专业是历史""我是一个电影爱好者"等回答。给自己贴上一个狭隘的标签的方式，容易让自我模式化、脸谱化。在面试中更是如此。如果你说你是一个学生，面试官可能也会把你模式化，认为你缺少经验。如果你说你是一个秘书，面试官可能会认为你只是想找秘书类的工作，或坚持让你从秘书工作干起。但是，假如你说你的经验包括：公众讲演，从事组织工作，协调日程安排，管理预算，调研，解决问题，跟踪业务进展，激励他人，解决士气低落和加强合作精神方面的问题，决定有限的时间、资源和资金的优先分配方案，那么，这不仅听起来让人印象深刻，而且你看起来也适合许多需要这些技能的岗位。

需要重视的一件事是，雇主寻找的是那些能够完成任务、心中想的是如何能使雇主的业务运行得更容易、更好和更有效的人。最好的描述你能为雇主做什么的方法是，强调你的技能以及如何将其应用在工作岗位上。不幸的是，我们一般倾向于低估我们的成就和相关的技能拓展。实际上爬上一座山峰和4分钟跑完1 000米同样是了不起的成就。这类成就还包括：抚养一个孩子、募集捐款、进入大学、做一次讲演、投递报纸、写一篇学期论文、设计一套服装、修理电器、安慰小孩、找到一份工作、完成一项计算机课程、从高中毕业、筹划一个晚会、计划一次旅行、克服一个坏习惯、掌握一项体育运动、上网浏览、获得一个学历。

看到上述清单，你可能会认为其中一些活动没什么了不起，你可以毫不费力地做好。尽管它们做起来不费劲，但这并不能说它们不是成就。你应该把那些你曾经树立了目标然后实现了的事都当作成就。

(3) 讲述与分析你的成就

如何探索我们的能力与技能？虽然，研究者已开发出大量的心理测验用于测量与工作和职业相关的技能，有针对高中生的，也有针对大学生的，还有针对具体岗位的。这些技能测验大都运用于培训项目申请或特定职业的资格审查，但对于多数大学生和专业性工作者来说，通常不能提供他们能否在专业水平的职业或工作上取得成功的意见。其实，外在的、客观的测量通常不能完全帮助我们提高自我认知，而自我反思和审视更有用。所以，我们建议综合运用表达式的自我反思和评价式的心理测验来帮助我们改善自我认知，同时更多地依靠表达式而不是评价式的测量来评估生涯决策中的技能部分。正如我们这里建议的活动：讲述与分析你的经历和成就。

你可以通过检查和分析你最为自豪的成就来发现自己的技能，因为正是这些技能使你取得了那些成就。通过分析这些成就，你可以发现一些经常运用而且乐于运用的技能（自发性技能）。在此要说明的是，所谓的成就，即所完成的活动、目标、项目和本职工作。有两种分析成就的方法：一是描述那些你为之自豪的成就，然后列出完成这些成就所需要具备的技能,详见表 4-18;一是把你的成就写成故事,然后指出其中涉及的技能,参见后面的课堂练习。

表 4-18　　　　　　　　　　　　需要具备的技能示例

用计算机写学期论文
对小红来说,学习使用计算机初级知识来完成学期论文是非常有必要的。目前,她会使用键盘打字,她也专门借了相关的计算机书籍来学习如何使用其他的附加键,并且还上了一节很短的计算机操作课。通过学习,她学会了以下事情:

找到任何页;
进入文件;
把其他材料插入文件的不同页中;
建立简单的图形;
用打印机打印文件;
做出修改;
删除和插入字母;
她在 3 周内录入、检查并修改了 60 页的内容,然后将它删减为 30 页,这个论文得了 A。她现在还在上一门 Word 和计算机制图课。
分析:
在使用计算机写学期论文时涉及的技能;
快速学习;
迎接挑战;
自我管理;
执行;
面对新情况;
检查和编辑;
表达概念;
文字处理;
组织;
完成任务;
关注细节;
克服障碍;
清晰地沟通;
克服压力;
坚持;
提出问题。

课堂游戏

分享你的重要经历

• 请在课堂上分享一两段你的重要经历。经验的分类如下:兼职或工作经历;生活经历(学校、社团);生活中的事件;生活中的人物;休闲时间从事的活动;生活中的挫折;生活中的奖励和回报。从这些分类中选择你的经历,并尽可能详细地描述经历中让你印象深刻的人和事。不仅要描述发生了什么事,还要描述当时你对这段经历或人的感受(好的或坏的),以及你从这段经历中学到了什么。然后,让老师和同学对你这段经历中所涉及的技能做出分析。

2. 一般能力与特殊能力

(1) 一般能力

我们可以将能力分为一般能力与特殊能力。一般能力是指大多数人所共有的基本能力，适用于广泛的活动范围。一般能力与认识活动紧密地联系在一起，观察能力、注意能力、记忆能力、思维能力、想象能力、操作能力等都是一般能力。一般能力的综合体就是我们通常所说的智力。心理学中，用智商来衡量人智力的高低。智商只是关系到职业类型的差异，并不必然与职业成功相关。研究表明，智商越高，学习成绩也越好的可能性为25%；学历越高，智商也越高的可能性为30%；收入越高，智商也越高的可能性为16%。美国哈佛大学心理学家也曾指出，智商高并不一定会成为成功人物，相反，智商平平，但具有以下才能的人却很有可能获得成功。这些才能包括：具有数字和逻辑才能的人；具有语言天赋的人；对空间敏锐的人；具有与别人沟通才能的人；自我感觉能力高的人；懂得控制肌肉和身体活动的人。现实中，企业在招聘时对非智力因素的重视程度远远大于智力因素，尤其是对非智力因素中的态度、兴趣、情感、意志、人格等更是格外重视。

(2) 特殊能力

特殊能力只在特殊活动领域内发生作用，是完成相关活动必不可少的能力。要顺利完成某项工作，除了要具有一定的一般能力外，还要具有该项工作所要求的特殊能力，如画家需要较强的色彩辨识能力。表4-19列举了一些职业对特殊能力的要求。与你专业相关的工作或你的目标职业对哪些特殊能力有较高的要求？而你是否在这一方面比常人更胜一筹？

表 4-19　　　　　　　　　相应职业对特殊能力的要求

能力类型	概念与特点	相应职业
语言表达能力	对词、句子、段落、篇章的理解和使用能力，善于清楚而正确地表达自己的观点和向别人介绍信息的能力，包括语言文字理解能力和口头表达能力	教师、营业员、服务员、护士等
算术能力	迅速而准确地运算的能力	会计、统计、建筑师等
空间判断能力	能看懂几何图形，识别物体空间运动的联系，解决几何问题的能力	牙科医生、裁缝、电工、木工及其他与图纸、工程、建筑等打交道的工作
形态知觉能力	对物体或图像的有关细节的知觉能力，如对于图形的阴暗、线的宽度和长度做出视觉上的细微区别和比较	生物学家、建筑师、医生、画家等
事务能力	对文字或表格式材料细节的知觉能力，具有发现错字或正确地校对数字的能力	设计、经济、出纳、办公室等
动作协调能力	迅速、准确并协调地做出精确的动作和运动反应的能力	驾驶员、牙科医生、外科医生、雕刻家、运动员、舞蹈家等
手指灵巧度	手指迅速、准确、和谐地操作小物体的能力	纺织工、打字员、裁缝、外科医生、护士、画家等
手腕灵活度	手灵巧而迅速地活动的能力	运动员、舞蹈家、画家等

3. 功能性、内容性和适应性技能

(1) 三者的含义

辛迪尼·梵和理查德·鲍尔斯（Sidney Fine and Richard Bolles）将技能分为功能性技能、内容性技能和适应性技能。

功能性技能（或可迁移技能）是那些与某种具体的工作没有必然关联性的通用性技能，或叫软技能（soft skills），如写作、组织、计算、操作、设计、日程安排、数据采集、分析和处理问题等能力。之所以称之为功能性技能，是因为这是一种完成一般性任务或者某项工作的功能性的技能。

内容性技能或专业性技能是与工作相关的技能，指具体的、专业化的、针对某一特定工作的基本技能。当你进入学校学习某一专业或毕业后从事某一工作，就是在培养某一些内容性技能，例如，会计记账、教师判分、医疗专业人员解释心电图、计算机编程等。

适应性技能（或自我管理技能）常被看作是一些人格特质或个人品质而不是技能，如精力充沛、身体强壮、通情达理、乐于助人、机智灵敏、可靠真诚等。适应性技能与你如何与人相处、如何维持生活、如何管理和维护自己、如何应对权威以及如何应对环境等相关，它能帮助你更好地适应周围的环境以及让你在周围文化环境中更好地调整自己。

(2) 三者的区分与整合

功能性技能一般用动词来表达。它可以从生活中的方方面面特别是工作之外得到发展，同时又可以被迁移运用到工作之中。比如在学校，你善于调解同学之间的冲突，你拥有协调的功能性技能，如果毕业后你去酒店工作，你也同样可以成功地将协调技能运用于解决酒店部门之间、员工之间及员工与顾客之间的矛盾。

仅提及功能性技能是不够的，你必须把它与内容性技能联系起来。如果有人问你："你擅长什么？"你不能只说"我擅长教学"，显然你还必须回答"你擅长教什么？"内容性技能一般用名词来表示，它需要有意识的、特定的培训，并通过记忆掌握特殊的词汇、程序和学科。内容性技能不像功能性技能那样可以迁移，比如迁移教学或演讲技能远比迁移外语知识要容易。举个例子，如果你常打篮球，那你在奔跑、跳跃、掩护、运球、投篮、旋转、协调等方面就可以做得不错，这些都是功能性技能，但你还必须知道教练教你的比赛规则、防御方法以及在特定情境中如何应对等关于篮球的专业知识才可能打好篮球。

适应性技能是用来描述人或说明人的某些特征的，它们在句子中通常以形容词或副词的形式出现。像功能性技能一样，适应性技能可以从非工作领域迁移到工作领域，它们对于在工作中取得成就是不可或缺的，以至于雇主对它们的重视程度往往超过其他所有的技能。或许人事经理告诉你，解雇你是因为你缺乏适应性技能而不是因为你缺乏才干。

可迁移技能和个人特质两者是不同的，但也是密切相关的。能量十足、关注细节、与人和谐相处、坚定、抗压、有同理心、直觉力强、活力四射、可靠等个人特质或性格类型经常被当作可迁移技能。有时个人特质会成为应用可迁移技能的风格和特征。以"关注细节"为例，如果你的一项可迁移技能是"做研究"，那么"关注细节"描述的就是你怎么运用"做研究"这个能力。

当你向雇主展现自己的技能时，需要将这三类技能整合在一起，而不只是展示某一种技能。当你将这三类技能融合在一起时，你就能够非常具体地表达你的能力。如果你只陈述一种类型的技能，尤其是一种适应性或功能性技能，听上去仍然是相当含糊的。比如假设你声称自己具有"设计"这样一项功能性技能，下一个问题自然是"设计什么"，你的回答是："设计办公室"。再下一个问题是"你如何设计办公室"，此时，你的回答是"我很有效率地设计办公室"或"我用审美的眼光设计办公室"，这些词会让你清晰、明确地对技能进行解释，而这正是一名想雇用室内设计人员的雇主所希望听到的。

（3）确认可迁移技能

可迁移技能是指那些能够从一份工作中转移并运用到另一份工作中的、可以用来完成许多类型工作的技能。可迁移技能是你在职场中最宝贵的财富。例如，作为一名办公室行政助理或保险理赔员所掌握的文字处理技能，会对你今后寻求如新闻工作者或律师等其他工作具有同样的价值。

你必须认识到技能迁移的力量！你可能正在为缺少正式的工作经验而担忧，你可能由于选择人文学科而担心没有学到某种具体的工作技能，在毕业时没有获得针对某一项具体工作的适当培训。让我们来分析一下人文学科的学生在学校里能够而且应该发展什么样的可迁移技能。人文学科是为众多职业准备的。事实上，大多数以人文学科学历毕业的人都没有在本专业领域内就业，例如，历史专业的学生并不一定成为一个历史学家。无论学的是人类学、英语或历史专业，都应该具备或能够发展一系列适用于职业市场的可迁移技能，例如，你是否具备研究能力？你是否具备组织能力？如果答案是肯定的，那么这才是成功地从大学毕业的象征。

作为一名典型的大学人文学科的学生，应该学到下面一些技能：

①沟通技能：有效地倾听，起草文章和报告，向个人或群体说明你观点的重要性，谈判，处理争议。

②解决问题或批判性思维技能：具有分析性思维、抽象思维，以宽广的视野审视问题、定义问题，找出同一问题不同的解决方案，创造不同应对问题的方法，说服他人以群体的最大利益为准来行动。

③人际关系技能：与同事交谈，指导或帮助他人，解决问题，有效地沟通观点，与他人合作去解决问题并完成任务，与多样化的群体较好地开展工作，教授或培训他人。

④组织技能：评估需求，计划和安排演示或社会活动，项目设计，活动协调，授权，项目的评审，管理项目的执行。

⑤研究技能：搜索计算机数据库或印刷的参考资料，发现并形成主题，分析数据，给数据分类，处理具体事务，调查问题，记录数据，撰写报告或学期论文。

事实上，各专业毕业的大学生，都应该从大学期间的各种学习活动和社团活动中获取这些技能，这样的大学生活才是比较成功的。当具备了许多可以从一份工作转移到另一份工作的技能，并且可以准确地描述某项工作所需要的技能时，你就可以把你的技能反映在你的求职信、简历和面试中，用以证明尽管你从来没有从事过这个职业，但实际上你已经具备这个职务所要求的种种技能。

（4）最有价值的资产——你的个人特质

前面谈到了那些从学校、工作岗位、家里以及休闲和志愿者工作等活动中学习、获取的可迁移技能，许多技能可能不需要培训或者教育，而是自然而然就掌握了。这种技能称为天生的能力——你的特质或品质,如在危机中保持镇定的能力、在同一时间内处理多项事务的能力、天生的处理数字的能力、天生的语言词汇能力等,还有如热情、良好的态度、执着、自信、幽默以及一些成功所需要的品质。可以参照表4-20,探索一下自己的个人特质。除了表格中所列的特质之外,你还具有哪些独特而良好的品质?

这些能力有助于你推销你自己和你的才能。正是这些被称为适应性技能的个人品质将你和许多合格的求职者区别开来,最终使你得到一份工作,获得最高的评价,得到晋升、加薪的机会。这些品质甚至可能在困难时期帮助你保住工作。

当然,这并不是说,你应该期待一个雇主会面对你热情而充满微笑地说:"你没有工作经验没关系,我们要你是因为你的乐观热情。"而是说,一旦你了解和确认了你所拥有的各种与工作有关的具体技能,并且能够把你的经验和技能与所求职位紧密地联系起来加以概括,你就会深刻地了解自己,并且能够兴致勃勃、充满热情并友善地表达自我,你成功的机会就会大大地增加。

表 4-20　　　　　　　　　　　特质检查表

特质类型		
□精确	□严谨	□不屈不挠
□结果导向	□有动力	□坚韧
□适应性强	□有活力	□率先垂范
□精益求精	□高效	□实际
□追求乐趣	□有能量	□有前瞻性
□乐于冒险	□积极	□愿意保护别人
□谨慎	□杰出	□守时
□感恩	□全面	□迅速
□果断	□有经验	□理性
□机敏	□专业	□现实
□可信	□有经济头脑	□朴实
□亲切	□冷静	□有策略
□好奇	□灵活	□负责
□有魅力	□以人为导向	□灵敏
□有能力	□冲动	□安全
□一致	□独立	□自我驱动
□能用热情感染别人	□有创新精神	□依靠自己
□合作	□博学	□敏感
□勇敢	□忠诚	□成熟
□有创造性	□有条理	□强壮
□坚定	□客观	□乐于支持别人
□慎重	□关注细节	□机智
□可靠	□外向	□周到
□勤奋	□耐心	□真诚
□擅长外交	□有洞察力	□不同寻常
□活力四射	□敏锐	□多才多艺

课堂阅读

• 某日,厦门银行在厦门大学嘉庚学院公共教学楼一号楼举行专场校园宣讲会。主讲人吴君详细地介绍了厦门银行的战略规划、薪酬福利以及银行内部职业发展通道和体系,并介绍了该年厦门银行的招聘对象和招聘岗位。吴君说:"思维敏捷、积极主动、具有较强的团队精神、在沟通和做事上有较强的逻辑和分析能力的学生是我们企业最想要的人才。"

4.其他技能分类

技能分类是发现和确认技能的前提,但对技能进行分类是一件挺困难的事情。现实社会中的工作和岗位迅速地在发生着变化,几十年前修理自行车、驾驶车辆等都是难得的谋生手段,现在已经消失不见或不再重要了,而修图、剪辑、直播等已成为时下年轻人热捧的技能。处于不同社会环境、不同发展阶段的国家和地区,对工作技能的要求也是不同的。所以,我们应该用变化的眼光来看待技能类别。更为具体的技能分类如下:

(1)三种基础性技能

①基本技能:阅读、写作、数学、口头表达和倾听。这些能力都是如今的雇员所必须具备的。如果你对自己的基本技能没有把握,则有必要从现在起尽快地加以改进和提高。不要认为作为一名大学生,不需要努力就可以掌握这些基本技能,从而逃避基本技能的测试和相关课程的学习。你必须采取措施达到上述技能的一个基本水平,并力争做得更好。

②思维技能:创造性思维、决策、解决问题,理智地看待事物、知道如何进行学习和说理。思维技能让你能够发现自己的长处和短处,并且行动起来弥补存在的缺陷。它使你学习新的技能,进行创造性思考,发现问题并能够找到解决方案。如果你对自己这方面的能力没有信心,请认真思考或与他人交流,看看是否有必要进行这方面的测试并参加有关的学习课程。

③个人品质:责任心、自尊、正直、社会交往能力和自我管理能力。

(2)五种个人能力

高效的员工必须能够有效地运用以下内容:

①资源:合理地安排时间、金钱、材料、空间和人员。

②人际交往技能:团队合作、教授他人、接待顾客、领导、谈判,以及与不同文化背景的人共同开展工作。

③信息:获取和评估数据、整理并保管好文件、说明和沟通、使用计算机处理信息。

④系统:了解社会、组织和技术系统,监控和调整系统的运行,设计或改进系统。

⑤技术:选择设备和工具,根据具体任务运用不同的技术,包括维护和检修技术。

(3)受雇主青睐的技能

根据有关方面调查,现实工作中最重要的六种能力是:读写与算术能力;沟通技巧(学会表达自己并且能够聆听);随机应变能力(创造力及解决问题的能力);处理危机能力(自我评价、进取心、生涯发展的意识)、组织能力(能否担任领导)、处理人际关系的技巧(协调能力及合作精神)。

根据有关媒体调查,最受欢迎的十大求职技能是解决问题的能力、沟通能力、专业技能、计算机编程技能、信息管理能力、理财能力、培训技能、科学与数学技能、外语交际能力、商业管理能力。

类似的,国外某大学提出了一种宽泛的技能分类,这些技能包括沟通、创造力、批判性思维、领导能力、生活管理、社会责任、团队合作、技术/科学、研究/项目开发。这九种技能是能转化到任何特定工作中的一般基础技能,可以运用于撰写简历或求职面试。

(4) 多面手员工

上述关于岗位基本技能的分类有重复和交叉,我们只是从多个角度提出大学生在校期间,不管你学什么专业,应该多多留意和加强锻炼的一些重要技能。在职场中你掌握的技能越多,你的机会就越多,你的价值也就越大。查尔斯·汉迪(Charles Handy,1995)指出,在这十年中,多面手员工的数量会大幅度地增加。这些多面手员工将不是某一个组织的全职人员,而是为多个雇主服务的。因此,一个掌握文字处理与数据分析管理技能的人可能为不止一家企业服务。在不久的将来,大量的人员将自我雇佣,影响他们企业稳定性的主要因素将不再是来自传统的雇主—员工关系,而是来自他们所能提供的必要技能。这种自我雇佣的多面手员工增加的趋势表明,我们必须能够更加清楚地了解我们所拥有的技能,想清楚通过哪些技能我们能够掌握、运用、改进、拓展并保住很强的竞争力。

体验活动

1. 自我认识的工具——优缺点平衡表

参照表4-21格式,在表中填上自己的优点与缺点,尽可能多地包括自己各个方面的优缺点。

表4-21　　　　　　　　　　　　　优缺点平衡表

优点	缺点
有团队意识	不容易跟上级做好朋友
受人称赞的管理者	容易紧张
公正无私	经常说话不顾后果
精力充沛	性情比较保守
思想开放	真正的朋友很少
性格开朗	情绪不稳定
办事认真	不喜欢琐事
……	……

2. 通过讲述成就经历识别技能

首先,为每一项成就经历取一个名字,写在表格的上部。其次,写出尽量多的细节,不要只是简单地写一个句子或者给出最后的结果,而要说出你实际上做了什么才取得这样的成就。你的故事越详细,揭示出来的你的技能就越多。在详细地描述完你的成就经历之后,自己再重读一遍,圈出给你带来成就的技能,并在表4-22的右边列出。最后,找出动词,这些就是你的功能性技能,把它们与内容性技能联系起来,然后加上适应性技能以完成一个简短的、吸引人的、你所具有的技能总体描述。

表 4-22　　　　　　　　　　　成就经历表

成就经历	技能运用或识别
名称：	
细节：	

技能总体描述：

　　这个体验活动的难点在于选择什么样的经历故事以及怎样分析自己的技能。如果你愿意更进一步的话，可以遵循理查德·尼尔森·鲍里斯的《你的降落伞是什么颜色》一书中的指导完成这项活动。首先，写下或分享你的七个成就故事，它们可能是让你记忆清晰的、有较大成果的，或在公众场合表现自我能力的事件或面临的挑战，也可以是发生在和工作无关的领域的（娱乐、学习），还可以描述一下以前经历过的最喜欢的活动或担当过的角色。其次，遵从 STAR 准则描述你的成就故事。STAR 准则是指情境（Situation）、任务（Task）、行动（Action）、结果（Result），是一种常常被面试官使用的工具，用来搜集面试者与工作相关的具体信息和能力。最后，在"降落伞能力表"（表 4-23）中勾选每个故事涉及的能力类型，即可迁移技能。理查德·尼尔森·鲍里斯认为成就故事主要是为了分析、识别可迁移技能，而可迁移技能是选择任何职业的根本，可迁移技能越高，工作越自由，找工作面临的竞争越少。虽然，大部分学生都还没有太多的工作经历，但你仍可以从生活中找到一些成就故事，如果你遵循上面的程序进行描述和识别，一定可以加强对自身能力的认知。

表 4-23　　　　　　　　　　　降落伞能力表

人际能力：如故事展示的，我能……	数据能力：如故事展示的，我能……	事务能力：如故事展示的，我能……
□激发，领导，率先垂范	□运用直觉	□控制，完成事务
□督导，管理	□创造，革新，发明	□制造，生产，加工
□跟进，确保事情完成	□设计，运用艺术能力，原创	□修理
□激励	□视觉化，包括 3D 技术	□完成，修复，维持
□说服，销售，招聘	□想象	□建造
□咨询	□运用头脑	□塑形，压模具，雕刻
□建议	□综合，将部分融为整体	□切割，压弯，凿刻
□协调	□系统化，排序	□装配
□谈判，解决冲突	□组织，归类	□操作，照看，下料
□连接或链接人脉	□察觉模式和倾向	□驾驶，操控机器
□疗愈，治疗	□分析，细分到部分	□熟练控制
□评估，评价，接待	□与数字打交道，计算	□灵巧运用身体
□传递温暖和同情	□非凡地记忆人与数据	
□面试，解聘	□开发，改进	
□提升他人自信	□解决问题	
□指导	□计划	
□教育，训导，培训	□做项目	

(续表)

人际能力:如故事展示的,我能……	数据能力:如故事展示的,我能……	事务能力:如故事展示的,我能……
□口头表达	□研究	
□倾听	□检查,检验,比较发现异同	
□顾问,引导,导师	□精确运用感觉(听闻尝看)	
□与人沟通	□研究,观察	
□文字沟通	□存档,记录,恢复	
□消遣,娱乐,表演	□复制	
□演奏乐器		
□翻译,说或读某门外语		
□服务,照顾,遵照指令		

一个成就故事的例子

几年前的一个夏天,我想带着妻子和孩子去度假。但预算有限,我决定把旅行轿车改装成露营车。我先去图书馆查了露营车的书籍,接着做了计划——改装轿车的内部和顶部。然后我买了些木头,接下来六周的周末,我就在自家车道开工了。我先在轿车顶上加了盖子,然后造窗、造门,在盖子里安置了六个抽屉的布局。我把这些装置放在轿车上面,与行李架捆在一起。接着我装修轿车内部,在后轮部分安了张桌子,一边放了沙发。一辆完整、自制的露营车大功告成。假期里,我们在路上待了四周,花销控制在预算之内。

【案例分析】

1. 来自索尼技术中心会计部经理说:"当我在聘用一个人时,我最为看重的是他的人际沟通能力。这项能力极其重要,因为必须有能力与人交谈才能获得需要的信息。我相信每一个人都具备学会世界上任何一件事的能力,如果你具备能发现你想要完成工作需要的答案的能力,你必然成功。我把80%的时间用在与索尼其他部门打交道上,我的员工也花费大量的时间与本部门之外的人打交道。"

阅读上述材料,思考以下问题:

(1)作为一名会计人员,为什么人际沟通能力如此重要?

(2)你从这段文字中学到了什么?

2. 小王是一名19岁的大一学生,当朋友们需要策划一件事时都愿意向他请教。在他上中学的时候,因为他很喜欢搞恶作剧,所以惹了很多麻烦。当他长大一些时,他开始从搞鬼把戏转向做策划。他做起策划来驾轻就熟,而且自认为没有什么特殊才能,但是他的朋友们一致认为他是一个天才。

他的朋友小丽马上要过18岁生日了,他想为她举办一个别出心裁的惊喜聚会。他把这个主意告诉了他的所有朋友,并把他们分成若干小组,分别负责食物、娱乐节目、交通和装饰布置。最后,这个生日聚会举办得极其成功。

这件事之后的一周,小王要为他的职业指导课写一篇描述他成就的小论文,他把这次生日聚会作为例子。他描述了他的最初策划、怎样组织和分配工作、怎样列出一项工作检查清单、怎样与每个人保持沟通。从小王给大家列出的一份技能清单中,他发现自己具备领导力、创造力、沟通能力、毅力、组织力、相信他人、依靠他人、关注细节等技能,正是由于具备这些技能使他圆满地策划了一个生日聚会。

在大一暑假时,一个朋友告诉他有一个公司需要一个实习生去帮助他们筹划一次重要的会议。由于他没有真正的工作经验,他将这次生日聚会的策划过程作为简历的内容来证明他的技能。这份简历让他有了一次面试机会,他的开放个性和组织能力让他获得了这份实习工作。

当他这次实习工作结束后,小王开始对类似职业进行调研并思考未来继续从事类似的工作需要哪些进一步的教育或培训。他发现组织和策划活动符合他的兴趣和技能。

阅读上述材料,思考以下问题:
(1) 还有哪些职业需要他所拥有的技能?
(2) 是否有些人天生就具备组织才能? 如果不是,那么怎样才能开发这类技能?
(3) 列出一些你曾经完成的活动或课程,指出其中涉及的你已经习以为常的技能。

课堂讨论与思考

材料	你的感受、想法或者做法
● 如果以下情况发生, ▶ 你有兴趣,但没能力…… ▶ 你有能力,但没兴趣…… ▶ 你的能力得不到发挥…… ▶ 你无法胜任本职工作…… ● 求学过程中,有哪些科目是你力不从心的? 有哪些科目是你驾轻就熟的? 说出你的感受。 ● 为什么说"人文学科是为众多职业准备的"? ● 技术性专业学生具备可迁移技能重要吗? ● 如果你没有超强的社交能力,那么请具备过硬的才华!	

第六节 生活方式探索

一、生活方式是什么

1. 生活方式的含义

生活方式是个人或群体维持日常生活和进行社会交往的方式或模式所集合形成的一种独特形态。每个人都有不同的成长环境、生活经验、兴趣、性格、价值观,从而也就塑造了每个人属于自己的独特生活形态。不同的职业类别,其整个生活作息安排也会有差别,如朝九晚五的上班族与经常熬夜、过夜工作的艺人,就存在不同的生活方式。

因此,每个人都有权决定自己的生活方式,都要主动地去创造、安排自己的生活方式,因为你就是自己生活重心的主宰。虽然有时我们心目中理想的生活方式,会因为外在的现实环境(如结婚生子、职业转换等)或个人成长成熟后价值观发生转变等情况,必须做适当的调整或改变。但无论如何,拥有一个适合自己的生活方式是很重要的人生目标,也是值得我们努力追求的。

2. 生活方式与职业生涯规划

工作对很多人来说很重要,但毕竟它只是生命中的众多任务之一,而不是生命的全部。你想要怎样的家庭生活?你如何满足自己的精神需求?你的休闲生活如何安排?职业成功在你的生命中有多重要?这些问题考察的就是你所偏好的生活方式,而这与职业生涯规划紧密相关。我们在探讨价值观时,生活方式是一个重要的方面,忙碌的现代人十分羡慕那些拥有较多休闲时间、能够照顾家庭成员的工作岗位。

对生活中的非工作部分进行探讨也是十分重要的。

第一,工作难以满足你的所有需求,个人基本需求中有很多在工作之外才能得到满足。有研究表明,非工作领域的活动与休闲生活的确在人的一生中占有重要地位。如休闲生活对恢复身心健康、保持生活幸福感具有重要意义。

第二,工作占据了现代人的大部分时间和感情,从而无暇兼顾个人生活,合理的职业生涯决策需要平衡工作领域与非工作领域的关系。如对于有孩子的家庭来说,当孩子还未成年时,父母们常困扰于如何兼顾工作与教养孩子的问题,如果他们需要经常出差,那必然会忽视孩子的学习与生活。

第三,在人生的不同阶段,非工作部分和休闲生活在我们生命中的地位将有所变化,职业生涯决策者必须对这种变化保持警惕,以取得生活的平衡。如对于刚毕业的大学生而言,"一人吃饱就是全家吃饱",但等他们结婚生子后,就必须更多地考虑家庭成员的需求;等到了中年期,工作压力、家庭生活、个人身体与精神状况等重叠作用,生命运行任务繁重,这将压得他们喘不过气来。

第四,生活方式与工作之间互相影响,成功的职业生涯规划必须合理地平衡个人生活方式与工作之间的关系。每一份工作所给予你的生活方式是不同的,你所选择的职业和职业发展道路将限制你对生活其他方面的付出。工作特性与岗位要求决定着你每天的日程安排、你的个人收入、生活环境等,而这些又进一步限制了你对生活方式的选择。你将来所过的生活必然是你所偏好的生活方式和实际工作的要求与回报之间互动与权衡的结果。

二、你所偏好的生活方式是什么

一般而言,我们可以将生活方式分成以下几种:
1. 社会取向的生活方式:拥有参与社区活动的机会来为社会做贡献。
2. 家庭取向的生活方式:能够为家庭提供充分的经济保障,积极参与家庭活动。
3. 休闲取向的生活方式:把休闲活动作为个人生活的重要组成部分。
4. 流动取向的生活方式:因业务关系而拥有很多到各地旅行的机会。
5. 领导取向的生活方式:有机会独立行动,并承担领导的角色。

6. 教育取向的生活方式：可以凭借学历层次的提高来获得成就和晋升。
7. 经济取向的生活方式：拥有相当多的财物和社会知名度。
8. 无压力取向的生活方式：工作压力小，工作时间固定，有足够的时间参与家庭活动。
9. 利他取向的生活方式：帮助他人，并对社会有所贡献。
10. 独立、创造的生活方式：具有面对挑战和进行创造的机会。
11. 宗教、社区服务取向的生活方式：有足够的机会参与宗教、社区事务和社会服务。
12. 财务、成就需求取向的生活方式：获得财务上的安全感及财务、社会、教育上的成就感。
13. 世界主义取向的生活方式：所受的限制较少，并能成为工作上的领导人物。
14. 传统取向的生活方式：获得家庭、经济上的安全感和社会的赞许。

三、个性特征之间的冲突

在探索自我个性特征时，我们还会面临价值观、性格、兴趣与能力之间的冲突，它们在多个方面相互作用。正如上面所论述的，有些兴趣源于深层价值观。兴趣也与能力有关，即你看重的一般你也会喜欢，你十分享受自己所擅长的工作，因为你喜欢某项活动一般你也会非常擅长从事这项活动。

通过自我探索，我们希望学生能够"寻我所需、探我所适、选我所爱、做我所能"。但有的时候，你所看重的事物却无法引起你的兴趣，你所喜欢的事物并不适合你，你所能做好的事物也可能你并不想做，你所适合的事物可能你却不喜欢等，诸如此类的问题是比较棘手的。现实中，部分学生能够体会到个性特征之间的冲突，比如你认为学好英语很重要，但你并不喜欢也不擅长，相反，你喜欢中国古典文学和音乐艺术，但你的性格和能力却限制你沉下心来钻研，你的父母也可能告诉你那不重要。

似乎分别探讨价值观、性格、兴趣和能力是适宜的，但在某些时候，它们却必须被看作一个整体，共同形成一个独特的个体。在决策时，价值观与兴趣是首先要考虑的因素，因为它们是个性倾向性，与职业的匹配较为严格，接着再考虑能力、性格等个性心理特征的限制，因为这些限制性因素是可以通过调整和努力加以克服的。其次，你可能在某一方面有很强的个人偏好或特长，你可以先尝试着进行特长匹配，再根据其他个性特征做出调整。再次，决策即选择，选择意味着放弃，有时候为了某些你认为重要的要素，你必须放弃一些所需、所适、所爱、所能，鱼与熊掌不可兼得。最后，施恩的职业锚理论和霍兰德的职业性向理论均较好地整合了各个性特征要素，你可以通过心理测试和实践探索确定自己所属的类型，在此基础上进行目标定位。

课堂游戏

寻找预期职业

与同专业的同学一起进行头脑风暴，找出尽可能多的与所学专业相关的职业，把这些职业扔进图4-6的漏斗。然后每个同学根据自我探索的结论，对这些职业进行审视，形成自己预期的职业库。最后，进一步思考这些职业对自己而言合适、可行吗？

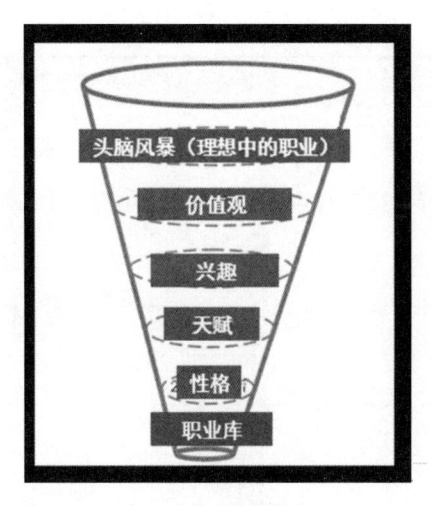

图 4-6 寻找预期职业

体验活动

评价生活形态项目

表 4-24 中有许多生活形态项目,对每个人而言,其重要性是不一样的。了解这些项目对自己的重要程度,对未来生活的规划与安排会有所帮助。想一想,每个项目对自己的重要程度如何?并在相应的栏内打"√"。

表 4-24　　　　　　　　　　生活形态项目

生活形态项目	很重要	普通重要	稍微重要	不重要
1.住在宁静的乡村				
2.生活富有挑战性、创造性				
3.有崇高的社会声望				
4.能自由支配金钱				
5.有充分的闲暇时间做自己感兴趣的事				
6.住在都市地区				
7.积极参与社区活动				
8.居住在文化水准较高的地方				
9.经常旅行,拓宽视野				
10.居住在小孩上学方便的地方				
11.每天有固定时间和家人相处				
12.可自由支配自己的时间				
13.每天准时下班				
14.担任主管职务				

(续表)

生活形态项目	很重要	普通重要	稍微重要	不重要
15.拥有宽广、舒适的生活空间				
16.工作安定、有保障				
17.拥有丰富的经济收入				
18.和朋友保持密切往来				
19.和父母住在一起,承欢膝下				
20.参与和宗教有关的活动				
21.每月有固定的储蓄				
22.固定居住在某个地方				
23.随时吸收新知识,充实自己				
24.和妻(夫)及子女住在一起				
25.调配时间督导子女的作业				
26.和家人共享假期				
27.每天运动,锻炼身心				
28.工作之余参与社团活动				
29.拥有能密切配合的工作伙伴				
30.贡献自己所能,参与社区服务				

1.请将"很重要"的生活形态项目列在下面的空格中。

(1) _____

(2) _____

(3) _____

(4) _____

(5) _____

(6) _____

(7) _____

(8) _____

(9) _____

2.请将脑海中个人未来的生活蓝图以彩笔绘制出来,必要时可附以文字说明。

_____

_____

_____

_____

课堂讨论与思考

材料	你的感受、想法或者做法
• 你现在的生活方式如何？你满意目前的生活吗？ • 你父母的生活方式如何？你未来想过的生活和他们的一样吗？ • 你理想的生活方式是怎样的？你如何规划自己理想的生活？ • 当事业的发展需要放弃很多东西时，你是否会问自己："每天都这么忙，是为了什么？" • 你的个人休闲时间和与朋友相处的时间怎样安排？ • 你的个人健康问题与感情问题。 • 你的家庭成员在时间上、情感上和金钱上的需求。 • 思考以下问题，你对这些问题的回答将反映你的生活方式偏好。将你对生活方式的要求写进职业生涯规划书中，并在选择目标职业和发展道路时加以考虑。 1. 对你而言，生命中最重要的价值是什么？ 2. 你的生命中除了工作还有什么？ 3. 除了工作之外，生活中的其他部分重要吗？ 4. 你如何看待工作与生活的协调与冲突？ 5. 工作是为了生活还是生活是为了工作？ 6. 根据自己的价值观、兴趣和能力，你对工作以外的事项如何选择？ 7. 你喜欢/不喜欢哪些活动？ 8. 哪个价值观、兴趣与能力与你的目标职业最匹配？ 9. 哪个价值观、兴趣与能力能在你的工作之外得到实现？ 10. 你偏爱什么样的生活环境？ 11. 你希望上班地点离家多远？希望与家人同住吗？需要和朋友相近吗？	

本章·课后练习

1. 通过内省和与他人交谈，画出关于你的四个象限，看看哪个象限面积比较大，哪个象限面积比较小？

2. 如何看待自己个性特征中一些别人认为不好的方面？你能否接受这些方面为自己

的一部分？你是否对自己的过去或亲人有不好的评价？你能否接受这些过去和亲人为自己的一部分？

3.你的工作与价值之间是否存在冲突？举例说明，并解释你如何处理这一"鱼与熊掌不可兼得"的状况？

4.去做某件你做得很好但不喜欢的事情，或者去做某件你喜欢而你一直认为你不具备做好这件事的能力的事情，你认为哪件事更困难？

5.为你自己写一封推荐信，在信上完整地阐述你的能力。又或者，使用技能语言撰写一份简历和准备面试。

第五章 环境探索

【本章纲要】

本章主要讲授环境探索，包括社会环境探索、职业环境探索、家庭环境探索三个方面，在此基础上运用SWOT分析法进行职业发展评估。帮助学生掌握一个环境探索的知识框架，引导学生搜集信息和分析信息，关注职业生涯的动态发展。

【思政元素参考点】

通过对社会环境、职业环境、家庭环境的探索和评估，积极培育和践行社会主义核心价值观和职业道德，坚定中国特色社会主义制度自信，紧跟时代步伐迎接未来挑战，珍爱自己的家庭和生活中的每一个人。

【引导案例】

小李是一名应届毕业生，大三的时候曾经在一个三星级酒店实习了半年，终于在大四的7月拿到毕业证时转正了。她现在做的是出纳，所学的专业是财政与税收。她在酒店工作的这段时间，感觉什么都挺好，这里人好，环境好，也学到了一些东西，但作为家中唯一经济支柱的她，月薪才2 500元，实在是难以养家。父母都下岗，她不知道是否应该另谋出路。就在前段时间，一个朋友给她打电话，告诉她一个很著名的公司正在招聘前台招待，推荐她去，但离她家有一个半小时的车程。路程远她可以忍受，主要是她不知道自己到底应不应该在转正没多久后就跳槽，而且做前台招待也不是她的本行，但她相信她可以在努力一段时间后争取一下财务工作。那里的月薪也只有3 000元，虽然多了一点，但也是会消耗在路费上的。她是继续待在这个稳定的酒店里，还是应该在那个层次更高、竞争又比较激烈的公司磨炼自己呢？她应该把什么作为重点呢？

作为应届毕业生的第一份工作，小李该如何选择？一份与专业相关，另一份则与专业无关；一份较为稳定，另一份则充满变数；一份收入较低但工作环境较好，另一份收入较高但可能会更为辛苦；父母的需求该怎么满足，行业和职位的发展又会如何？这一切的一切，都让小李难以做出抉择。做出职业生涯规划不仅需要了解自我个性特征，更需要搜集、分析和整理社会、职业和家庭环境的大量信息。社会与文化环境、行业发展与职业特性、家庭的资源和需求都可能对择业和职业发展产生重要的影响。

第一节　社会环境探索

环境探索：你所处的环境

一、经济环境探索

经济环境对个人的职业生涯发展将会产生直接的影响。当经济发展非常景气时，百业兴旺、薪资提升，就业与职业发展的机会就会大增，反之，就会使人的职业发展受阻。2007年，由美国所引发的全球性金融危机对全球企业发展与就业状况产生了深远的影响，中国东南沿海外向型经济较为突出的地区也受到重创，曾掀起民工返乡潮，这说明了经济环境对职业发展具有直接影响。2009年，很多大学生在求职中也感受到了金融危机下求职的艰难。

对经济环境的了解可以通过以下几个方面获得：宏观经济政策、经济改革状况、经济发展速度、通货膨胀率、经济建设状况、国际贸易状况等。虽然中国总体经济形势仍被广泛看好，但高校毕业生人数屡创新高，如何破解毕业即失业的瓶颈，成为新课题。据统计2022年大学毕业生的人数达到了1 076万人，首次突破了1 000万大关，2023年全国高校毕业生预计达到1 158万人，将再创新高。大学毕业生的人数越来越多了，加上疫情期间经济效益不好，疫情之后经济增速趋缓、国际局势变化、市场性岗位萎缩、政策性岗位总量有限……所以就业形势还是比较严峻。

中国整体经济在中长期的发展过程中将会对大学生求职和职业发展带来哪些影响？哪些因素可能带来正面的影响，哪些可能带来负面的影响？在整体经济环境中，有哪些因素与你专业或目标职业紧密相关，试着做出评估？而在经济形势不好的情况下，你将采取哪些措施增强求职竞争能力或者转换跑道做出哪些调整？另外，你可能还需要对全球经济形势及其变化趋势做出一定的研究和评估。经济全球化对大学生求职与职业发展的影响是显而易见的。

二、社会与文化环境探索

1. 政策法规分析

政策法规环境主要是指一个国家或地区的法律、法规、方针政策、经济管理体制、人才培养开发政策、人才流动方面的有关规定等。如政府有关人员招聘，工时制，最低工资的强制性规定，现行的户籍制度、住房制度、人事制度和社会保障制度等，这些因素都会对职业的选择和发展产生重要的影响。

关注国家重大政策走向和社会发展潮流，将为我们的职业选择提供重要依据。如近年来，中央多次提到环保问题，以前相对冷门的环保行业可能成为未来的热门行业。政府会根据国家宏观经济与社会发展状况对一些行业制定法规、政策与标准，这些政策对企业和职业的发展都会产生重要影响。此外，还必须关注国际国内重大事件，如2008年北京奥运会的成功举办给北京的建筑业、旅游业和服务业都提供了较多的就业机会。

对于即将毕业的大学生而言,有必要研究相关就业政策,包括国家对定向生、委培生、结业生、肄业生、第二学位毕业生、师范类毕业生、父母支边的毕业生等的不同政策;对报考公务员、选调生、到军队工作、基层就业、创业、报考研究生、出国留学等的不同规定;有关派遣和接收的规定;就业、报到、落户、档案转递、党团关系转递等就业相关程序。

2. 知识经济与信息时代的到来

知识经济就是以现代科学技术为核心,建立在知识和信息的生产、存储、使用和消费之上的经济。知识经济正在给中国的社会经济发展注入更大的活力并带来更好的机遇。与此同时,计算机的普及,把信息对整个社会的影响逐步提高到绝对重要的地位。信息量、信息传播与处理的速度以及应用信息的程度等都以几何级数的方式在增长。在这样的时代,掌握知识与计算机技能、学会处理大量信息并能够迅速做出应变无疑是大学生适应这个社会和提高职场竞争力的重要保障。

3. 就业观念的变化

青年的就业与发展以当时社会政策和社会需求为导向,20世纪90年代中后期至今的就业观念进入追求发展多元化时代。现代大学生就业观念变迁的三个趋势是:(1)自主化——主体性越来越强;(2)务实化——政治色彩淡化;(3)多元化——选择面越来越宽。这种多元化包括就业类型、职业类型、工作地点、就业途径等多种多样,还有"非正规就业"甚至"不就业"的选择。另外,有研究指出受新冠疫情影响,大学生的就业观念表现出灵活与求稳共存的特点。新业态经济催生出来的线上设计、剪辑、编程等灵活性新兴岗位成为一部分大学生的就业去向。还有一部分大学生趋于稳定务实,有些选择面对现实、主动调低预期,有些对国企、事业单位、公务员的热衷度持续上升。求稳心态有增无减,但目前的稳定工作供应量有限,国企、各类事业单位的定向招聘岗位,城市社区的就业保障、医疗卫生等基层岗位,乡村基层的支教、支农、支医岗位,高校等的科研助理岗位等无法满足这么多的就业需求。尽管如此,还是无法抵抗更多人依然希望从事稳定的就业选择,因此会有一部分大学生通过低薪就业、灵活就业、读研深造等方式进行短期过渡,边工作边备考。

4. 社会价值观的转变

社会价值观正在通过影响个人价值观从而影响个人的职业选择。如美国公民普遍喜欢市场契约制度,崇尚职业的新奇性和变换性,因此流动率较高。而日本公民则喜欢终生雇佣制,人们追求工作的安全感和稳定性,流动率较低。在价值选择和评价上,人们的主体意识明显加强了,追求和取向日趋多样化了。当今的中国社会面临着传统与现代、落后与先进、东方与西方等一系列矛盾和冲突。社会价值观的变化会影响人们对职业的看法,有些职业可能现在不被接受,但未来发展空间却很大,一些新奇行业的出现也对传统社会价值观提出了挑战。

5. 文化环境探索

文化环境包括教育条件和水平、社会文化设施等。社会文化是影响人们行为、欲望的基本因素。在良好的社会文化环境中,个人能受到良好的教育和熏陶,从而为职业发展打下更好的基础。另外,中国社会整体教育水平逐年增高,大学生就业的竞争性加大了。目前,我国高等教育已经步入了大众化时代,新一轮的教育改革也正在酝酿,大学生就业压力将会逐年增大,就业前景越来越不被公众看好。

课堂讨论与思考

材料

- 19世纪下半叶的英国,纺织工人群体内多次爆发对抗工业革命的暴动,他们砸毁织布机,以宣泄失去工作的怒意,史称"卢德主义运动"。
- 有报告指出:银行柜台职员被取代概率:96.8%;会计被取代概率97.6%;厨师被取代概率:73.4%;IT工程师被取代概率:58.3%……
- 如果你的工作包含以下三类技能要求,那么,你被机器人取代的可能性较小:社交能力、协商能力、以及人情练达的艺术;同情心,对他人真心实意的扶助和关切;创意和审美。如果你的工作符合以下特征,那么,你被机器人取代的可能性较大:无需天赋,经由训练即可掌握的技能;大量的重复性劳动,每天上班无需过脑,但手熟尔;工作空间狭小,坐在格子间里,不闻天下事。
- 有研究指出:ChatGPT等人工智能对工作的影响,首先直接冲击以创意类和认知类技能为主的高难度复杂任务;其次,完全颠覆了以往AI从低技能到高技能的替代顺序,直接从知识密集型行业开始影响。而目前正在影响有:论文撰写;编写代码;GPT-4 Office;视频制作者、绘图师、文字编辑、网页前端;税务咨询师等税务、法律、文学等文字条款类相关的从业人员;行业研究助理、律师助理、初阶的教辅辅导;写诗、设计产品、制作游戏、IT编程、生成文案、创意写作、语言处理、文本分析、教育、行政管理;广告文案创作、短视频设计和直播互动……

你的感受、想法或者做法

第二节　职业环境探索

一、宏观职业环境探索

1. 产业探索

(1)产业与产业结构

产业主要是指经济社会的物质生产部门。一般而言,每个部门都专门生产和制造某种独立的产品,某种意义上,每个部门也就成为一个相对独立的产业部门,如"农业""工业""交通运输业"等。

一般来讲,我们把产业划分为第一产业、第二产业和第三产业。第一产业的属性是其生产物取自自然,指农、林、牧、副、渔业。第二产业则是加工取自自然的生产物,包括采矿业、制造业，电力、煤气及水的供应业和建筑业。第三产业为繁衍于有形物质财富生产上的无形财富的生产部门，包括交通运输、邮电通信、商业、饮食、物资供销和仓储业等；金融、保险、地质普查、房地产、公用事业、居民服务、旅游、咨询信息服务和各类技术服务业等；教育、文化、广播、电视、科学研究、卫生、体育和社会福利业等；国家机关、政党机关、社会团体以及军队和警察等。

(2)产业结构变动及就业问题

改革开放以来，第一产业的比重呈不断下降的趋势，第二产业的比重没有发生大幅度的变化，第三产业的比重迅速上升。根据产业发展的一般规律，随着工业化和城镇化进程的发展，劳动力将逐步由第一产业转向第二产业，第三产业呈缓慢增长之势。进入工业化和城镇化发展的后期，第二产业吸收劳动力的能力开始饱和并下降，第三产业就业者的数量和比例则大大增加，并将超过第一、第二产业就业容量的总和。

在发达国家GDP构成中，第一产业所占比重一般不超过5%，第二产业所占比重一般不超过30%，而第三产业所占比重是最大的，一般为65%以上。目前，第三产业增加值占国民生产总值的比重，世界平均水平是50%左右，发达国家是60%～70%，发展中国家平均水平在40%以上，我国是第三产业比重过低的为数不多的国家之一。未来第三产业将在就业中发挥主渠道的作用。

2. 行业探索

(1)行业及其分类

一个产业可以包含许多行业。行业是根据生产单位所生产的物质或提供的服务的不同而划分的，它代表了就业者所在单位的性质。传统上，中国将行业分为13个门类：一是农、林、牧、渔、水利业；二是工业；三是地质普查和勘探业；四是建筑业；五是交通运输、邮电通信业；六是商业、公共饮食业、物资供销和仓储业；七是房地产管理、公共事业、居民服务和咨询服务业；八是卫生、体育和福利事业；九是教育、文化艺术和广播电视事业；十是科学研究和综合技术服务业；十一是金融、保险业；十二是国家机关、党政机关和社会团体；十三是其他行业。

(2)热门行业分析

行业是否景气与热门将对大学生求职就业有重要影响。有报道指出，未来就业市场的热门行业包括：文化与生活休闲业（包括出版业、大众传播业、旅游业、餐饮业、宾馆业、娱乐业等）；老年产业（包括老年用品制造、老年生活服务、老年医疗、托老所、老年教育、老年休闲等）；环境行业（包括环境保护行业、资源再利用行业、节能行业、新材料与新能源业，如太阳能、"绿色"材料、替代资源的人造材料等）；科学技术业（包括各科学领域的基础理论研究，信息技术、生物技术、生命科学技术、航天技术、海洋工程、核利用技术等各技术领域的研究开发）；社会管理业（主要指政府机构以及相关的公共服务和社会工作）；知识产业（专门从事知识的生产、搜集和管理的部门，以及进行专门知识的训练，如人工智能训练、国际关系训练、精神护理训练，对知识、信息进行加工的部门）。

3. 职业探索

(1)职业分类

世界各国国情不同，划分职业的标准也有所区别。例如，可以简单地分为脑力劳动和体力劳动。我国人口普查使用的《职业分类标准》，将职业分为八个大类，即各类专业、技术人员；国家机关、党群组织、企事业单位的负责人；办事人员和有关人员；商业工作人员；服务性工作人员；农、林、牧、渔劳动者；生产工作、运输工作和部分体力劳动者；不便分类的其他劳动者。

职业的分类与产业、行业、职位和时代有关。职业类别之间有一定的差异性和层次性。无论以何种依据来划分职业都带有组群性特点，如科学研究人员中包括哲学、社会学、经济学、理学、工学、医学等，再如咨询服务业包括科技咨询工作者、心理咨询工作者、职业咨询工作者等。大学生在思考适合自己的职业时，可先寻找职业族，然后再在这一族中探寻不同的职业。

（2）职业发展趋势

随着社会的发展，我国职业发展呈现以下趋势：①社会分工越来越细，新的职业不断涌现，社会职业种类推陈出新；②职业的专业性增强，职业种类向综合化、多元化方向发展；③社会职业结构变迁速度递增，第三产业职业数量大增；④科学技术日新月异，职业活动内容不断更新；⑤从业者主动适应社会需求，职业流动成为社会发展趋势。

随着社会主义市场经济的发展，人们的就业观念也发生了深刻的变革，打破了一次就业定终生的"从一而终"的旧观念，职业流动成为人一生中的常事。值得注意的是，正常的职业流动能够促进劳动者的全面发展，发挥专长，潜能得到最大限度的发挥。但不合理的职业流动，无论对个人和社会都是无益的。

二、微观职业环境探索

1. 企业单位探索

（1）企业单位探索的维度

作为求职者，一般要从哪些方面去分析和评价一个单位呢？虽然每个人的价值取向和思路不一样，但评价企业单位一般应从以下几个方面入手，具体见表5-1。表格中并没有囊括企业单位探索中的所有因素，但包括了大学生求职应该去了解的主要因素。

表 5-1　　　　　　　　　　　企业单位探索表

单位全称		地理位置
管理性特征	单位类型	事业、企业还是机关单位等
	组织结构	单位的部门构成
	组织文化	单位在其发展过程中形成的共同价值观、行为准则等
	人员结构	单位员工的性别结构、年龄结构、学历结构等
	人员流动	单位人员流动率及造成人员流动的主要原因等
	新手现状	单位新进员工的发展现状等
发展性特征	所属主管部门及行业	单位的上级部门或主管部门、单位所属行业的背景
	业务范围	从事的业务或服务
	发展阶段	单位前身、成立时间等
	发展规模	单位的员工人数、有无分公司、营业状况等
	业内排行	单位在同行业内的地位

(2)管理性因素探索

管理性因素是从静态角度去考察企业。一般来说,大学生需要关注两大方面:一是单位的整体状况,可以从组织结构、人力资源、组织文化等因素去了解,考虑自己在企业中的定位问题;二是企业的文化理念或经营风格,如官僚与保守、创新与竞争。企业文化与风格没有好坏之分,关键看是否适合自己。

(3)发展性因素探索

发展性因素是从动态角度去考察企业,以判断企业未来一段时间的发展前景。对企业发展状况的探索,可以通过多种指标去考察。大学生可以通过努力挖掘一些指标对企业现状进行判断,如发展阶段、发展规模、业内排行及名气等。

课堂阅读

七个方面认识企业

我们还可以从以下七个方面来认识一家企业。(1)成立时间。成立时间代表公司的历史,老字号公司可能经营稳健,除非经营者有眼光,否则恐怕流于保守,甚至停滞。成立两年以内的新公司,经营风险较大。一般而言,经营五年以上的企业,比较稳健,颇有冲刺力,经营风险也较小。(2)营业项目。从营业项目可看出这家公司所制造或销售的产品,并大概了解该公司属于哪一产业和行业,以及未来发展的可能性,是否符合自己的志趣和专长。(3)资本额与营业额。资本额代表公司的经营筹码,资金越多当然越稳健。营业额包括公司全年出售商品所获得的总收入,不包括非营利收入,如利息、租金等。(4)员工人数。通常制造业的员工人数较多,服务业的人数较精简。(5)负责人。从负责人的背景,如是白手起家、企业家二代或是专业经理人,即可看出这家公司的企业文化。(6)关系企业。从关系企业可看出这家公司的资源、人脉关系,不少集团企业都具有相当多的大企业资源,就业后,未来轮调、升迁的机会较多。(7)人事制度。在进入企业后,首先要了解其教育培训制度、薪资福利制度等。求职者可从该公司员工的性别分布、平均年龄及学历分布来了解该公司的特性,再思考自己是否适合这样的工作环境。

2. 公司职位探索

(1)职位的相关概念

①行业、职业与职位分类

职业是按就业者本人所从事的工作性质来划分的,而与就业者所在单位属于哪个行业无关。不同的行业可以包含相同的职业,如工业这一行业,仅有生产工人是不够的,还要有工程师、技术员、管理人员,甚至也有医生、教师、炊事员、驾驶员等。职业分类与职位分类也不同。职位分类是根据企业内部岗位职责和权限的大小而进行的人员层次的划分,如业务督导、行政督导、经理、事业部经理、首席执行官(CEO)及其助手等。

②职位

职位是指承担一系列工作职责的某一任职者所对应的组织位置,它是组织的基本构成单位,职位与任职者一一对应。也就是说,职位是组织的一个节点,因组织工作层次的需要而存在。而岗位是工作流程的节点,因具体工作流程的需要而存在。

一般来说,组织中的职位结构主要有以下两种:单轨制,在组织结构中,只设单一的管理职位,管理层次对应着管理责任大小、薪酬高低,职位越高,薪酬越高。如果组织中存在技术员工,这种结构将导致技术员工没有发展通道,或只能挤向"仕途",不利于组织的技术发展;双轨制,在组织结构中,同时设立管理职位、技术职位,让从事经营管理的员工和从事技术工作的员工都有发展通道。管理职位的等级一般包括高层(决策层)、中层(职能层)、基层(执行层),技术职位的等级一般包括高级(高级工程师)、中级(工程师)、初级(助理工程师、技术员)。

(2)职位探索维度

对于大学生而言,对职位的探索应该是多维度的,一般包括三大方面:一是入职机会与竞争条件,前者指客观机遇及制度因素,后者指自身的素质条件与职位要求的匹配度;二是指工作实况,具体地了解某个职位要求做什么、怎么做、怎么评估等,对工作对象、内容、任务及责任进行考察;三是工作的所得所感,即通过工作可以获得的报酬及相关的心理感觉,工作给人带来的不完全是物质收入,更多的是心理感受及情感体验,具体见表5-2。

表5-2　　　　　　　　　　　　职位探索简表

入职机会与竞争条件	入职机会	招聘人数
		招聘政策
		用工制度
	入职条件	基本条件(性别、籍贯、年龄等)
		教育培训要求(毕业院校、专业方向等)
		心理要求(性格、能力)
		工作经验
		社会关系
工作实况	工作内容	对象、任务、责任、设备等
	工作强度	工作时间、工作量
	工作环境	物理环境(办公设备、办公用品)
		社会环境(人际关系、工作气氛等)
	工作控制	直接上司、监督与管理、绩效考评
所得所感	薪酬福利	工资、奖金、津贴、福利
	个人发展	培训、进修、晋升
	社会资源	人际关系资源、社会地位
	工作满意感	公平感、成就感、自我实现

3.职业信息获取

(1)职业信息的内容

职业信息都包括哪些方面呢?一般包括工作地点(包括在什么地方上班、具体的位置在哪里、工作地点是否固定等);工作环境(办公环境如何、工作氛围是否轻松融洽、人际关系简单还是复杂等);工作条件(这里一方面指物质环境,另一方面指是否是事业发展的良好平台);工作的技能要求(该职业都要求具备什么技术和能力、需要哪些专业技能和通用技能等);工作性质(指该职业最基本的特征,也是与其他职业最大的不同之处);工资及福利(包括薪水、福利、进修机会、工作时间、休假情形及特殊雇用规定等);工作对个人的素质要求(该工作对个人素质需求的要求、所应达到的文化程度、具备的道德素养等)。

课堂阅读

是幸运还是有准备

毕业于厦门某高校会计专业的本科生小孙,他从上大学起就开始进行职业设计,四年期间,他不仅有计划地修完自己的本科课程,还提前搜集了关于自己专业的就业方向和职业信息。经过各方面的了解后,他觉得进入四大会计师事务所比较符合自己设计的职业发展之路。于是他又搜集了大量关于普华永道、毕马威、德勤等四大会计师事务所的信息和资料,经过认真比较和了解之后,他把目标锁定在这四个公司上,并告诉认识的人自己想进"四大"的想法,让其帮助自己留意信息。大学四年,他根据四大公司的要求,积累了进入"四大"所需要的各方面的能力。大四上学期,他在网上投递了这四个公司的简历,经过几轮筛选,他顺利进入毕马威实习。而在实习期间,他凭借不凡的工作能力和敬业精神给上司留下了很深的印象。于是等到毕业时,公司提前提出和他签订合同。一切都是水到渠成!他的职业生涯无疑是一个成功的开始,也许很多人都觉得小孙是幸运的,其实真正成就他的是他获取了最有效的职业信息,也得益于他对自己职业生涯的早早规划。

(2)职业信息获取途径

当今社会进入了一个信息爆炸的时代,获取职业信息的途径主要有以下几种:通过查阅相关资料,如从图书、报纸、杂志等上面获取信息;上网浏览相关网站;留意媒体的相关报道;与周围的人交流,向他人请教;亲身体验获得经验。这都是些最常见的办法和途径。每个人的性格、文化层次、接触群体都不一样,所采取的方式也是五花八门,而通过不同方式搜集到的信息的准确性也是不同的。

根据大学生的特点,我们提供以下几种途径供大家参考。根据搜集资料方式的不同,可以分为静态的资料接触、动态的资料接触以及参与真实情境三种。静态的资料接触包括有目的性地阅读名人传记,利用各种就业信息(报纸、电视、网络及招聘会),听取各种职业指导报告会,通过亲戚、朋友搜集职业信息,通过文学、影视来获取一些职业角色信息,通过媒体的报道来获取职业信息。动态的资料接触包括生涯人物访谈、参加各种形式的招聘会和面试、通过问卷调查法搜集职业信息等。

(3)职业信息库与职业评价工作单

当探究不同的职业时,需要将搜集的信息组织起来,这样便可以进行分别处理和相互比较。职业信息库和职业评价工作单是两种处理和比较职业信息的方法。职业信息库(PLACE信息)要求你考虑每个职业的五个参数:

①职位描述(Position):包括一般责任、工作层次和有关单位。
②地点描述(Location):包括你将工作的地理区域和物理环境。
③晋升机会和工作保障(Advancement)。
④雇佣条件(Condition):包括薪水、奖金、工时和着装规范等特殊要求。
⑤入门要求(Entry):包括要求具备的教育和培训经历。

职业评价工作单可帮助搜集职业信息,你可对不同职业进行比较并依次判断该职业是否符合你的理想见表 5-3 和表 5-4。

表 5-3　　　　职业评价工作单 A(分值表示对你的吸引力程度)

职位名称		
职业特点	评价	评分
职位描述		0　1　2　3　4　5
地点描述		0　1　2　3　4　5
晋升机会和工作保障		0　1　2　3　4　5
雇佣条件		0　1　2　3　4　5
入门要求		0　1　2　3　4　5
总得分		

表 5-4　　　　职业评价工作单 B(分值表示与你的价值观的一致性程度)

职业名称		
我的理想职业将使我得到:	评价	评分
从与他人相处获得的成就感、承认、地位或赞同		0　1　2　3　4　5
欣赏存在于人、艺术和自然中的美的机会和时间		0　1　2　3　4　5
能运用我的创造性、所受培训、才智和天赋的富有挑战性的机会		0　1　2　3　4　5
无忧无虑,保持身心健康的机会		0　1　2　3　4　5
显著提高我的经济地位的机会		0　1　2　3　4　5
不依赖他人而独立工作的自由		0　1　2　3　4　5
使我保持同朋友及家人的亲密关系的时间		0　1　2　3　4　5
在符合我的道德和宗教标准的环境中工作的机会		0　1　2　3　4　5
享受玩乐的时间		0　1　2　3　4　5
影响或控制别人活动的机会		0　1　2　3　4　5
与情感需要的相容度		0　1　2　3　4　5
总得分		

当你对这些信息进行归类分析之后,你会发现你的职业目标变得越来越清晰,职业决策不再是一件困难的事情,因为你知道哪些职业是你期望的,哪些是不能满足你的需求的。对于大学生来说,由于其年龄、经历及外界的影响等原因,往往容易在选择职业时出现思想和观念上的偏颇,如只想去南方经济发达地方或大城市,却没有认真想过是否适合自己。再者,虽然大多数大学生无法通过全职工作或大量的社会实践去了解真实的工作

环境,但他们仍可以从很多渠道了解到足够帮助他们做出决策的信息。遗憾的是,一方面,大学生因为信息不足而感到无从下手,另一方面,他们不积极地去探索环境信息。

课堂讨论与思考

材料	你的感受、想法或者做法
● 进一步通过网络搜集行业发展信息,结合当前中国发展形势,你认为目前中国最热门的行业有哪些?未来还会出现哪些热门行业?哪些行业已经大幅萎缩?未来还有哪些行业会成为夕阳行业? ● 在这个多变的世界里,处于社会转型期的中国,根据从网络和周边亲友那里搜集的信息,你还观察到目前中国出现了哪些新职业,未来还可能出现哪些新职业?	

第三节 家庭环境探索

一、家庭环境的影响

家庭成员包括直系亲属、族亲和姻亲。对家庭环境的了解和分析主要包括以下几个方面:家庭关系,如夫妻关系、父子关系、婆媳关系等;家庭生活环境;家庭经济状况;孩子学业情况;家庭成员健康状况等。

家庭对工作的影响是双向的,而且有研究表明"工作对家庭的影响大于家庭对工作的影响"。如果家庭成员在工作上付出很多,则整个家庭都会受到影响。那些能够对自己怎样工作、何时工作以及在哪儿工作有更多控制权的父母,其孩子出现问题的情况较少。对于想兼顾工作与家庭或者以家庭为最重要价值观念的人而言,家庭不和谐显然不是一个令人满意的人生。同样,家庭状况也会对个人工作产生影响。单亲家庭、离异家庭、混合家庭、晚婚家庭、双职工家庭等的数量正在增加,这必将引起职场变化。

在对家庭环境的探索中,大学生必须思考家庭状况是否对求职和职业发展存在影响、影响有多大、如何兼顾家庭需求和工作发展等问题。特别是女大学生,更应该去思考家庭与工作的角色冲突等,甚至一些女大学生毕业后选择不工作而直接结婚进入家庭生活,虽然多少是迫于就业压力下的无奈选择,但考虑到家庭的重要性,这也是一种合适的可选择的生涯发展模式。然而,很多大学生并不主动,甚至放弃了与父母的沟通,最后因为无法了解和兼顾父母的需求,而导致职业生涯规划的无效性。

课堂阅读

- 报考公务员,一个不得不说的话题。有个学生在家庭探索时,提出了自己的困扰:"我的家人希望我考公务员,能养活自己,能过上安定的生活,有安稳的工作,但这并不是我想要的生活,我希望在我喜欢和擅长的领域工作。"
- 有个学生在家庭探索时,提出了自己的问题:"我做了自己不想做的工作——水处理工程,但还是抱着相当乐观的态度努力中。因为我刚订婚,这个行业是我未婚夫的事业。我很想留在酒店发展,到现在还天天想,但爸爸妈妈都不支持。"

二、家庭经济状况的影响

1. 就业压力

出身贫寒的大学生,一方面,要肩负对家庭而言较重的大学学费与生活费,另一方面,毕业时又必须马上就业以便接济家庭经济需求。因此,他们在大学里往往要兼顾学业与兼职工作,毕业时出于就业压力对职业的选择面较窄。再者,由于家境不好,有些学生表现得十分自卑或过度虚荣,他们选择自我放弃。而有些学生则能够自立自强,持之以恒地坚持和努力,自主意识和独立意识比较高。当然,部分出身富裕家庭的学生在生涯决策时依赖性很大,难以自主决策,这样的状况显然难以保证对职业生涯规划的投入和做出承诺。

2. 人际关系网络

很多来自农村的学生毕业后选择在城市发展,常常到处碰壁,虽经过不懈努力最终有了一份工作,但总是难以让人满意。而一些来自城市的学生则依托家里关系能够很容易就业,而且工作基本上都不错。另外,出身富裕家庭的学生,其中部分属于"富二代",因为拥有家族企业或其他关系企业,毕业后一定得回去或即使在外发展最终也得回去,这也在一定程度上影响了他们的职业发展道路,其实,他们的职业生涯规划难度更大。是否拥有广泛的家庭关系影响着大学生自主决策的意愿和择业的自由度,从而影响其做出有效的职业生涯规划。如何看待家庭关系的影响,将在下一章中详细论述。

三、家庭需求与女性角色

家庭成员对学生在时间上、情感上和经济上的需求极大地影响着职业决策。经济需求的影响如上所述。时间和情感需求的影响,例如,有些家长希望孩子毕业后能够留在老家,陪在她们身边,这些学生也认为毕业后应该回老家工作,以便能够就近照顾年迈的父母和其他长辈。在中国传统观念里,男儿志在四方,所以一般允许男大学生在外发展。而对于女孩子,则以求稳妥与安逸为主,父母希望她们能够留在身边,甚至带一个感情稳定的男朋友回去也可以。

女大学生在职业生涯规划时所面临的困境绝不仅仅源于家庭成员的期望、需求与传统观念,她们还必须面临工作与家庭角色的严重冲突。

首先,女性就业面临更多的困难。女性在外工作可能是因为家里需要钱,也可能是为了个人价值的自我实现,这是女性找工作的两个重要动机。然而,当她们真正踏入职场时,却要在工作、家庭中比男性花更长的时间,而且还将面临一系列亟待解决的问题,包括儿童照管、老人看护、职业刻板印象、较低的薪酬和较高的压力、传统的性别角色期望、玻璃天花板效应、性骚扰、女性企业家角色等。

其次,女性想要在职场上获得成功比男性更难,需要付出更多。人们对妇女就业仍存在偏见,母亲与家庭主妇等传统的女性角色仍为许多人所看重,性别刻板印象让同一公司里的男性和女性进入不同类型的工作、遭遇不同的待遇。玻璃天花板效应是指基于态度和组织偏见而造成的人为障碍阻碍了合格的女性成为中层或高层管理者(Vega,1993),女性并不被认为适合团队管理职位。

最后,婚姻状况对女性职业发展有较大的影响。在女性职业发展模式中,普遍存在一个低谷,就是结婚生子的阶段。当男性在职场上走上坡路的时候,很多女性却不得不停止职业活动,转而以家庭生活为重。再者,有研究指出"女人对工作的满足感只有1‰",也就是说,女性对生活的满足感还有很大一部分是来自她的家庭。当然,女性面临的工作角色与家庭角色的冲突是一个十分复杂的社会问题,需要全社会的共同努力。

其实,男性也日益面临这样的冲突,一方面,他们仍被认为是"养家糊口的人",另一方面,他们的伴侣却期待他们分担更多的家庭责任,甚至成为"家庭妇男"。在人到中年以后,男性在职场上可能需要面临稳定与改革的冲突,在生活上担子依然沉重但身体却在走下坡路,在感情上可能要面临婚姻信任危机和友情考验等,在生理、家庭、工作和个人情感四条生命线的重压下,生命运行任务繁重,如果处理不好,个人、工作与家庭都会受到很大的影响。

四、家庭环境对职业心态的影响

家庭对个人职业生涯规划的影响,不仅是因为父母等长辈对自己抱有期望和限制。家庭环境好坏对人的心态影响非常大,进而还会影响个人工作和事业的发展。我们来看一下以下实例。

1. 违抗父母意愿

一些大学生有意违抗父母的心愿,选择与"正统"背道而驰的职业道路。结果所从事的工作既没能满足父母的心愿,也不能让自己感到满意。

李春晓在传统的家庭中长大,父母非常保守。他们的保守心态包括认为女性应该当贤妻良母,维护家庭和谐,对丈夫百依百顺。在李春晓看来,她要扮演的角色已被定型为一个"助手老婆"。李春晓非常不喜欢这样,她的对策是,从事一份需要投入全部精力和时间的工作。这份工作使她摆脱了父母要强加于自己身上的枷锁,而且薪水也非常高。然而由于为了维持这种状态,她又不得不听命于老板的摆布。李春晓的确没有成为一个"助手老婆",但也并未因此享受到工作的乐趣。微妙的家庭心理,使她的职业生涯规划出现障碍。

2. 弥补父母的失败

家庭对个人职业生涯规划的影响不一而足。有人被引导与父母竞争,也有人试图弥补父母的失败。赵刚的父亲曾经是成功的商人,但在合伙人的怂恿下,做出了触犯法律的行为,因而被判欺诈罪,不仅被禁止继续从业,还被送进监狱服刑。父亲的不幸经历使赵刚下定决心,要在商场取得成功,作为对父亲失败的弥补。他确实如愿以偿地取得了成功,但同时他也付出了巨大的代价:子女年幼时,他根本没有时间陪伴他们。回顾人生,令他深感懊悔的是,他做出的一切努力,其实只不过是微妙心理影响下做出的极端行为。

3. 吸引父母的注意

还有一些人选择某些工作领域的原因是希望借此吸引父母的注意,或让他们感到光荣。这些人都非常聪明,能力也很强,但由于是女性,她们未能得到应有的鼓励和肯定。朱祥花非常聪明能干,但她却没有得到掌管家族房地产企业的父亲的认可,从来没有像两位兄弟一样被考虑参与经营家族事业。于是,朱祥花下定决心要出人头地,以获得父亲的肯定。她在大学毕业后继续攻读 MBA 学位,以第一名的成绩毕业于顶尖学府,毕业后努力进入一家知名的公司,从事房地产开发建设的工作。任何人都能够明显感受到她的企图心,她自己也坦言不讳。事实上,就个人兴趣而言,这一行业并不是朱祥花真正喜欢的,但是父亲对她的忽视使她产生了微妙的心理,这蒙蔽了朱祥花的理智,使她完全不考虑其他可能更适合自己的工作,将自己的职业生涯规划列车开向坑洼的路面。

4. 获得父母认可

有些时候,被认可的心理不仅可以左右我们对工作的选择,还会导致我们在职业生涯规划上的错误。曾丽华的情况就是最佳例证。曾丽华 30 出头,极为聪明,充满活力和吸引力。像朱祥花一样,曾丽华的天分一直未受到家人,尤其是父亲的肯定。因此,渴望被重视的她,在工作中总是需要有一位权力颇大、具有个人特质并且特别关注她的男性主管。幸运的是,这一点一直没有在她的职业生涯中构成严重问题,但不久以后,曾丽华的公司管理层进行了大幅度地改组,新任命了一位高管,也就是她的直属上司。这位高管有时很关心曾丽华,有时却又表现得极度冷漠。这令曾丽华感觉自己受到了伤害。结果,仅仅就因为无法获得对方稳定的肯定与认同,曾丽华便在未经慎重考虑之下贸然离职。

5. 征服父母的敌意

在很多类似的例子中,这一类的心理在本质上更微妙,也更难以辨认,我们不妨来看看杨俊伟的例子。杨俊伟小时候母亲过世,父亲再婚了。在新组建的家庭中,杨俊伟觉得自己从来不被重视。他感觉继母对他有敌意,宁可接纳他的妹妹,也不愿接纳他,对他非常冷淡。这种感觉后来反复出现在他的职业生涯中。他换过很多工作,每次的情况都很类似,他总觉得自己必须先征服某个对他有敌意的人。杨俊伟聪明、有魅力,能言善道,加上工作十分勤奋,他认为最后总是能成功如愿。然而,这种设法扭转被拒绝的努力,让他耗费了比正常情况高出数倍的时间和精力。杨俊伟的职业生涯规划坚持一点,要消除别人对他的敌意,就必须先为此受苦,然后才能赢得对方的接纳。

杨俊伟的案例具有广泛的代表性。这一类人认为，只有难以得到的东西才是好的。这些人期望工作能填满内心的某种空虚，弥补自我受到的某种伤害。但是，一旦得到那份先前觉得高不可攀的工作，他们就会发现，自己其实并不那么喜欢这份工作，也不觉得自己从中获得了多大的满足，无形中，职业生涯规划之车进入了误区。

课堂讨论与思考

材料	你的感受、想法或者做法
● 某位职业女性说，"专家说，女性对工作的满足感只有1%。而我现在，不但没有丝毫的满足感，还充满了挫败感。"女性在择业和职业发展中到底面临哪些困难？与男性相比具有哪些特点？试结合周围的事例谈谈你的看法。 ● 关于女人到底要靠谁的问题，某微博上写道："靠家里，你可能会当上公主；靠男人，你可能会当上王妃；靠自己，你才能当上女王。"	_____ _____ _____ _____ _____ _____ _____ _____

第四节　职业发展评估

一、SWOT分析法及其内容

战略规划中的一个主要工具，即SWOT分析技术，也可适用于职业生涯规划。SWOT分析法的重点就是进行内外部环境分析，明确内部环境的优势和劣势，以及外部环境的机遇和挑战。在你的职业生涯规划过程中构建自己的SWOT分析，检测你目前的状态。你有什么优点和缺点？你怎么能利用自己的长处，克服你的弱点？在你所选的职业领域中，你可能遇到什么样的外部机遇和挑战？

内在——优势(Strength)。优势是指个人本身可控并能充分利用的具有积极影响的方面，包括：良好的工作经验和教育背景；很强的专业知识（包括硬性、软性的专业知识及专业术语）；具体的通用技能（包括沟通能力、团队合作能力、领导能力等）；优秀的个性特点（如遵守工作规范、自律性、在压力下工作的能力、创造性、乐观及充满精力）；善于沟通以及良好的人际关系；能积极、专业地组织进行交流等。

内在——劣势(Weakness)。劣势是指在可控范围之内，希望能进一步提高的内在的影响因素。包括：缺少工作经验；专业不对口或学习成绩不突出；缺乏明确的目标、自我认知或具体的工作知识；专业知识的不足；没有突出的技能（如领导能力、人际交往能力、沟通能力、团队合作能力等）；缺乏寻找工作的能力；负面的个性特点（如不愿受工作准则的约束、缺乏自律性、犹豫不决、胆小、过于情绪化）。

外在——机遇(Opportunity)。机遇是指积极的外部条件，你无法控制但是可以充分利用的。包括：属于朝阳产业（包括成长性、全球化、技术性优势）；教育程度的提高可以带来更多的机会；良好的经济环境；通过更好的自我认知确立更具体的工作目标来提升机遇；领域内的晋升机会；领域内的专业发展机会；既定职业发展道路提供的特别机遇；地理区域的影响；较强的人脉关系。

外在——挑战（Threat）。挑战是指负面的外部条件，你无法控制但是可以弱化的。包括：属于夕阳产业（裁员、淘汰型）；来自大学毕业新生的竞争性；具有较高技能、经验丰富、知识全面的竞争对手；比你更熟悉招工技能的竞争对手；知名学校毕业的竞争对手；职业发展中的阻碍（如缺乏较高的教育或培训背景）；领域内的有限的晋升空间；领域内的有限的专业发展空间，很难保持竞争优势；公司不再招收你的专业或学位。

为了进一步完善关于优势、劣势、机遇和挑战的分析，你也可以问自己一些关键性的问题并进行适时地调整。从自身的角度探索你的优势，但是也要从雇主角度考虑，他们是如何看待你的强项的。克服过分谦虚，但是也要绝对诚实和客观地对待自己。简单地列出可以描述你自己的词汇，你就会发现自己的优势所在。你最大的强项可能是"热爱你所从事的工作"。有些人很早就知道什么样的工作能令他们高兴。对于其他大多数人来说，需要一些时间去明确自我认知。

测评工具可以帮助我们确定哪些方面需要改进。过去的工作鉴定，甚至你的成绩和学校老师的评价都可以提供有价值的反馈。也可以通过职业实践去了解自己的兴趣、技能、个性、学习方式和价值观。网络也是一个好的信息来源渠道，你可以借助网络的海量信息，包括各类招聘启事，去研究某一领域的机遇和局限及新的发展趋势。也不要忘记印刷资源，如报纸、杂志和商业出版物。另外，学校的就业指导办公室也能提供很多相关的信息。

二、SWOT分析步骤

一般来说，对自身的职业或职业发展问题进行SWOT分析时，应遵循以下五个步骤：

第一，评估自己的长处和短处。我们每个人都有自己独特的技能、天赋和能力。在当今分工非常细的市场经济里，每个人擅长于某一领域，而不是样样精通。譬如说，有些人不喜欢整天坐在办公桌旁，而有些人则一想到不得不与陌生人打交道时就心里就发麻、惴惴不安。请列个表，列出你自己喜欢做的事情和你的长处所在。同样，通过列表，你可以找出自己不是很喜欢做的事情和你的弱点。找出你的短处与发现你的长处同等重要，因为你可以基于自己的长处和短处做两种选择：一是努力去改正你常犯的错误，提高你的技能，二是放弃那些对你不擅长的技能要求很高的职业。列出你认为自己所具备的很重要的强项和对你的职业选择产生影响的弱点，然后再标出那些对你很重要的长处和劣势。

第二，找出你的职业机会和威胁。我们知道，不同的行业（包括这些行业里不同的公司）都面临着不同的外部机会和威胁，所以，找出这些外界因素将助你成功地找到一份适合自己的工作，对你求职是非常重要的，因为这些机会和威胁会影响你的第一份工作和今后的职业发展。如果公司处在一个常受外界不利因素影响的行业里，很自然，这个公司能提供的职业机会将是很少的，而且没有职业升迁的机会。相反，充满了许多积极的外界因素的行业将为求职者提供广阔的职业前景。请列出你感兴趣的一两个行业,然后认真地评估这些行业所面临的机会和威胁。

第三,列出今后3～5年内你的职业发展目标。仔细地对自己做一个SWOT分析评估,列出你从学校毕业后5年内最想实现的四至五个职业目标。这些目标可以包括:你想从事哪一种职业,你将管理多少人,或者你希望自己拿到的薪水属于哪一级别。请时刻记住:你必须竭尽所能地发挥出自己的优势,使之与行业提供的工作机会完美匹配。

第四,列出一份今后3～5年的职业行动计划。这一步主要涉及一些具体的内容,即拟出一份实现上述第三步列出的每一目标的行动计划,并且详细地说明为了实现每一目标,你要做的每一件事,何时完成这些事。如果你觉得你需要一些外界帮助,请说明你需要何种帮助和你如何获取这些帮助。例如,你的个人SWOT分析可能表明,为了实现你理想中的职业目标,你需要进修更多的管理课程,那么,你的职业行动计划应说明要参加哪些课程、什么水平的课程以及何时进修这些课程等。

第五,寻求专业帮助。能分析出自己职业发展及行为习惯中的缺点并不难,但要去以合适的方法改变它们却很难。相信你的父母、老师、朋友、上级主管、职业咨询专家都可以给你一定的帮助,特别是很多时候借助专业的咨询力量会让你大走捷径。外力的协助和监督也会让你取得更好的效果。很显然,做此类个人SWOT分析需要你的一些投入,而且还需认真地对待,当然要做好你的职业分析难度也很大,但是,不管通过什么渠道,进行一次详尽的个人SWOT分析却是值得的,因为当你做完详尽的个人SWOT分析后,你将有一个连贯的、实际可行的个人职业策略供你参考。在激烈的职场竞争中,拥有一份挑战和乐趣并存、薪酬丰厚的职业是每一个人的梦想,但并不是每一个人都能实现这一梦想。因此,为了使你的求职和个人职业发展更具有竞争力,请认认真真地为你的职业发展做些实事吧。

课堂练习

1. 撰写一份职业报告书,就是组织、比较你感兴趣的职业信息和自己的信息。写"职业报告书"的第一步是描述你心目中的理想工作,描述你喜爱的生活方式;第二步,通过PLACE职业评价活动把一个或几个职业与这些理想要求做对比。

你的职业报告应该包括以下几个方面:

(1)选择一个你想要深入描述的职业,搜集PLACE信息。

(2)指明你探究该职业时使用的资源,包括亲友谈话、社会实践、学校的实习或合作教育项目、参观的地方、义务工作或兼职、阅读的材料或观看的片子以及其他渠道。

(3)比较你得到的信息和你对理想工作的描述:在该职业中,我能以何种方式、何种效率实现自己的理想?

(4)使用以下信息来评估你是否合适做你正在考虑的工作:

工作的名称:_____

使用技能(数据、人、物)要求:_____

我已具备的技能:_____

我需要培训的技能：＿＿＿＿＿＿＿＿＿＿＿＿＿＿＿＿＿＿＿＿＿＿＿＿

(5) 使用自我评估决定你的职业喜好、技能和兴趣是否与该职业的要求吻合：

喜好：＿＿＿＿＿＿＿＿＿＿＿＿＿＿＿＿＿＿＿＿＿＿＿＿＿＿＿＿＿

技能：＿＿＿＿＿＿＿＿＿＿＿＿＿＿＿＿＿＿＿＿＿＿＿＿＿＿＿＿＿

兴趣：＿＿＿＿＿＿＿＿＿＿＿＿＿＿＿＿＿＿＿＿＿＿＿＿＿＿＿＿＿

(6) 考虑在以下 5 个时间点里你做出了什么重要的决定：

今年剩下的时间内：＿＿＿＿＿＿＿＿＿＿＿＿＿＿＿＿＿＿＿＿＿

大学四年：＿＿＿＿＿＿＿＿＿＿＿＿＿＿＿＿＿＿＿＿＿＿＿＿＿＿

大学一毕业：＿＿＿＿＿＿＿＿＿＿＿＿＿＿＿＿＿＿＿＿＿＿＿＿＿

五年内：＿＿＿＿＿＿＿＿＿＿＿＿＿＿＿＿＿＿＿＿＿＿＿＿＿＿＿

十年内：＿＿＿＿＿＿＿＿＿＿＿＿＿＿＿＿＿＿＿＿＿＿＿＿＿＿＿

退休后：＿＿＿＿＿＿＿＿＿＿＿＿＿＿＿＿＿＿＿＿＿＿＿＿＿＿＿

2. 根据目标职业分析环境因素。首先在表 5-5 写下自己的两个目标职业或是与你专业相关的两种工作，然后搜集社会环境信息，最后分析这些信息是否有利于实现目标职业，环境因素可能提供哪些机会？有可能存在哪些障碍？

表 5-5　　　　　　　　职业生涯规划与环境因素分析表

职业生涯规划与环境因素	目标一	目标二
家庭与亲戚 家庭经济状况 人际资源 父母意见 其他家人意见		
社会与文化 政治制度 经济发展 社会声望 大众传媒 性别认同 重要他人意见		

体验活动

职场访谈

选择一个与你专业相关的或你心目中理想的行业或职业，对这个行业或职业的从业人员进行访谈。访谈时可参考以下主题，你也可以多设题目。然后将这些访谈资料全部记录下来，再对这些资料进行初步分析，同时结合与亲友和老师的交谈，判断你所了解的该职业的信息是否准确？你觉得这个职业符合你的想象和期望吗？

1. 需要哪些个人资本资料(如学历、经验等)?
2. 从事该行业或职业的人主要的工作职责是什么?
3. 工作地点在哪里?
4. 他们使用哪些工具?
5. 工作场所性质有何特征?
6. 有哪些相关行业?
7. 需要接受哪些训练?
8. 需要某些特殊的职业资格证书吗?
9. 需要哪些个人特质?
10. 学校中的哪些课程会有帮助?
11. 该行业或职业薪水范围是怎样的?
12. 从事该行业或职业的人对其从事的工作有何满意和不满意的地方?
13. 人才供需状况如何?
14. 科技或任何社会变动对该行业或职业有何影响?
15. 该行业或职业是否有任何季节性或地理位置的限制?
16. 该行业或职业的发展如何?

本章·课后练习

1. 列举一两个与你专业相关的职业,运用各种渠道和方法进行探索,并分析它们是属于哪一类型的产业、行业和职业,其职务内容有哪些? 它们是否热门? 其职业潜力如何?
2. 行业环境对就业有什么影响? 以你的大学专业为例加以说明。
3. 对心仪的单位进行深度环境探索,比较探索结果与你想象中的差异,谈谈为什么会出现这样的情况?
4. 当前的社会经济环境,对大学生职业生涯规划有哪些方面的影响? 你如何看待今年的大学生就业形势? 它受到哪些经济、社会与文化因素的影响?
5. 用身边的实例谈谈家庭环境对职业生涯规划的影响。
6. 用SWOT分析的方法对自身的职业生涯规划进行思考。

第六章

目标计划

【本章纲要】

本章主要讲授目标计划,包括拟定目标、开发计划、评估调整等。首先帮助学生解决决策的认知问题、能力问题和心理障碍,然后在自我与环境探索的基础上,指导学生进行职业生涯决策,运用目标、计划、调整等工具实现自己的理想。

【思政元素参考点】

通过对生涯决策、拟定目标与开发计划等技能的学习,培养学生面临人生抉择困境的勇气和智慧,弘扬奋斗与梦想的中华民族精神,早立志、立大志、立长志,将个人命运与国家命运紧密结合,确立与时代同呼吸共命运的人生目标。

【引导案例】

好几年前,一位重要人士前往南卡罗纳州为一个学院的全体学生做演讲,我前往听讲。那个学院规模不大,我到场时,整个礼堂挤满了兴高采烈的学生,大家都对有机会聆听到这位大人物的演说而兴奋不已。演讲者走到麦克风前,眼光对着听众,由左到右扫视一遍,然后开口道:

"我的生母是一个聋人,因此没有办法开口说话,我不知道自己的父亲是谁,也不知道他是否尚在人间,我这辈子找到的第一份工作,是到棉花田去做事。"

台下的听众全都呆住了。"如果情况不如人意,我们总可以想办法加以改变。"她继续说道,"一个人的未来怎么样,不是因为运气,不是因为环境,也不是因为生下来的状况。"她轻轻地重复刚才说过的话,"如果情况不如人意,我们总可以想办法加以改变。"

"一个人若想改变眼前充满不幸或无法尽如人意的情况,"她以坚定的语气继续说道,"只要回答这个简单的问题:'我希望情况变成什么样',然后全身心投入,采取行动,朝理想目标迈进即可。"

接着,她的脸庞绽放出美丽的笑容:"我的名字是阿济·泰勒·摩尔顿,今天我以美国财政部长的身份,站在这里。"

(资料来源:程社明,卜欣欣,戴洁.人生发展与职业生涯规划.北京:团结出版社,2003.)

"我希望情况变成什么样",这就是你在为自己拟定的一个理想目标。目标对人生具有重要的导向作用,它能给你的生命带来目的、意义和方向,引导着你实现一个成功而幸福的人生。现实中你茫然无助、怨天尤人,很多时候是因为你为环境所困,却又不想去做一些改变。从一个目标开始,这是职业生涯规划的核心和主体,你必须在完成自我探索和环境探索以及人职匹配分析的基础上,拟定目标并制订计划,进一步做好评估、调整并采取行动,这才是一个完整而有效的职业生涯规划。

第一节 生涯决策

一、生涯决策概述

(一)什么是生涯决策

1. 决策、生涯决策与职业决策的含义

简单讲,决策就是做决定,即在一系列方案中做出选择。生涯决策涉及人生大部分重大事情的决定,职业决策是其中极其重要的决策。职业决策是人们根据自身特点和社会需要做出合理的职业方向抉择的过程。从一定程度上讲,职业生涯规划包括两个环节:一是信息探索;二是职业决策。也就是说,在经过对自我和外部环境的信息探索之后,就需要对信息进行分析和评估,然后形成不同的目标与方案,最后进行决策。所以,决策绝不仅仅是一个结果,而是一个比较复杂的过程。职业决策是职业生涯规划的最后环节,也是驱动职业生涯规划的起点,从这个角度而言,职业决策使你成为自己职业生涯规划发展的"问题解决者"和"自我激励者"。

2. 决策的本质

我们每一天都在做各种各样的决定。试想,你如何安排你的周末?是否早起、是否吃早饭、早饭吃什么、吃完要干什么……所以,决策无所不在、无时不在,不可避免。即使是你不做决定的时候,这本身也形成了一个决定:你选择不做决定。通常,一个决定对你来说越重要,决策也就越困难。你吃什么、穿什么总是比选什么专业、去哪里工作要容易得多。生涯决策面临的大部分都是比较复杂和困难的,因为它对你的生存和未来发展影响较大。

课堂练习

为了更好地理解不同决策的相对重要性,试着回忆近期所做的各种决策,按照重要性程度将这些决策的具体事项填入表6-1。

表6-1　　　　　　　　　　　不同决策的重要性程度

重要性等级	描述	具体事例
0	决策不在你的控制之下,它是由他人或环境做出的	
1	决策是无意识或常规性的,你对它从不多加思索,已经形成习惯了	

(续表)

重要性等级	描述	具体事例
2	你偶尔会在选择之前思考一下如何决策	
3	你会对这个决策加以考虑,但不会对它做研究或调查	
4	你会对这个决策做一些研究,在选择之前,你会进行思考或征求他人的意见	
5	你会对这个决策进行大量的思考和研究,在选择之前,你会问一些有关的问题并做相关信息搜集与分析	

我们是否可以自由地做出选择？选择与自由是一个长久的话题。通常情况下,我们所理解的自由有两种状态:第一,你可以完全遵照逻辑和理性来做选择,而不受个人主观因素影响;第二,你可以不假思索地、随心所欲地、完全凭感性地做出选择,而不受外界客观因素影响。赫伯特·西蒙(Herbert Simon)的有限理性理论认为,人的理性在决策中会受到限制。社会文化决定论告诉我们,选择会受到不可控外力的影响。安妮·罗伊(Anne Roe)博士研究指出,有12个因素影响着一个人的职业选择,包括:社会总体经济状况、机遇、家庭背景、同伴群体、婚姻状况、一般的学习和教育、后天学到的特定技能、生理特点、认知能力或特殊天赋、气质与个性、兴趣和价值观、性别。大部分人认为很多时候没办法随心所欲地做选择,但同时也认为拥有选择的权利是我们的自由。

以上,我们探讨了三个问题:决策是可以避免的吗,是简单的吗,是自由的吗？我们不必为自身的认识偏见、局限和偶然性因素的存在而感到失望和沮丧,而要努力做出有意识的、科学理性的规划。生涯决策如此重要,决不能让别人代劳,我们要承担生涯决策的责任,并接受选择的结果。

推动决策需要解决三个问题:认知问题、决策能力和心理障碍。上述关于决策的含义和本质的阐述,是为了解决认知问题。探讨为什么要做决策以及为什么不做决策,这是要解决心理问题。然后,我们再教授你决策的能力,包括明确自己的决策风格和能力水平、学习决策的技术和步骤。

(二)为什么你要做生涯决策

1. 你是否已做出决策

目前,你的困惑是什么？你觉得你遇到了或将会遇到哪些问题？你是否针对这些困惑或问题做了一些思考、决策或准备？你是否已经采取一些措施来解决这些问题？彼得森、桑普森和里尔登的研究鉴定了三种生涯决策者的类型,即做出决策的、尚未决策的和无法决策的。现在的你属于哪一类呢？

课堂阅读

职业生涯决策就跟买手提电脑一样

以下是学生 A 在挑选手提电脑。假设 B 是服务员。

B:"您好,请问想挑选一台什么样的手提电脑?"

A:"我不知道。这个问题困扰我好久了,我觉得很难挑选一款手提电脑。您能给我一些引导吗?"(A 看上去很焦虑)

B:"好的。那您觉得哪几款手提电脑让您觉得很难挑选?我可以给您比较一下。"

A:"其实我也不知道有哪些手提电脑的品牌。就是觉得品牌太多,不知道该如何选择。"

B:"没关系,我给您介绍几款,您听听对哪个更感兴趣?"

(介绍没多久)

A(声音中带着抱怨):"那么多品牌,我怎么来得及一个个听。你推荐几个不就完事了?"

B:"好,那您能给我描述一下您对手提电脑有什么要求吗?"

A:"我想找一个我喜欢的手提电脑,用起来让我觉得舒服的。"

B:"能不能说得具体些,比如怎么样的手提电脑你会用起来舒服?"

A:"就是用起来会很方便的。"

B:"您能不能更清晰地和我说说什么?比如,价钱不超过 12 000 元,12 英寸宽屏的。"

A:"噢,那我想找一个 8 000 元左右、双核的、IBM 或者 Apple 的品牌机。"

B:"对不起小姐,双核的 IBM 或 Apple 品牌机至少需要 20 000 元。"

A:"为什么会这样?"

B:"您为什么一定要买 IBM 或 Apple 的品牌机呢?"

A:"学校里很多人都说这两个品牌好。"

B:"那您能告诉我您的使用习惯吗?这样我能够猜测一下什么样的电脑可以让您使用起来非常舒服。"

A:"这个我说不清楚。"

B:"您要不看看其他品牌的手提电脑。您也可以试一试,我想这样挑选起来就比较方便了。"

A:"这太费工夫了,也太累。今天一定要买的,没时间啊!"

B:"其实就一小会儿。"

A:"为什么那么麻烦呀?"

B:"那我给您推荐宏碁,性价比很好,欧洲销量第一。"

A:"不行,我妈说这个品牌不好看!"

B:"那你看看 BenQ 可以吗?这款电脑很轻巧,您用起来会方便。"

A:"啊,为什么颜色这么浅,我不喜欢。"

B:"Sony 可以吗?这款外观不错,配置也可以。"

A:"这个按钮不舒服……"

B:"小姐,不好意思,您到底想要一个什么样的手提电脑?"

A:"我不是在挑吗?"

B:……

2. 良好决策的重要性

(1) 指明方向与激发行动

存在主义大师萨特说:"我们的决定,决定了我们。"决策为我们做了决定,给我们立了目标,它将引导着接下来要走的每一步,决定着时间和精力的分配。决策是行动的奠基石。大学生活丰富多彩,你可以专心读书甚至做点研究,还可以参加各种创新创业竞赛,甚至开始创业,也可以热心公益和各种社团活动……不管你的选择是什么,你的时间和精力都是有限的。所以,你的时间和精力花在哪儿,你的成就就在哪儿。

(2) 解决问题与实现自我

做出一个正确的决定,新生和成长就近在咫尺。戴安·萨克尼克(Diane Sukiennik)等认为,运用自我肯定和自我鼓励,通过决策使自己产生积极的变化是可以实现的。对于大学生而言,生涯决策的重要性在于:它有助于解决问题与实现自我。认知心理学认为,"问题"就是事件的现在状态与更理想的状态之间的差距。消除这个差距就是生涯问题的解决和决策制定的动力源泉。驱动决策的可能是意识到问题的存在,也可能是想要"过得更好",现在就让我们来做一些决策吧!

(三) 为什么你不做生涯决策

1. 决策时的感受

既然意识到了生涯决策的重要性,那你为什么还不做决策?不做决策的原因有:计划赶不上变化;我很忙,没时间;我太懒,不想思考。虽然计划和决策不能消除变化,但它正是为了应对变化的,不是因为有变化而不做计划,而恰恰正是因为有变化才要做计划。计划和做出决策是降低不确定性和不踏实感并增加实现预期目标的手段之一。如果你以很忙为借口,那你就会陷入恶性循环之中。如果你做了计划和决定,那很多紧急的事情是可以避免的,成功的计划者和决策者很少会面对紧急事件。

课堂练习

你平常都会做哪些决策,什么时候你犹豫不决,什么时候你担心害怕?试着想一想这些问题,结合近期你所做的各种各样的决策,将你做决策或不做决策的原因都填入表6-2。你也可以与同学聊聊,填入尽量多的理由。

表 6-2　　　　　　　　　　　　做决策与不做决策的原因

项目	原因
做决策	
不做决策	

很多时候,阻碍我们做决策的是焦虑、风险与压力。职业决策涉及风险和未知结果。有时候,你总想能够自由地做出选择,但最终你总会感到沮丧,因为其中会牵涉责任,甚至有些时候会放弃选择的自由。职业决策涉及许多因素,人们往往感到焦虑,难以果断地做

出决策,而是长期性地犹豫不决。研究人员用来描述"长期性地犹豫不决"的人的词汇有:普遍而深刻的无目的感和不确定感、缺乏澄清自己价值观及目标的动力、害怕投入、自卑感等。以下是一封学生的来信,你可以感受到她面临选择时的焦虑与压力。

课堂阅读

一封学生的来信

老师:

不知道您是否还记得我,上学期有发邮件给您,我期末论文写完了,但是说实话上学期是抱着应付的心态来写的。因为觉得毕业离自己还太遥远。如今,同宿舍的人想出国的准备出国,考驾照的考驾照,还有考公务员、注册会计师的。我现在开始纠结,之前跟您讨论的问题我至今没有确定的答案。虽然期末的时候您问我的时候我坚定地说,我以后想做财务总监。但真到了抉择的时候,我还会犹豫是考公务员还是考注册会计师。两个都很难,考的人也多,鱼和熊掌不可兼得,只能择一备之,我该怎么办啊!

2. 犹豫不决及其应对

一般情况下,生涯决策中的犹豫不决会干扰甚至有害于生涯发展。杰佛里·H.格林豪斯等学者分析了择业犹豫的原因、类型和解决办法,对大学生生涯决策具有很好的指导意义。

请对照表6-3,分析你上一次决策时犹豫不决是属于哪一种或哪几种原因。前三个原因是缺乏信息,通过加强对自己和工作环境的认知和探索可以解决。而缺乏自信、决策恐惧和忧虑反映的是决策时的心理障碍。非工作的要求和境遇制约也会给决策带来很大的不确定性和不适感。

表6-3　　　　　　　　　　　　　择业犹豫的七种原因

原因	解释	自我评估
缺乏自我信息	指人们不了解自己的兴趣、价值和生活方式偏好	我十分明白最需要从工作中得到什么(如充分的责任、旅行的机会)
缺乏内部工作信息	指人们对本组织内部的职业生涯的机会和工作可能性了解不够	我十分清楚组织在未来5~10年中将往何处发展
缺乏外部工作信息	指人们对本组织以外的其他职业、组织和行业的工作机会缺乏足够的了解	换个领导,我就能很好地抓住任何适合我的工作机会
缺乏自信	指人们在做出有关职业生涯决策时不具备足够的自信	我确信自己能做出适合自己的职业生涯决策
决策恐惧和忧虑	指人们在进行职业生涯决策中,由于害怕和忧虑而不敢做出决策	让我做出与职业生涯相关的决策,这种念头令我害怕
非工作的要求	指人们职业生涯的愿望与来自非工作(例如家庭)的压力之间的冲突	家庭的压力与我期望的职业生涯发展方向互相矛盾
境遇制约	指人们职业生涯决策受收入状况、年龄和在既定职业中的工龄等的影响	我在现在的职位上已经干了这么多年,其他工作即使很吸引人,也不去想了

(资料来源:杰佛里·H.格林豪斯.职业生涯管理.王伟,译.北京:清华大学出版社,2014.)

3. 决策中的策略和风险

在你做决策时,你永远得不到全部的信息。所以,大部分决策都是在一定程度的风险和不确定的情况下做出的,人们因此发展了各种不同的选择策略。策略是根据价值观和能力、搜集的有关备选职业的资料以及所涉及的风险进行决策的方法。

假设你在职业选择上寻求高收入和成功,现在有 3 个工作机会,你会挑选哪一个?

A. 这份工作为你提供了较高的收入,但你在这份工作中取得成功的机会微乎其微。

B. 这份工作的收入适中,但你极有可能在其中取得成功。

C. 你决定不在这 3 份工作中进行挑选,希望找到另一份报酬不错、失败的风险小的工作。

D. 这份工作有可能赢得较多的收入,成功的可能性也比较大。

(1)选择 A:"一厢情愿"型策略

这种策略让你选择最能满足愿望的结果。此时风险和可能性都被忽略了,你挑选了最合乎心意的结果而不考虑要付出的代价或失败的可能性。

(2)选择 B:"安全保险"型策略

这种策略会建议你选择最有可能成功的路线。你需要估计自己在各种选择中成功的可能性,这样才能挑选成功概率最大的那个。

(3)选择 C:"逃避"型策略

这种策略让你选择避免最坏的结果。你试图通过预测各种选择的后果并判断最坏的结果是什么来避免灾祸和不幸。在挑选工作时,拖延也是逃避的一种。

(4)选择 D:"综合"型决策

这种策略要求你把"一厢情愿"型和"安全保险"型策略综合在一起,来挑选一种既最合乎心意的结果又最有可能成功的选择。这是最合乎逻辑的一种策略,但也是最难实行的一种。它要求了解自己的价值观和能力,衡量自己在各种选择中成功的机会,预测可能的后果,明确陈述自己的目标,并按各种选择的理想程度对其进行排列或指定各种选择的相对重要性。虽然这种策略难度很大,但使用这种策略最有可能做出有效的决策,个人也最有可能对结果感到满意。这种策略的风险程度中等,相关研究证明,高成就需求者在做决定时通常愿意冒中等程度的风险。

二、生涯决策步骤

(一)评估决策风格

在学习决策这门技能之前,要先评估决策风格。请结合自己平常做决定的习惯,完成以下【课堂练习】。然后,再回忆一下自己最近做的一次比较重大的决策,以增进对自己决策风格的了解。

课堂练习

为了帮你增进对自己决策风格的了解，请结合自己平时大部分时候做决策的实际情况，做一个二维评估（表 6-4）。这里不存在正确与错误的答案，甚至也不用考虑优劣，只是为了使你了解自己的决策风格。

表 6-4　　　　　　　　　　决策风格评估

	请在代表你的决策风格的地方画"√"							
谨慎的								敢于冒险的
直觉的								有逻辑的
依赖的								独立的
易受他人影响								自己拿主意
凭感觉/情绪化								理智的
悲观的								积极的
犹豫的								果断的

（资料来源：戴安·萨克尼克.职业指导——职业生涯规划教程.李洋，译.北京：中国劳动社会保障出版社，2005.）

（二）理性决策的步骤

戴安·萨克尼克等学者提出了一个理性决策的步骤，如图 6-1 和表 6-5 所示。遵循这些步骤，可以学会采用分析、逻辑和演绎推理的方式进行思考。请注意图 6-1 中双向箭头表示在决策过程中新的信息和想法会不断产生，从而使决策的过程往复与循环，不断完善。

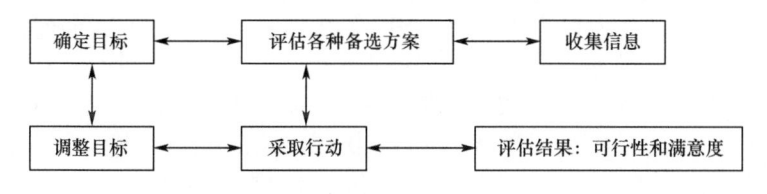

图 6-1　理性决策的步骤

表 6-5　　　　　　　　　　理性决策的步骤指引

步骤	指引
确定目标	■你能将问题转化为确切定义的目标吗？ ■在规定期限内你能达到什么样的目标？ ■你现在能够清晰地表述你的目标吗？
评估各种备选方案	■你的各种备选方案是什么？ ■你的各种备选方案和你最重要的价值观是否相符？ ■你能否用文字描述你的最重要的价值观？ ■完成各种备选方案需要多长的时间比较合理？

(续表)

步骤	指引
搜集信息	■你对各种备选方案了解的程度如何？ ■你所做出的哪些假设需要仔细地检验？ ■对各种备选方案你需要做哪些更深入的了解？ ■哪些信息资源可以帮助你搜集更多的有关备选方案的信息？ ■哪些资源可帮助你发现更多的备选方案？
评估结果	■可行性：每一个备选方案成功的概率有多大？每一个备选方案都能反映你最重要的价值观吗？ ■满意度：你能否立即从清单中剔除满意度最低的备选方案？你对最佳备选方案的期待值有多大？为了得到你想要的，你愿意做出多大牺牲或付出什么样的代价？
采取行动	■权衡有关决定所掌握的一切信息，你准备做出一个什么样的行动计划？ ■确定行动计划的启动日期了吗？ ■行动计划是否有一个明确的目标？ ■行动计划是否包含一个具体的完成目标的步骤？ ■行动计划是否包含详细的完成目标所必须具备的条件？

(资料来源：戴安·萨克尼克.职业指导——职业生涯规划教程.李洋,译.北京：中国劳动社会保障出版社,2005.)

在理性决策过程中，需要注意两点：第一，不管是多么科学合理的决策，只有将你的计划付诸行动，它才能算是一个决定；第二，直觉在决策过程中扮演着重要角色，不应该盲目否定，但也不要过分依赖。直觉决策对某些人有用，但对大多数人而言，充满逻辑性的、循序渐进的决策过程比较有效。

(三)CASVE 循环五步骤

决策是一个过程而不是某个时点上的事件，只有过程科学才能保证决策结果科学。系统地思考 CASVE 循环的五个步骤，能够为我们提供一个有用的工具，运用这五个步骤进行生涯决策，从而提高决策质量。在这个过程中，任何一个阶段出现问题都会影响整个问题的解决过程。

CASVE 循环的五个步骤以及各步骤处理的顺序是：沟通（Communication）、分析（Analysis）、综合（Synthesis）、评估（Valuing）、执行（Execution），如图 6-2 所示。CASVE 是一个自身不断循环的过程。在执行阶段之后，个体又回到沟通阶段，以确定已经选取的选择是否正确——现实和理想状态间的差距是否已经被消除。

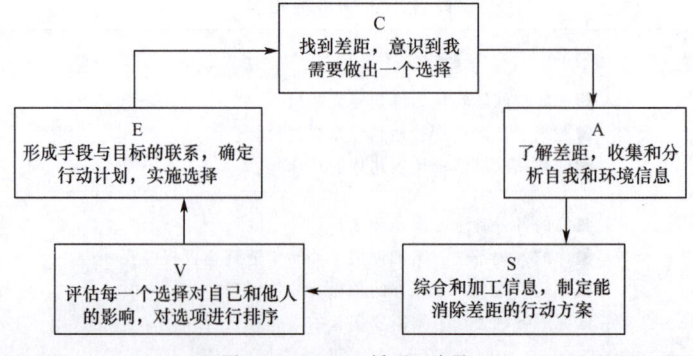

C 找到差距，意识到我需要做出一个选择

A 了解差距，收集和分析自我和环境信息

S 综合和加工信息，制定能消除差距的行动方案

V 评估每一个选择对自己和他人的影响，对选项进行排序

E 形成手段与目标的联系，确定行动计划，实施选择

图 6-2 CASVE 循环五步骤

三、生涯决策平衡

(一)生涯决策平衡单

生涯决策最难的其实是平衡。有时候,你不是没有目标,而是不知道怎么在多个目标之间做选择。人的时间和精力是有限的,鱼与熊掌总是不可兼得,在这种情况下,多目标之间的抉择以及平衡就显得尤为重要。在决策时,常用职业生涯决策平衡单这个工具来对多个目标进行评估、比较和选择,从而找到一条相对合理的发展路径。

职业生涯决策平衡单是指在职业生涯倾向性定位后,系统地分析每个可能的选项,梳理利弊得失,然后依据其在利弊得失上的加权计算分数来排定各个选项的优先顺序,以执行最优先或最偏好的选项。表 6-6 为职业生涯平衡单样单,横坐标为根据职业生涯规划得出的未来可能的几个就业方向或行业、岗位,一般以 3~5 个选项为宜。纵坐标为个人支持系统,一般分为个人、他人、物质、精神四方面内容。每个人都可以根据自身的情况确定需要考虑的因素和每个因素的权重,不同的人在做决定时,需要考虑的主要因素是不同的,赋予每个因素的权重也是不同的。加权范围一般为 1~5 倍,权数越大,说明你越重视该要素。也就是说,不同的人的职业生涯决策平衡单是不一样的,需要根据自身情况制定。

当你为自己设计了一份职业生涯平衡单后,设置了考虑因素,并赋予了权重。接下来,你就可以按以下步骤完成这份职业生涯平衡单。

步骤一,根据职业生涯规划确定几个未来可能的选项,将其填入平衡单的横坐标中。

步骤二,对每个选项的每个要素打分,"+"表示优势得分,"-"表示劣势减分,计分范围为 1~10 分。

步骤三,将每个因素的得分和失分乘以权数,得到加权后的得分和失分,然后计算每个选项的得失分总和,最后将加权后的得分总和减去加权后的失分总和就得出"得失差数"。

步骤四,比较选项的得失差数,得分越多说明该选项越适合你。最终,通过职业生涯平衡单,选择了一个优先的选项。

表 6-6　　　　　　　　　　职业生涯决策平衡单样单

考虑因素	加权分数	重要性的权数(1~5倍)	选项一 +	选项一 −	选项二 +	选项二 −	选项三 +	选项三 −
个人物质方面的得失	1.收入							
	2.工作的难易程度							
	3.升迁的机会							
	4.工作环境的安全							
	5.休闲时间							
	6.生活变化							
	7.对健康的影响							
	8.就业机会							
	9.其他							

(续表)

考虑因素	加权分数	重要性的权数 (1~5倍)	选项一 +	选项一 −	选项二 +	选项二 −	选项三 +	选项三 −
他人物质方面的得失	1.家庭收入							
	2.家庭地位							
	3.与家人相处的时间							
	4.其他							
个人精神方面的得失	1.生活方式的改变							
	2.成就感							
	3.自我实现的程度							
	4.兴趣的满足							
	5.挑战性							
	6.社会声望的提高							
	7.其他							
他人精神方面的得失	1.父母							
	2.师长							
	3.配偶							
	4.其他							
加权后合计								
加权后得失差数								

(资料来源:王莹.大学生职业生涯规划.北京:清华大学出版社,2020.)

(二)生涯决策平衡单案例

为了更好地展示如何完成一份职业生涯决策平衡单,以下【课堂阅读】引用了一则案例加以说明。经过职业生涯规划分析后,你可以仿照这个案例为自己制定一个职业生涯决策平衡单,并利用该职业生涯平衡单对你的多个职业发展方向进行利弊得失评估,最终确定一个职业生涯发展的目标职业。

课堂阅读

小丽的生涯决策平衡单

基本情况:小丽,女,某职业技术学院初等教育专业二年级学生,性格外向,开朗活泼,喜欢与人交往,口头表达能力很强,是学院学生会干部,组织能力强。她还有一年就要毕业了,考虑自己的职业有三个发展方向:小学教师,销售总监,考取初等教育专业专升本。以下是她的具体想法:

1.小学教师。小丽认为这个职业是她的本专业,有很大的专业优势,工作也比较稳定,但目前社会需求量不大。

2.销售总监。小丽希望用10年时间能实现这个目标,认为这个职业符合自己的性格和兴趣,同时她有利用暑假和课余时间兼职做一些销售的经历,她认为可以利用自己的专业来帮助自己更好地做销售工作。

3.考取初等教育专业专升本。小丽的父母都是学校的老师,他们希望小丽能够继续深造,以后到学校任教。但小丽不喜欢中小学教学工作,且专升本考试也有一定的困难。

表 6-7 是小丽利用生涯决策平衡单做出的职业决策的结果——市场销售总监。

表 6-7　　　　　　　　　　小丽的职业生涯决策平衡单

考虑因素	可选项目 加权分数	重要性的权数 （1~5 倍）	选项一： 小学教师 +	选项一： 小学教师 −	选项二： 销售总监 +	选项二： 销售总监 −	选项三： 专升本 +	选项三： 专升本 −
个人物质 方面的得失	1.符合理想生活方式	5	—	3	9	—	—	5
	2.适合自己的处境	4	8	—	9	—	7	—
	3.有较高的社会地位	3	5	—	—	3	9	—
	4.工作比较稳定	5	9	—	—	9	9	—
	5.其他							
他人物质 方面的得失	1.优厚的经济报酬	4	5	—	8	—	9	—
	2.足够的社会资源	5	8	—	7	—	9	—
	3.其他							
个人精神 方面的得失	1.适合自己的能力	4	8	—	9	—	7	—
	2.适合自己的兴趣	5	5	—	9	—	—	8
	3.适合自己的价值观	5	6	—	8	—	5	—
	4.适合自己的个性	4	7	—	9	—	6	—
	5.未来发展空间	5	—	3	8	—	9	—
	6.就业机会	4	3	—	8	—	9	—
	7.其他	—						
他人精神 方面的得失	1.符合家人的期望	2	6	—	4	—	—	—
	2.与家人相处的时间	3	7	—	4	—	9	—
	3.其他	—						
加权后合计		—	312	30	399	54	384	65
加权后得失差数		—	282		345		319	

（资料来源：王莹.大学生职业生涯规划.北京：清华大学出版社，2020.）

第二节　拟定目标

一、目标及其类型

目标泛指努力或奋斗所要达到的目的。人生中，我们有很多美好的愿望和理想，它们只有具体化为可以落实的行动，并加入时间坐标，才能成为一个个明确的目标。对于大学生职业生涯规划而言，我们一般要求以 10 年为规划期限，包括短期、中期和长期三期目标以及人生目标。人生目标是对人生理想的一般概念性表述，它必须体现个人核心价值观和所偏好的生活方式。这四个阶段的目标又分为物质目标与非物质目标，见表 6-8。

表 6-8　　　　　　　　　　　大学生职业生涯规划目标类型

	物质目标	非物质目标
短期目标 2~3 年		
中期目标 5~6 年		
长期目标 10 年		
人生目标		

另外，根据职业生涯的概念，我们还要求学生兼顾自己的外部职业生涯目标和内在职业生涯目标。外部职业生涯目标侧重于职业过程的外在标记，包括工作内容目标、职务目标、工作环境目标、经济收入目标、工作地点等物质目标。内在职业生涯目标侧重于职业过程中的知识与经验的积累、理念的提升、能力的提高、内心的感受等非物质目标。外部职业生涯目标主要是职业发展的路径、阶段和平台；内在职业生涯目标主要是技能提升与内心感受。

你必须把这些不同类型的目标整合起来。短期目标是在即将来临的一年或两三年内完成的有关具体行动计划的目标。长期目标是生命中的主要目标，它需要大量的耐心和毅力，但最终也是最值得期待的。每天你必须问问自己做了什么，从而使你更接近长期目标。你可以首先设定自己的人生目标和长期目标，然后思考完成每个目标的所有必要步骤，每个步骤代表的正是一个个中期目标或短期目标，这样就能够保证自己的短期目标会促使长期目标的实现。如果发现有所偏离，那就需要及时做出改变。必须注意，物质目标与非物质目标、外部职业生涯目标与内在职业生涯目标是相互关联的。

课堂阅读

• 一个老人躺在床上感慨：我 30 岁时想改变世界；50 岁时想改变我们的国家；70 岁了，我现在躺在床上只想改变我周围的人。结果我一事无成。如果我可以倒过来做，应该能有所作为。

课堂练习

能否给 35 岁的你写一封信？35 岁以前是个人和职业的成长期，35 岁以后你是否"有令自己骄傲的事业"？是否有一个良好的发展平台？是否累积了升职和创业需要的足够资源？还是仍然跟 20 岁一样在抱怨着生活？

二、目标的积极意义

在了解自己和环境的基础上，你最终需要树立一个职业目标。这个目标将会给你的生命带来目的感、意义和方向，这些也许是你所能拥有的最珍贵的财富。在头脑中对自己的职业发展方向有一个清晰的认知，是找工作时最重要且必不可少的一点。雇主们对那些知道自己想要什么的求职者的印象，要比那些不知道自己想要什么的求职者的印象深刻得多。

1. 使命与责任

前面我们讨论过,只有两种工作我们可以坚持做好:一是你喜欢的工作,你对它有极强的兴趣;二是你觉得有价值的工作,出于责任感和使命感去从事的事业。如果你的目标是源于你的使命与责任感,那你对你的工作将充满热情,能够持续努力、遇困难不退缩并且保持快乐与积极向上。

"你从事这份工作的意义是什么?"一位以"导游"为职业目标的学生说"我想改变这个行业的现状,我想让大家对导游的看法能改观。"一位"会展策划师"说"我服务好我的客户,促进他们创新,我要提升整个行业的创新水平。"这样的使命和责任感完全高于一般目标的激励作用,能激发你源源不断的动力,让你成为坚持到最后的的人,给你带来慢慢的成就感和自豪感。

党的二十大报告指出:"中国共产党已走过百年奋斗历程。我们党立志于中华民族千秋伟业,致力于人类和平与发展崇高事业,责任无比重大,使命无上光荣。全党同志务必不忘初心、牢记使命,务必谦虚谨慎、艰苦奋斗,务必敢于斗争、善于斗争,坚定历史自信,增强历史主动,谱写新时代中国特色社会主义更加绚丽的华章。"中国共产党百年奋斗历史,多少革命先烈抛头颅洒热血,多少改革开放奋斗者前仆后继,足以启发和激励即将投身新时代建设的你,将时代使命和发展责任与个人目标结合起来,为中国式现代化建设、为行业健康发展做出贡献。使命与责任感,还能时时提醒我们在艰难困苦面前不忘初心,在职业发展的道路上敢于斗争,让个人努力及职业理想在新时代建设中闪闪发光。

2. 目标与人生成功

设置目标是完成你对人生要求的一个重要步骤。人一旦开始设定目标,并努力实现这一目标,那他就成功了一半。目标可激发努力与潜能,它能让你集中时间与精力,坚持不懈地去追求。有了目标才能开发实现目标的方案,并在执行过程中提供反馈,从而确保实现自己的人生理想。

哈佛大学有一个非常著名的关于目标对人生影响的跟踪调查。调查的对象是一群智力、学历、环境等条件都大体相同的年轻人。如图 6-3 所示,调查结果发现目标对人生具有巨大的导向作用,有什么样的目标就会有什么样的人生。你有没有目标?有多长时间的目标?你的目标清晰吗?有没有写下来?你是否经常检查自己的目标?你想成为图 6-3 中 3%、10%、60%、27%中的哪一类人?

3. 目标与人生幸福

20 世纪 80 年代初,两位哈佛大学的心理学家曾做过一项调查研究,对象是一些自称幸福的人。结果发现,这些自称"幸福的人",其共同之处并不是人们通常认为的那样,拥有金钱、成功、健康或爱情等条件。而是他们明确地知道自己的生活目标,同时,他们也都感受到了自己正在稳步地向着目标前进。

所以,什么是"幸福"?幸福不是结果,而是不断设定目标、追求目标的过程。按照自己的心愿自由地追逐自己的梦想,就是幸福。不幸福不是因为实现不了目标,而是因为根本就没有目标。只有当生活有方向时,当你心无旁骛地奔向自己的目标时,也就是当你做着自己所热爱的事情时,才会真正地感到生活是美好的,才会是一个"幸福的人"。

人生是目标导向的,人生要幸福、要成功,就得从内心的召唤出发确立自己的奋斗目

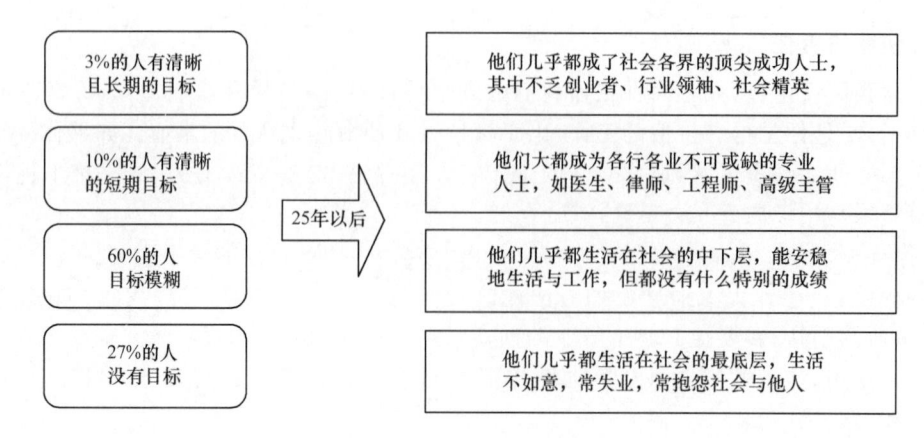

```
┌─────────────────┐                    ┌──────────────────────────────┐
│ 3%的人有清晰     │                    │ 他们几乎都成了社会各界的顶尖成功人士，│
│ 且长期的目标     │                    │ 其中不乏创业者、行业领袖、社会精英   │
└─────────────────┘                    └──────────────────────────────┘
┌─────────────────┐                    ┌──────────────────────────────┐
│ 10%的人有清晰    │                    │ 他们大都成为各行各业不可或缺的专业  │
│ 的短期目标       │      25年以后 ⇒    │ 人士，如医生、律师、工程师、高级主管│
└─────────────────┘                    └──────────────────────────────┘
┌─────────────────┐                    ┌──────────────────────────────┐
│ 60%的人          │                    │ 他们几乎都生活在社会的中下层，能安稳│
│ 目标模糊         │                    │ 地生活与工作，但都没有什么特别的成绩│
└─────────────────┘                    └──────────────────────────────┘
┌─────────────────┐                    ┌──────────────────────────────┐
│ 27%的人          │                    │ 他们几乎都生活在社会的最底层，生活  │
│ 没有目标         │                    │ 不如意，常失业，常抱怨社会与他人    │
└─────────────────┘                    └──────────────────────────────┘
```

图 6-3 目标与人生成功的关系

标，并全力以赴为目标而奋斗，没有目标或目标不明确就没有幸福和成功的人生。很多大学生常常感到自己茫然无助，其实这主要是因为缺乏目标。20 岁的迷茫将导致 30 岁的恐慌，而接下来要面对的就是 40 岁的无奈，年轻人有机会去选择未来和自己的幸福，只是首先需要设定一个目标。

4. 缺乏目标的后果

很多大学生从高中紧张的学习中来到自由的大学，感觉突然一下子没有了方向。低年级的学生在对大学环境没有了新鲜感之后，便开始感到"无聊"和"没劲"。高年级的学生又感叹大学生活过得太快了，而自己在大学里"什么也没学到就毕业了"。其实，这都是因为这些大学生缺乏一个目标。理想远大的学生一般都有较强的成就动机，其积极性、自觉性、主动性、意志力都较强，因此，学习成绩优异。相反，不考虑自己将来做什么工作，没有想过将来做什么样的人，没有明确目标的学生，学习上消极被动、敷衍应付，成绩也多不理想。试着给自己一个目标，不管是长期的还是短期的，慢慢习惯在一个目标下去完成一些任务，目标能激发你无限的潜能，慢慢改变你的现状从而成就你的人生。

还有一些学生则觉得自己找不到目标，往往有一种"茫然无助"的困惑。其实，每个人的内心深处都有一种成功发展的渴望。如果你能发掘它，便能找到成功的方向，找到一种支持你不懈努力的持久力量。再者，人生中，每个人都有很多美好的愿望和理想，只要把它们具体化为可以落实的行动，并加入时间坐标，就可以成为一个明确的目标。目标是把你的梦想转变成现实的工具。目标代表着你想要的结果，也是你努力的方向。目标是指向未来的路标，告诉你应该走哪条路。它把你的梦想转变成计划，并把你的能力引向你最期望的事业之中。正如那句广告词所言，"如果你知道自己要去哪里，全世界都会为你让路！"寻找目标固然辛苦，然而，最可惜的莫过于漫无目标。

也有一些学生总是为许多目标所困扰，反而常常感到无所适从。在我们成长的过程中，周围可能有很多的目标吸引我们，让我们这也想做，那也想做，结果什么也没做好，最后一事无成。这可能是因为有太多的外在诱惑，也可能是因为我们在心理上还没有做好准备。我们有自由但是我们没有自由选择的能力，从小到大我们很少或根本没有正式受过关于自主选择人生的教育训练，因为当面对多元的外部世界时，我们不知道自己真正的内在需求是什么。一个明确的、坚定的目标能帮助你努力集中于对你最重要的事情上。当你一心执着于自己的目标的时候，所有的障碍都会成为垫脚石，所有的困难都会主动让步,任何烦琐的、卑微的或枯燥的事务你也都能忍受。

还有一些学生对自己和环境的信息探索不足,或者只是缺乏做出决定的信心和勇气,甚至是因为自己内心存在种种冲突,这些原因都是目标设定方面的障碍性因素。有时候你需要借助一些职业生涯规划的心理工具或求助于心理咨询师,有时候则需要你多尝试和多经历,才能克服这些障碍。

三、如何拟定一个有效的目标

1. 德鲁克论"目标"

李宝元在其职业生涯管理方面的教材中引用了下述德鲁克关于目标的论述,他认为德鲁克关于"目标管理与自我控制"的思想,对职业生涯管理和规划同样具有重要的指导意义。

德鲁克认为:目标不是命定,而是方向;不是命令,而是承诺。目标并不决定未来,而是为了创造未来而动员资源和力量的手段。简要地说,目标的内涵和要求应有如下四点:

——目标源于一个人面临的使命,以及由此引发的基本战略任务。

——目标是工作、工作安排和工作成就的动力及衡量基准。

——目标必须能够使各种资源和努力集中起来。

——目标要涵盖有关"生存"的各个领域。

首先,职业生涯目标必须从"我是谁?我将会是谁?我应该是谁?"这样的问题中导出来。它不是一种抽象的命令,而是行动的承诺,借以实现自己的使命,同时也是一种用于衡量大学生活与学习成效的标准。其次,目标是大学生安排自己大学生活与学习活动的基础,它决定了你大学阶段必须进行的主要活动。目标不应该仅仅停留在一些良好的愿望上,它应该具体化为一些生活或学习任务,才能成为学习及人生成就的基础和动力。再次,目标能帮助你把主要的资源和努力集中在对你最重要的事情上,在人生各种各样的需要和目的之间不断地进行动态平衡。最后,人生的关键领域始终都需要有目标,诸如学习成长、社会交往、婚姻家庭、创新应变和财务收入等,而这许多的目标又必须得以平衡和协调。

2. 有效目标的特征

(1)目标有两个基本属性:难度和明确度,它们共同影响人的行为结果。

难度是指目标的挑战性和达成目标所需要的努力。目标不应当是遥不可及或者唾手可得的,它必须是比较现实而又有一定的难度,这样才会对人的行为产生激励作用。明确度即目标具体化,是指目标要清晰和准确。目标不应当是模糊或错误的,否则难以对人的行为提供明确的指导。

(2)设置有效目标的原则:SMART 原则和 FEW 原则。

虽然 SMART 原则和 FEW 原则多数时候是用于指导企业拟定目标的,但对职业生涯目标的设置同样具有重要的指导意义。

①SMART 原则

S——具体的(Specific)。你的目标是否太模糊,以至于不知道如何下手?你为实现此目标而需要采取的行动计划是否清晰?

M——可衡量的(Measurable)。你如何知道自己是否实现了目标？这个目标是否给予了你一些可测量的具体事情——比如储存金钱的数量、阅读书本的数量、步行的里程。

A——可实现的(Attainable)。它是可实现的吗？你能实际完成这个目标吗？还是你料定自己会失败？

R——现实的(Realistic)。鉴于你的价值观、技能和兴趣，此目标是可能的和可取的吗？是你行动的方式吗？它符合你的日程表和经济状况、你的人格、你的其他目标吗？

T——时间相关的(Time-bound)。该目标是否包含一个可用来评估你是否实现了它的时间框架？它是否促使你立刻开始，还是在未来某个时候开始？

②FEW 原则

F——集中重点(Focused Targets)。你是否有太多的目标而让你无所适从？你是否总是无法集中主要精力于一件事情上？目标不能太多，处处是重点也就是没有重点，你必须集中有限的时间和精力在最重要的事情上，而且最好一个阶段只有一个重点。

E——承诺投入(Empowerment Level)。你是否知道要实现你所拟定的目标需要付出很多的努力？在必要的时候，你是否愿意做出一些牺牲？很多人虽然拟定了目标，但却不知道任何目标的达成都需要付出一定的努力，缺乏基本的心理准备或无法信守承诺。

W——主次之分(Weighted Grade)。你在多个目标之间是否有主次之分？你是否总是感到很忙，但总是缺乏效率，目标总是难以实现？其实，每个人在一个阶段肯定同时会有几个目标，关键是这些目标必须要有主次之分，否则只能让你疲于奔命却收效甚微。

3. 拟定与实施目标过程中的注意事项

(1)确立目标的首要任务是有理想、有志向，不要过多考虑细节问题。

(2)不要把目标的期限定死。

(3)亲自设定自己的目标。

(4)将你的目标建立在你最重要的价值观上。

(5)将你长期的总目标分解成几个比较容易理解的阶段子目标。

(6)确保你的目标是可行的。

(7)为每一个目标开发一个实现方案。

(8)把你的目标写下来，然后"放在口袋里"，并且让周围的人知道你的目标。

(9)消极思考创造消极目标，积极思考创造积极目标。

(10)不可轻率地做出决定。你愿意为你的目标投入多少时间和精力？

(11)做好眼前的工作。

(12)遇挫折不气馁。

(13)对未来抱有坚定的信心。

(14)成功者永远都不会放弃，放弃者永远都不会成功。

(15)天下事有难易乎？为之，则难者亦易矣；不为，则易者亦难矣。

(16)害怕失败等于拒绝成功。

(17)避免过于专注于目标的实现，实现目标的过程同样重要。

四、职业目标定位

1. 目标定位的重要性

人的时间和精力是有限的,定位能够使你将注意力集中在最重要的事情上,并且寻找适合自己发展的道路,开拓属于自己的领域。能够做出准确定位的学生,知道自己处于什么位置而不盲目发展,而且能够在激烈的人才竞争中创造差异,形成独特的竞争优势。缺乏定位的学生,往往感到盲目,即使忙碌,也总是缺乏效率的,效果自然也不会很好。

有三个理工科的女生:甲同学觉得自己很适合这个专业,父亲就是个技术人员,她觉得自己也是一个大大咧咧的女孩子。乙同学觉得女生不适合这个行业,但既然这个是她的专业,她高中读的也是理科,所以并不排斥这个专业,也觉得虽然理科比较好找工作,但毕竟女孩子在这个行业还是受限的,所以定位为做这个行业的销售或文书工作,目前把学习的重点放在外语上。丙同学不喜欢这个行业,专业是父亲出于就业考虑而替她做的选择,她实在不喜欢,能力上也觉得跟不上课程,但目前她也不知道自己喜欢什么,于是很茫然。

上面这几个实例反映的正是目标定位的困惑及其对现在努力和将来发展的影响,三位学生中,最糟糕的是缺乏定位的丙同学,原因可能是信息不全或存在偏见。其实,女孩子在这个行业并不一定没有优势,大部分技术人员都是在运用程序而不是编程序,所以不用考虑女孩子的创新能力等不足而影响发展。再者,女孩子比较细心,一些程序测试员等岗位需要女孩子,这个行业的有些公司也喜欢女性员工。不管丙同学是否喜欢这个专业,都应该立即展开对自己和专业的探索,尽快定位自己,否则只能感叹大学时光飞逝,然后在毕业时茫然失措,运气好的话可以找到一份工作,如果运气不好则只能听天由命了。

课堂阅读

> 天津卫视《非你莫属》是一档现场招聘类节目。一次,来了一位应届毕业生。主持人问他有什么才艺,他说:"我是个公交迷"。主持人来了兴趣,现场考他。他不但准确无误地按顺序报出了一大堆站名,而且给一对情侣设计了"北京一日游"路线。这名学生对公交的这种专注,为他打开了求职大门。在现场招聘的老总们纷纷亮出非常好的职位和待遇,甚至在现场因人设岗。一位老总说:"很多单位不招应届毕业生,不只是因为他们缺少工作经验,更主要的是他们缺少一种专注的精神。"

2. 目标定位方法

(1)便捷的规划方法

学者伍德(Wood,1990)曾整理出七种一般人常用的生涯规划法,这些方法省时省力比较便捷,但大都是凭直觉做出的,缺乏理性思考,不够科学合理。

①自然发生法:按时间的延续,就着环境,顺其自然地发展。

②目前趋势法:随大流,盲目地投入新兴的或热门的行业。

③最少努力法:选择最容易的活法。

④拜金主义法：选择待遇最好的行业。
⑤刻板印象法：以性别、年龄、社会地位等刻板印象来选择工作。
⑥橱窗游走法：走马观花似地浏览一番各工作场所，再选择最顺眼的工作。
⑦假手他人法：把未来交给别人来决定。

在设定自己的职业目标时，很多学生往往无法根据自己的个性特征做长远的规划，也无法对搜集到的信息进行理性分析，因此武断而草率地做出决定，未来所面临的职业生涯风险就比较高。

你可以借助所谓的操作性的技术和工具或职业指导大师的指点，来确定职业目标。你也可以借助经验的、直觉的、情感的、粗略的、朴素的、传统的和试错的方法，去完成人生设计。但这其中最关键的还是"思想方法"。目标定位是需要经过一番系统地思考的，以下提供了几种恰当的思考方法，在掌握这些方法的基础上，进行全面的理性分析，将有助于拟定科学合理的职业目标。

(2) 树立并固守核心价值观
①你的人生追求是什么

价值观是你想获得的东西，它反映的是一个人的人生追求。核心价值观是你最重要的价值观，它要回答的是"我为什么而活"这个基本问题，是指导个人行为永恒的原则。树立并固守核心价值观是目标定位的关键环节，你必须保证你终生追求的正是你所想要获得的东西，它是人生成败最关键、最重要的因素。偏离了价值观的追求，到头来只能导致无限的后悔和唏嘘感叹。

布鲁克林·德尔提出了职业生涯成功的 5 种方向，这反映的正是个人价值观的差异所导致的不同的职业发展目标。

A. 进取型：升入企业或职业最高阶层。
B. 安全型：长期稳定的工作或业界认可。
C. 自由型：不愿被控制，视成功为经历的多样性。
D. 攀登型：不断尝试、挑战新的工作。
E. 平衡型：在工作、家庭和自我发展之间获取平衡。

②你所应承担的社会责任是什么

李宝元认为一个人的价值体现在他对他人所承担的社会责任上，所以核心价值观的另一层意思是一种关于人应该承担"社会责任"的深刻认识，是一种关于一个人生命意义的敏锐判断和凝练概括，是指导和激发自

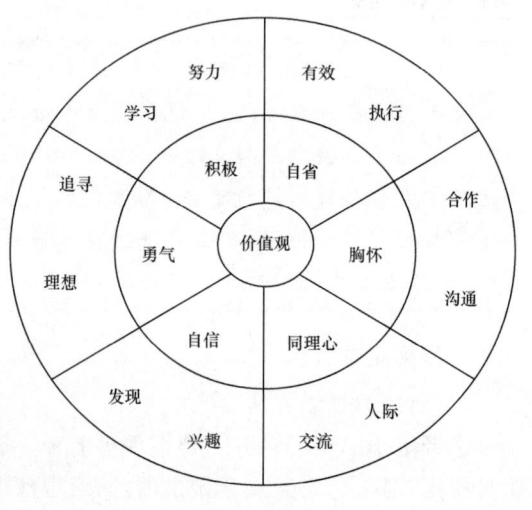

图 6-4 成功同心圆

己待人处事行为的永恒准则。著名经理人李开复在《做最好的自己》一书中，提出了"成功同心圆"说，认为一个人要想获得成功，首先必须拥有正确的价值观。如图6-4所示，价值观处于圆心，是人生的基石，是成功的前提，决定着一个人的人生态度和实际行动。拥有正确的价值观意味着一个人可以在大是大非问题上做出正确的抉择，意味着他是一个有道德、讲诚信、负责任的人，是一个值得信赖、值得托付的人。同心圆的第二层是人生态度，它受价值观指导，是行动的前提。同心圆的第三层是行为方式，它受价值观和态度引导，是态度在学习、生活和工作中的具体表现。

大学生应该将自己的人生追求与所承担的社会责任结合起来，进一步明确现在和将来应该永远固守并追求卓越的事业究竟是什么，形成人生核心目标和职业生涯目标，从而在人生价值和生命意义上实现"自我肯定"，获得成功。

(3) 职业目标三环定位

只有两种工作我们可以坚持做好：一是自己喜欢的工作，你对它有着浓厚的兴趣；二是你觉得有价值的工作，出于责任感和使命感去从事的事业。所以，除了上述根据自己的价值观拟定目标职业之外，兴趣也是个非常重要的因素。

柯林斯提出的"刺猬理念三环图"提供了职业成功所要具备的三个基本要素，如图6-5所示，即职业志趣、职业能力和职业需求，可用于指导职业目标的定位。职业志趣是指"我对什么充满激情"，职业能力是指"我在什么领域能成为最优秀的"，职业需求是指"是什么驱动我的经济引擎"。三环重叠的核心是最理想职业，也就是说，理想职业目标必须是你所感兴趣的，也是你所能够胜任的，同时还必须是能够符合社会需求的。当然，现实中往往难以"三全其美"，可以首先选择能够兼顾两者的准理想职业，然后再根据实际情况进行适当的调整。

如果你感兴趣的职业并非社会热门职业，那怎么办？李宝元认为，不应该放弃职业兴趣而盲目追求热门职业。其实，职业的社会需求大小是相对的，如果需求量大但同时供给量也很大，那么丢掉自己的志趣去赶潮流，就很可能被淹没在恶性竞争的漩涡中而永无出头之日。反之，即使是需求量较小的

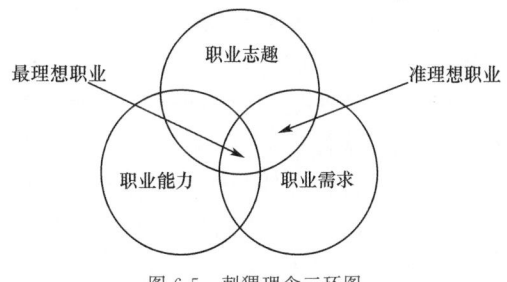

图6-5 刺猬理念三环图

冷门职业，也有可能因为供给更加短缺而成为求职亮点，只要与你的志趣相投，并且孜孜以求，反而更有可能获得成功。这里强调的正是兴趣对职业目标定位的指导意义。

(4) 聪明人的才华战略

我们在做自我探索和目标定位时，有些人总受困于有太多的兴趣、太强的好奇心、太多想做的事情。希腊诗人阿奇罗库斯将人分为两种类型："刺猬"和"狐狸"。他说：狐狸知道很多事情，而刺猬只知道一件大事。狐狸足智多谋，但在刺猬专一的目标面前也无能为

力。刺猬型专家会在一件事情上深入研究,可以把一件事情做到极致,并在这方面成为杰出的人。而那些多才多艺的狐狸,虽然拥有广阔的视野、各种各样的想法以及广泛的兴趣,但却没有足够的时间挨个尝试,最终有可能一事无成。

莱昂纳多·洛斯佩纳托在其著作《聪明人的人才战略》中将狐狸的困惑称为"达·芬奇诅咒",即有多种才华和兴趣,但只有一次生命。达·芬奇有着"无法抑制的好奇心"和"狂热的创造性想象力",他是画家、雕塑家、建筑师、音乐家、科学家、数学家、工程师、发明家、解剖学家、地质学家、制图家、植物学家、作家……

我们当中的很多人都跟达·芬奇一样,有多样兴趣,甚至是多才多艺,但他们中的很多人都是平凡人,所以他们只能面临时光飞逝感、挫败感。受达·芬奇诅咒困扰的人不得不面对的事实是:这个世界属于专家,万事通无路可去。你的专业程度越低,你就离某个领域或市场的顶端越远。莱昂纳多·洛斯佩纳托提出了一个目标定位的方法,帮助受达·芬奇诅咒困扰的人获得成功,让我们复杂的个性在这个偏爱专家的世界中发挥作用,也让那些只喜欢靠自己钟爱的东西谋生的人获得职业发展。

如图 6-6 所示,我们应该将愿望、天赋和金钱结合起来,把希望做的事情,同时既能发挥所长也能赚钱的工作定位为"人生使命"。及时扔掉"垃圾"工作,因为你虽然对它有天赋,但没有激情。尽快放弃"定时炸弹",因为为赚钱而去做你不喜欢的事情并不长久。"私人爱好"是指那些我们想做但或许没有天赋、或许缺乏训练、或许没机会赚到钱的事情,那我们独自享受就好。"公开爱好"则是生活中你乐于追随和挑战的活动,它可能需要金钱的支持,我们不妨享受并分享它。"糟糕的工作"是指那些你有天赋或至少有经验,同时也会得到报酬,但你要么对它

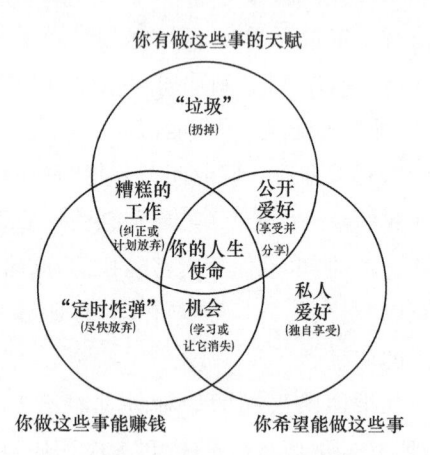

图 6-6 愿望 VS 天赋 VS 金钱

不太热心,要么讨厌它,那我们就纠正自己或放弃工作。你喜欢的事情同时还能赚钱,这就是"机会",你可以开始努力去弥足自己天赋的不足,但机会的另一面是危机,也就是它可能会引领你进入一种不稳定的局势,所以你可能被取代或被迫退出。

(5)职业锚定位

埃德加·施恩的职业锚理论和霍兰德的职业性向理论为我们提供了将个性特征类型与职业类型联系起来的良好方法,这使我们得以在人职匹配的基础上拟定合适的目标职业。职业锚是个人动机、价值观和能力互动作用的结果,是人们选择和发展自己职业时所围绕的核心。职业性向反映的同样是价值观、动机和需求的动互作用,强调个人职业性向与职业类型相适应。这两者都对职业定位具有重要的指导意义。

施恩及后来学者将职业锚分为技术型、管理型、自主型、安全型、创造型、服务奉献型、挑战性和生活型等八种。这八类职业锚的具体解释,详见课后职业定位问卷。霍兰德将职业性向和职业类型分为现实型、研究型、艺术型、社会型、开拓型和常规型六类。学生应

通过职业锚和职业性向心理测试和自我探索,明确自己的职业锚和职业性向类型,然后围绕该类型选择职业目标和发展道路。

有两名会计系的学生,毕业后一同进入同一家公司。十年后,A君从初级会计师发展成为高级会计师,而B君仍是初级会计师,但却管理着全公司所有的各个级别的会计师,而且还计划着往总经理岗位晋升。前者属于技术型职业锚,后者则属于管理型职业锚。技术工作完全不同于管理岗位,工作性质与能力要求完全不同。对于A君而言,会计专业是他的技术专长,他将其发展到职业的最高阶段。当然,技术型的人也可能谋求职能部门主管,即会计部主管,但应该避免全面管理的岗位。而对于B君而言,他对会计专业和工作并不十分感兴趣,该专业是他谋求管理岗位的垫脚石。有些学生就属于比较典型的常规型或实际型,除了专业领域没有其他兴趣,不喜欢人际交往,技术工作非常适合这类人。而有些学生则表现出强烈的管理愿望和卓越的领导才能,技术工作显然难以使他满意。

虽然登上管理岗位被普遍认为是职业上的成功,但技术型的学生必须切记,无须羡慕别人更无须活在别人的眼中,那不是你的路,你必须走自己的路,谋求更高级别的专业职称同样是成功的一种标志。而对于有意谋求管理岗位的学生而言,除了学好专业课外,更应该多阅读和选修管理学、经济学和营销学等知识。

(6)其他方法

①五"What"法

许多职业咨询机构和心理学家进行职业咨询时常常采用五"What"归零思考模式,共有五个问题:

第一个问题:"Who am I?"

第二个问题:"What do I want?"

第三个问题:"What can I do?"

第四个问题:"What can support me?"

第五个问题:"What can I be in the end?"

回答了以上五个问题,找到了它们的最高共同点,你就有了自己的职业生涯规划。特别是明晰了前四个问题,最后一个问题自然就有了一个清楚明了的答案。以下是一位大学毕业生Mary遇到的问题,她应该选择哪条路?

Mary:重点大学,本科,财务管理专业,24岁,刻苦上进,学习能力强,曾在一家财务咨询公司兼职一年,未来的职业目标是成为一名财务、金融行业的高级经理人。现在,她就要毕业了,摆在她面前的路有两条:第一,美国某大学批准了她的留学申请,这个机会是Mary用一年多的辛苦换来的。不过不是财务或金融专业,而是社会学专业;第二,四大会计师事务所中的一家给了她Offer,职位是审计,薪水和待遇均有诱惑力。

根据五"What"方法思考Mary的职业发展方向。关于第一问题,Mary是重点大学财务管理专业本科毕业生,有一年的财务公司兼职经验。第二个问题,Mary想做一名高级财务经理。第三个问题,Mary学了4年的财务管理专业知识,又在财务公司做了一年的兼职,专业与经验基本对口,可胜任财务行业的一些基本工作。第四个问题,目前Mary有两条路:进入业内知名会计师事务所担任审计工作或到美国留学学习社会学。第五个问题,既然Mary想成为高级财务经理,首先必须累积经验,因此最好先进入一家不错的财务公司工作,从基层开始做起,然后再一步步走向更高的职位。经过分析,这五个问题的答案中,指向率最高的是到会计师事务所工作,这也就是答案中的共同点。因此,我们给 Mary 的建议是:先去四大之一的会计师事务所工作,然后再考虑学习,或者在工作中再学习。因为这样做和她既定的职业目标一致,同时她也已经为此迈出了脚步,并且这是她热爱的行业。留学机会得来虽不易,但偏离了自己既定的职业目标,职业生涯绕了弯路。

②SWOT 分析法

在职业发展评估中,我们介绍了该方法,它也可用于进行指导目标定位。SWOT 分析是企业制定竞争战略的起点,在职业选择中通过对自己的优势、劣势、机会和威胁进行分析,发挥自己的优势和避免劣势,利用环境机会和化解威胁,进行目标定位。

首先是优势分析,你可以通过回顾自己"曾经做过最成功的事情是什么""现在学习了什么"等问题,思考自己在知识与技能、性格与专长等方面的优势与特长。其次是劣势分析,包括经验或经历中欠缺的方面、性格弱点、技能短腿等。再次是机会分析,包括对社会大环境的认识与分析、自己所处的学校以及家庭与个人人际关系网络等。最后是威胁分析,包括经济动荡、社会变迁、行业衰退、严峻的就业形势、学校与家庭方面存在的不利方面等。通过全盘考虑,评估和权衡各方面因素,一幅清晰的职业生涯前景图就会呈现在眼前,然后从中选出最佳的发展机会。

3. 如何选择目标职业

拟定目标和实现目标的方案是职业生涯规划的核心和主体,但学生往往在这一部分却束手无策,最后只能随便应付或照抄别人。在职业生涯规划时采取应付了事的态度,往往也是在应付自己的人生。能够对自己做出许诺和勇于承担责任的态度是职业生涯规划有效的重要前提。

在选择目标职业时,首先必须考虑自己的理性和追求。成功从远大理想起步。理想是以现实为根据的一种理性想象,是人们对自己、对社会发展的设想与追求。崇高的理想必然会产生巨大的力量。一个具有远大理想的人,一般同时具有坚定不移的决心、信心和毅力,在困难面前不动摇、不退缩、不迷失方向。常常有些学生质疑理想的可行性,但或许理想的意义不在于理想本身而在于实现理想的过程。也常有学生感叹"毕业后现实扑面而来,而理想却流离失所",生活可能是辛苦的,择业和职业发展可能是现实的,尽管如此,对于大学生而言,此时的你如果不追求理想,那到底是为了什么?其次,考虑人职匹配分析的结果。通过类型与类型的匹配分析,你可以为自己拟定大致的职业发展方向。最后,考虑自己的专业。不管你是否喜欢自己的专业,它毕竟是你大学四年为之学习的领域,你对专业的偏见可能让你无法完全了解一个行业,通过积极的探索,了解与你的专业相关的就业方向有哪些,这些方向的工作性质如何,其中是否有适合自己发展的目标职业。即使你寻找与专业不相关的工作,你也可以根据自己的专业所长确定你的竞争优势和发展方向。不管怎样,多数人都是根据专业找到自己的第一份工作的。

当然我们希望你的理想是你的专业,你的专业和理想符合人职匹配分析。但对多数人而言,这三者并无法对等。因此,首先考虑的是理想和追求,其次是在人职匹配分析中得出结论,最后考虑你的专业。通过这样的思考步骤和过程,最终确定职业发展方向。

第三节　开发计划

一、职业发展路径

1. 两种基本的职业发展路线

在选择职业发展道路时,有两种基本模式,即直线形职业生涯和螺旋形职业生涯。

(1)直线形职业生涯

直线形职业生涯是指终生从事某一专业领域的工作,在线性等级结构中,从低级走向高级,不断取得更大的权力,承担更多的责任和获得更多的报酬。如沿着实习生、服务员、领班、主管、部门经理、总监、总经理这样的职位阶梯升迁。

(2)螺旋形职业生涯

螺旋形职业生涯是指一种跨专业的职业生涯方式,围绕着职业锚这个核心,从事不同的专业工作,不断找到发展的新起点。如围绕着安全型职业锚,先后从事公司文员、学校教务秘书、政府部门公务员等不同职业。

2. 职业生涯甜筒图

施恩提出了一个关于个人在组织中发展的三维模型,即职业生涯甜筒图,如图6-7所示。

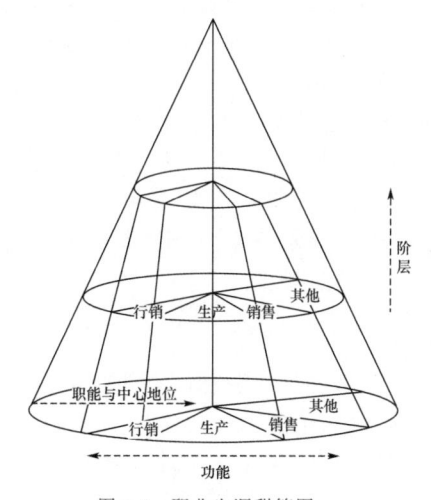

图6-7　职业生涯甜筒图

(1)向上发展

可以沿着椭圆边上的直线向上升迁,比如在销售部门,从销售员荣升为销售主管、销售经理或销售总监等。每种职业或组织都有自己的等级制度,能否在公司的职务阶梯上提升是评判成功与否的普遍标准。当然,对成功的评判标准会因人而异,晋升与金钱可能是通用的标准,但工程师的专利数量、教师的声望、部门经理的预算额度等对其他人而言可能更为重要。

课堂阅读

● 剩者为王。所谓剩者,看起来是剩下,但其实质是,大凡能剩下者不少人成了"王",即便成不了王,也是骨干分子,这几乎是一条典型的职场铁律与法则。一般来讲,在一个团队部分或大部分人离开,剩下的人员,要么其具有较好的团队精神;要么十分敬业;要么在某一方面有优于他人的才干且能独当一面,执行力强;要么纯粹是心态良好,耐得住寂寞,坚持在简单的事情重复地做与快乐地做的日子里,将自己的追求与目标融入团队的使命之中,自觉勤于本职,踏实尽心尽责。

(2)横向发展

如果没有提升的机会,也可以在同一椭圆内(同一级别)向本部门的其他职位或别的部门发展,扩大工作领域,增加工作经验,提升职业宽度和职业综合竞争力。这种变化可能来自个人努力,也可能与公司提供的培训平台和发展机会有关。人们通过变换工作来换取多种不同的技能。对于有些人而言,短期的水平切换可累积丰富的经验和完善管理技能,为将来的发展打下基础,是寻求升职或新的工作机会的人不可多得的财富。

课堂阅读

● 跨界而生。对职场人士来说,职场是一个缓慢向前同时需要自己审时度势、不断调整方向努力的过程。所以,现阶段职业生涯规划与未来职业发展有一定的承接性,但也不会是完全相同的。在某种外力或机会的催化下,个人的职业发展在某个时间点上可能出现令人诧异的华丽转身。炒菜师傅转身成了经营者、外语老师成了网站 CEO、公务员成了畅销书作家等。世界正朝着一个"跨界"的方向发展,在新的时代背景下,个人职业发展不再"从一而终",多元化、多技能、多身份已成为职业发展的一种新时尚。智者总能随时代变化而改变,在保证正职工作不断提升的基础上,我们需要进行适当的跨界发展,即利用适当的条件去培养自己某种技能、新的兴趣点或创建新的平台。

(3)在椭圆中心向上发展

这是一种微妙的发展,该职员必须充分理解企业政治,具有圆滑的人际关系。一些人判断成功的标准是:"个人是否渗入组织的核心层",获得影响力和权力,但它并不一定要伴以职位或技能的提升。例如,处于同一个级别的两个部门主管,他们可能跟椭圆中心(最高决策层或管理层)的距离是有远近的,其中一人能更多地得到领导的器重和使用,除了具有一定的管理地位和话语权外,还能得到一些专门的特权或特别的培养或融入最高决策层或管理层的工作之外的领域等。一旦获得这样的机会,职业的成长线就是坐直升机提升。

3. 矩阵式职业发展路径

在企业管理领域,矩阵式组织结构有日渐流行的趋势。目前,矩阵式组织结构被 IT 行业、咨询机构、研究院所等广泛采用。在矩阵式组织结构中,纵向为专业导向,由专业人士负责,顺应专业发展的规律;横向为问题导向,由项目领导管理,以解决实际问题为目的。在矩阵式组织中,组织管理者为了满足员工职业发展的多方需要,应为员工设计多种职业生涯发展通路,如图 6-8 所示。

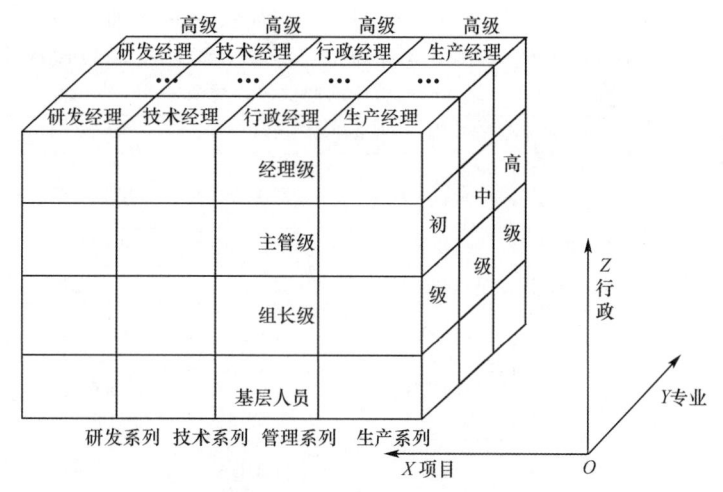

图 6-8 矩阵式组织的员工三维职业道路

矩阵式组织中的员工至少可以有以下六种职业发展方向:

(1)Z 向发展——在同一专业上向行政高度发展成为管理专家。这是传统意义上的发展之路,它主要体现员工在组织内部的职位(或头衔)的上升。随着扁平化观念的深入人心,组织内层级逐步减少,管理幅度相对增大。这意味着对于绝大多数员工而言,Z 向发展是一条淘汰率极高的发展路线,它不可能成为员工职业发展的主要通路。例如,业务员—区域经理—大区经理—销售总监—总经理。

(2)X 向发展——在不同专业之间转换,成为项目专家。在这一维度上,组织根据员工的特长进行工作轮转,通过轮岗发展员工的多重职业技能。X 向发展是组织中有利于大部分员工持续发展的一种通路。例如,程序员—技术架构师—营销/管理人员—项目经理。

(3)Y 向发展——在同一专业上向纵深发展,成为技术专家。即从一般部门职员发展成为技术专家,这种发展又称为"职级"发展。例如,科研人员从研究实习员、助理研究员到副研究员,再到研究员;人力资源管理人员从人力资源管理员到人力资源管理师,再到人力资源管理专家等,技术水平的提升不断将员工推向职业发展的顶点。例如,技术员—工程师—技术总监/高级工程师。

(4)ZX 向发展——在管理和项目两个维度上发展,成为项目管理专家。这种发展是员工经过多次轮岗以后,在掌握了多种职业技能的基础上,加深对项目运行方式的全面了解,在项目管理领域沿着行政高度继续发展。通过这种通路发展的员工,既全面了解项目运行情况,又拥有一定的行政权力,是项目完成的有力保障。例如,技术人员—研发人员—项目负责人—项目副总经理—总经理。

(5)ZY 向发展——在行政和专业两个维度上发展,成为技术管理专家。该职业通路强调员工在本专业领域不断深入的基础上向行政管理方向迈进,成为组织内的高级技术管理人员,即"专家型管理人才"。例如,总设计师、总工程师等。这部分员工是组织中的技术专家,其在专业领域中的权威地位将为个人行政地位的升迁提供有力支持。例如,财务分析员—会计主管—财务总监—财务副总经理/总经理。

(6)XY向发展——在项目和专业两个维度上发展,成为项目咨询专家。员工在专注于本专业的同时,向相关专业领域拓展,并最终成为技术面广、专业深入的"T型人才"。在实际工作中,真正能在项目咨询方向达到一定高度的员工少之又少,而这些人往往又会由于无法完全发挥个人价值而最终离开组织,成为专业的培训师、咨询师。例如,程序员—首席信息官—独立IT咨询/顾问/讲师。三维职业道路的职位设计简表见表6-9。

表6-9 三维职业道路的职位设计简表

职业道路	职位设计举例				发展目标
Z向管理专家	职员	部门主管	部门经理	副总经理	总经理/厂长/行政副总
X向项目专家	技术人员	研发人员	营销人员	管理人员	项目经理
Y向技术专家	待定级研究人员	研究实习员	助理研究员	副研究员	研究员/高级工程师
ZX向项目管理专家	技术人员	研发人员	项目负责人	项目副总经理	总经理/项目副总经理
ZY向技术管理专家	研究实习员	助理研究员/技术负责人	副研究员/技术主管	研究员/产品经理	总设计师/总工程师
XY向项目咨询专家	技术人员	研发人员	项目负责人	项目经理	咨询专家/顾问/讲师

4. 无边界职业生涯

然而,社会大环境在发生变化,职业和雇员本身也在发生变化,在同一组织中一直做下去已不现实,终生雇佣制不再是一个理想的职业模式。不管是个人还是组织,都出现了新的需求。近年来,兼职工不断出现并日渐发展成为一个群体,可供选择的工作方式包括永久性全职工作、非全职工作、弹性工作、加班工作、轮班工作、兼职或多重职业、远程办公、工作共享等。职业发展已出现很多不同的模式,如无边界职业生涯,未来必将会更为多元化。

无边界职业生涯是指超越某一单一雇佣范围设定的一系列工作机会,即员工不再是在一个或者两个组织中完成终生职业生涯,而是在多个组织、多个部门、多个职业、多个岗位实现自己的职业生涯。

在知识经济时代,无边界职业生涯被认为是大学生职业发展的基本模式。一方面,未来的职业发展受制于主客观因素的影响,且存在很大的不确定性,大学生在求职过程和职业发展中,必然根据现实的可能性,选择适合自己的职业方向。另一方面,大学生往往难以终生只从事一种职业,他们必将在多个岗位、多个组织、多个职业中实现自己的职业生涯,特别是就业3~5年后的职业生涯二次选择期,他们会向着适合自己个性、更利于职业生涯成功的职业转换。

无边界职业生涯的本质是职业生涯的不稳定性,多维的职业生涯转换是其基本表现。无边界职业生涯转换可以分为三个层面:组织内的转换;组织间的转换;职业间的转换。当然,这并不是鼓励频繁地、盲目地跳槽。无边界职业生涯并不是没有规划的、随波逐流的职业生涯,它更需要学生根据环境和自身变化做出规划与调整,在寻找职业锚的过程中,通过提升职业技能和培育社会资本等手段,提高职业的适应性和灵活性。

二、拟订行动计划

1. 计划及其有效性

(1) 计划及其要件

计划方案是一种文件,它规定了怎样实现目标,通常描述了资源的分配、进度以及其他实现目标的必要行动。哈罗德·孔茨认为,"现实是此岸,理想是彼岸,中间隔着湍急的河流,行动则是架在河上的桥梁"。所以,计划是为未来制订的,是对未来行动的预先安排。计划方案主要是为了弥补现在与未来的差距,以实现未来目标。

计划要件一般包括 5 个 W 和 2 个 H,即①what to do;②Why to do it;③When to do it;④Where to do it;⑤Who to do it;⑥How to do it;⑦How much to do it。你是否拟订了一个较为完备的计划,可以根据上述这 7 个要件进行评估。

(2) 计划的有效性

行动计划必须注意其有效性,多数学生拟订的计划大都是泛泛而谈,缺乏针对性,无法真正指导实践。这主要是因为他们对环境信息的探索不够,对自己现在与未来理想状态之间的差距没有清晰的认知,自然难以提出有效的弥补差距的措施。

第一,有效的计划方案必须针对不同的阶段任务与特征展开,包括几个实现目标的步骤,同时还必须具体地指出有利于与不利于目标实现的各项措施。第二,计划的拟订还需要考虑社会、家庭和组织的需求、规范和价值观,毕竟计划不是在真空中执行的。你的时间和精力是有限的,你愿意为实现你的目标投入多少?在多个目标之间你是要兼顾还是能够取得平衡,如果为了实现一个目标而需要放弃与家人、爱人、朋友相处的时间,你是否愿意接受?第三,有效的目标能够提供反馈并具有允许及时做出调整的灵活性,计划不仅仅是为了实现目标,它还可以用于检验自己的个性特征及其与目标职业的匹配性,通过在做中学(Learning by Doing)进一步认知自我与环境。第四,通过观察生活和与亲友、专业教师和业界人士等交流讨论,识别方案的有效性。第五,多数时候是不存在唯一的"最佳"方案的,不应该将自己局限在一个方案上,可以尝试几个不同的方案。

2. 拟订计划方案

拟订计划方案,将目标转化为切实的行动,这是职业生涯规划中最关键、最重要、最艰难的一步。在这一步,你必须在信息探索的基础上实现对未来的设想,同时还必须忠于承诺和具有强大的执行力。"知易行难",很多职业生涯规划正是因此变成了"纸上谈兵"或流于形式。

首先,你必须整合和平衡短中长期目标与计划。见表 6-10,目前的职位能帮你获得希望得到的工作吗?你可以做些什么来增加目前职位作为踏脚石的价值?中期目标的实现是否有利于实现长期目标?而实现这些目标需要你在经验、训练、个人特质和形象等方面做哪些准备?需要某人的政治支持吗?大学生对于自己大学生活的规划同样也可以借鉴该表格,你所选修的课程、所参加的活动、所寻求的资源等必须要有利于你最终目标的实现。

其次,针对每一个目标制订详细的执行方案,特别是短期目标的实现。大学生职业生涯规划应该对大学四年的学习和生活计划有更为明确和具体的行动方案。见表6-11,需要将你的目标进行分解,明确主要措施与事务,并进行日程安排,以及能够对未知变化做出一些评估与调整。

表 6-10　　　　　　　　　　短中长期的事业计划表

阶段	经验	训练	个人特质和形象	某人的政治支持
最终目标: 职位 公司/部门 达成日期				
中期目标: 职位 公司/部门 达成日期				
其他有踏脚石价值的职位				
下一份职业				
目前职位				

表 6-11　　　　　　　　　　职业生涯行动计划日程安排表

日程	目标分解	主要措施	事务安排	补充和调整
第一季度: 一月: 上旬 中旬 下旬 二月: 三月:				
第二季度				
第三季度				
第四季度				
年度总计划				

最后,填写一个更具体的计划表(表6-12)。计划是为未来制订的,是对未来行动的预先安排。计划工作就是在现在和未来之间搭起了一座桥梁。选择了目标职业之后,就需要拟订和执行一些具体的计划,以保证在未来可以获得该目标职业。通过信息探索,能够了解为了实现该目标职业所需要具备的知识、技能和其他条件,将这些内容列下来,并为获得这些内容撰写一份具体的执行方案。

表 6-12　　　　　　　　　　　大学生职业生涯行动计划表

目标职业		目标职业 1	目标职业 2	目标职业 3
所需知识	主要知识(What)			
	执行方案(How)			
所需技能	主要技能(What)			
	执行方案(How)			
其他条件(资质、经验、资源等)	主要条件(What)			
	执行方案(How)			

3. 行动的力量

规划是思维的体现,行动是开花结果的支脉。没有切实有效的行动,再好的规划都是枉然。执行是目标与结果之间的桥梁。大学的时光转瞬即逝,回想当初的规划似乎却都没完成。当我们叩问原因时,听到的更多的理由是"我太懒了"。生活中,很多人都在歌颂"坚持"的价值,但却很少有人去探讨坚持背后的原因。

首先,我们要找到拖延行动的真正原因。请回忆自己过去的经历,想一想有哪些事情你应该去做但却没做的,或者某一次的行动拖延。将这些事例以及你拖延行动的原因填在表 6-13,至少写 5 个事例。这些原因有些是不可控的,有些是可控的外界因素,但更多的可能是自身原因。

表 6-13　　　　　　　　　　　拖延行动的原因

事例	原因
第一事例	
第二个事例	
第三个事例	
第四个事例	
第五个事例	

其次,要有意识地去控制和激励自己的行为。一方面,你必须自我激励,自我激励是保持热情和持续性行动的燃料。另一方面,任何人都有惰性,你需要用一些方法来控制自

己的行为。很多这方面的书籍和项目在培训我们激励和控制自己的行为,例如:罗曼·格尔配林的《动机心理学》、理查德·卡斯威尔的《征途捷径》、柯维的《高效能认识的七个习惯》、斯科特的《拖延心理学》、古川武士的《坚持,一种可以养成的习惯》、加布里埃尔·厄廷根的《反惰性》、菲尔·奥莱的《极简目标管理法》和迪安·德尔·塞斯托的《快行动,慢思考》等。然后针对自身原因,在生活中、学习上以及日后工作中有意识地去激励和控制自身行为,逐步养成高效率的行为习惯。

再次,让青春在火热实践中绽放绚丽之花。党的二十大报告号召我们践行伟大建党精神,即"坚持真理、坚守理想,践行初心、担当使命,不怕牺牲、英勇斗争,对党忠诚、不负人民"。真理、理想、初心、使命都是我们保持热情和行动力的重要原因,让我们在职业生涯发展的道路上前进动力更加强大、奋斗精神更加昂扬、必胜信念更加坚定。我们一方面要保持战略定力,另一方面要发扬斗争精神。职业发展的行动力还体现在"敢于斗争、善于斗争"。新时代的伟大成就是党和人民一道拼出来、干出来、奋斗出来的!党的二十大精神激励着我们在职业发展道路上保持志气、骨气、底气,不信邪、不怕鬼、不怕压,知难而进、迎难而上,全力战胜前进道路上各种困难和挑战,依靠顽强斗争打开事业发展新天地,而这就是行动力。

4. 职业生涯开发策略

明确了自己职业生涯的总体目标和基本路径后,还需要将之具体化为人生各阶段的具体目标和特定任务,以及实现这些目标和任务所应该采取的相应行动及措施。有人说,"三十岁以前,从工作中学经验;四十岁以前,在工作上交朋友;四十岁以后,靠累积的资本升职或创业。"这是一般的职业发展策略,体现了清晰的、有规划的职场道路。主要的职业生涯开发策略包括充电学习、胜任现职、加班工作、开发技能、拓展机会、拜师访友、树立形象以及自我监督等。

(1)练内功策略

该策略主要是通过教育与培训,提高自身的竞争力,并在实际工作中取得业绩,获得外界认可。首先,可以根据自身条件和职业目标,选择教育与培训渠道。其次,根据培训目的,挑选合适的培训方法。

学习是一生应该培养的重要习惯之一,在校期间,大学生应该做好时间管理和自我监督,多阅读、多思考,在扩大知识面的基础上,根据个人兴趣与专长深入学习,同时注意构建合理的知识结构。在校期间,大学生还应该注意积极参加实习与实践,理论联系实际,为行动而思考,为思考而行动。毕业后走上工作岗位,时刻保持对知识的渴求和良好的学习心态仍是十分重要的。就业是另一阶段学习的开始,在社会上和职场上学习待人处事之道,专研工作上的专业领域。况且现在职场上的工作要求和竞争压力越来越大,如何应对社会和职场的变化与需求,只能首先从自身寻找提高技能的途径,不断提高职业灵活性和适应性。另外,还必须注意平衡工作要求与自身学习之间的关系,不能因为工作忙而忘了自我学习,有时候十分有必要安排一些时间开发第二技能。

(2)练外功策略

该策略主要是指个人通过充分地开发自己,主动地展示自己,为自己的职业生涯创造更为有利的条件。首先,必须保持自尊与自信,这是自我表现的前提。其次,主动而积极地自我展示,展示自己的职业理想和追求,同时通过实际工作表现证明自己。任何东西都可以失去,只有自信心不能失去。大学生应该强化自己过往的成功经历,同时积极参与校园内的一些活动,通过组织和参与这些活动,逐步培养自己的自信心。有很多学生,来到大学以后,能够主动地融入大学生活,积极参与社团活动和社会实践,与周围的同学友善交流并协作共事,树立了很强的自信心。但有部分学生则刚好相反,原本自信的他们开始怀疑自己,甚至时常感到自己一无是处。这些学生首先还是需要融入周围的群体,同时寻找自己的优势、特长与个性上的优点,找到适合自己的方向,试着去实现自己一个个小小的目标,重拾自信心。另外,尽量正面地去看待周围的人和事,学会自我鼓励。有些实习后的学生都会感到,只要自己今天不主动去做事,就会被领导批评。这主要是被动学习的习惯延伸至工作场所的表现。除了自身能力外,你更应该让你的上级和周围的同事看到你的能力。当然,自我表现并不是口若悬河地夸自己,而是表达自己的理想和追求,同时脚踏实地地做好眼前的工作,通过实际业绩来说话。

(3)关系策略

事业成功离不开良好的人际关系网络。人际关系是一种重要的资源,它可以使你事半功倍,它也可以使你郁郁不得志。积极拓展交际圈、寻找生活中的良师益友、拜访客户与领导、管理职场上的相关利益者,这都是职场成功的重要课题。有些学生过分轻视人际关系的重要性,他们往往极力回避亲朋好友的推荐或帮助,而总是想着自己到"外面闯一下",这多数是源于这个年龄段的学生寻求独立和自我实现的心理。有些学生则过分看重人际关系,认为大学生求职比拼的是社会资本而非个人能力,并罗列了很多例子加以说明。有些出生农村的学生因此自怨自艾,放弃了个人努力。有些出生富裕家庭的所谓的"富二代",相信自己的"好爸爸"会给自己安排个好工作,也因此放弃了个人努力。

上述两类学生对于该策略的看法截然相反,其实都是不准确的。对于该策略不应该嗤之以鼻,也不应该过分看重。人际关系是决定待遇和发展的重要影响因素,但自身的能力和成绩才是决定性的因素。总之,首先需要对关系策略有个正确的认知,其次,不管是否有关系,关键还是需要考虑自身的情况。

另外,有些大学生困惑于人际关系的复杂性,其实,只要你能真诚待人,相信别人也可以这样对你。即使别人无法这样待你,你的真诚也能为你赢得真正的朋友。在与同伴相处时,还应该提高个人情商与沟通技能,同时还需要对表6-14中的三类关系有正确的辨析,对于别人的误解你也才能泰然处之并大方应对。

表6-14 三类人际关系比较

关系类型	对待原则	对待方式	互依形态	互动效果 正向情绪	互动效果 负向情绪
家人关系	讲责任	全力保护	无条件	无条件信任 亲爱之情	沮丧;其他 焦虑;愤怒或敌意
熟人关系	讲人情	设法通融	有条件	有条件信任 喜好之情	其他焦虑; 愤怒或敌意
生人关系	讲利害	便宜行事	无依赖	有缘之感 投好之情	愤怒或敌意

5. 大学生涯阶段任务及特征

(1) 阶段任务

大学生涯处于职业生涯发展的早期阶段。这个阶段的主要任务是完成对自我的认知和职业的探索,并结合职业理想与职业生涯的预期在学校相关部门和人员的帮助下,规划大学学习、生活与工作,提高综合素质与就业竞争力,为未来的就业奠定良好的基础。

首先,大学生正处在生涯探索期和生涯建立期的转换阶段,职业探索是该阶段的主要任务。但大学生群体缺乏职场经验,人生经历也不够丰富,对自我探索往往存在疑虑和迷惘,同时也无法通过亲身工作经历获得真实的反馈信息,探索过程存在诸多障碍。其实,信息获取的渠道仍然是很多的,你可以通过和父母、亲友、同学、专业教师等进行交流和讨论获取信息,你也可以通过网络、论坛、讲座等获取很多有用的信息,你还可以在课堂学习和实习实践中有意地搜集相关信息,并尝试性地开始选择并发展相关技能。在规划过程中,学生并未完全而充分使用这些渠道。

其次,大学生的职业理想和偏好以及对职业的期望也将日渐清晰。职业理想指人们对未来职业表现出来的一种强烈的追求和向往,是人们对未来职业生活的构想和规划。在这个阶段,职业偏好也开始出现,并逐步形成一两种具体的职业选择。一旦心目中有了自己认为理想的或所喜爱的职业,就会依据该职业目标,去规划自己的学习和实践,为获得理想职业而做各种准备,使职业偏好逐渐具体化、特定化,并实现职业偏好。

大学阶段是人生的重要转折点,对个体一生的职业发展具有重要的意义。通过完成该阶段的职业生涯规划任务,有利于大学生个性的发展和综合素质的提升,认清就业形势,转变就业观念,准确定位,明确人生未来的奋斗目标,合理安排大学的学习生活,最终促进个体成长和提高未来就业满意度。

(2) 阶段特征

大学阶段一般包括四个学年,每个学年的具体任务又具有不同特征。

大一探索期,学生刚刚步入大学校门,面临着生活自理、学习自觉等一系列自我教育问题,心理和思想发生急剧变化,对大学生活和专业学习比较迷茫。在这个阶段,大学生首先应该树立"即来自则安之"的良好心态,积极适应大学生活,尽早适应大学学习方式。其次,了解本专业的教学目标和发展前景,端正专业态度和树立牢固的专业思想。最后,初步了解职业生涯规划的理念和自我认知的方法,加强对自己专业和个性特征的探索和认知,在专业培养计划的基础上初步设定大学学习、生活与实践任务。

大二规划期,学生经过一年对大学生活的适应,初步掌握了大学生活规律,并已经意识到探索的重要性,开始真正从现实角度关注自己的成长,主动进行能力提升训练,希望自己快速成长。但受经历、经验、自制力等主客观因素的影响,有些学生会推迟决策或懒于执行计划,甚至出现倦怠现象。如果这样的现状持续下去,大学教育将很难带给你积极的变化。所以,在这一阶段,大学生第一应该注意自己的这些负面情绪和反应,主动调整自我状态。第二,多体验,多尝试,如参加校园活动和社会实践等,以进一步了解自己和提升自身能力。第三,树立职业生涯规划意识,了解与专业相关的就业信息和劳动力市场,增强紧迫感。第四,进行职业定位和目标设定,拟订初步的行动或深造计划。

大三能力提升期,学生没有了大一、大二时期的新鲜感,可能你沦为了"无事忙"一族,也可能你属于自我放任的一群,但这一阶段这是职业生涯规划的重要时期,也是最容易被学生忽视和浪费的一个学年。有些学生则通过前两年的职业生涯辅导和能力锻炼,各项素质得到了明显提高,职业方向更为明晰了或者开始纠结于多元化职业方向,即考研、考公务员、出国还是创业、就业?在这一阶段,大学生首先应该全面提升自己的职业技能和个人素质,进行潜能开发,必要的时候去获取知识、技能的学术和资格认证。其次,加强个人的自我管理,如时间管理、压力管理、情绪管理等。最后,制定详细的职业生涯规划,盘点自己的过去以及计划执行情况,做出评估和调整。

大四就业准备期,毕业生就业工作即将全面展开,学生的心理较为浮躁,不仅要关心职场招聘,还必须兼顾学业、考证或考研,感觉"心力交瘁"。甚至面临步入社会、走向工作岗位、角色面临转换等而感到恐惧。在这一阶段,大学生首先应该做好时间管理和任务管理,在兼顾好各项工作的基础上,对自己明确的目标全力以赴。其次,掌握就业政策、就业信息的搜集方法,端正就业观念与心态,提升就业技能,包括简历制作、面试技巧、职场礼仪。再次,重视实习工作,通过实习及参加招聘会,逐步明确就业意向,进一步进行探索,必要时做出调整。最后,做好入职前适应工作,提升心理素质,正确看待面试失利和同学间的比较,同时构建和应用社会支持系统。

第四节 评估调整

一、评估与调整的必要性

1. 保持计划工作的灵活性以应对未来变化

职业生涯规划属于一种计划形式。很多学生认为未来不可预测,计划赶不上变化,计划方案会禁锢个人的思想和行为,因此质疑职业生涯规划的有效性。计划是应对变化的,但同时又不能消除变化。计划可能导致思想和行为的刚性与僵化,使你把注意力集中于今天的竞争而不是明天的生存上,甚至可能减弱个人主动性和损害创造性与革新精神,它也可能通过强化成功的经验而导致失败,这些都是计划工作本身的弊端。但这些弊端不足以否定计划工作的有效性。不是因为未来存在变数而使计划无效,正是因为未来存在变数而凸显计划的重要性,如果你连最基本的计划都没有,那如何应对变化。计划是一种具有稳定性和权威性的结果,其本身意味着不可轻易改变的承诺,但这并不意味着计划是对变化的否定或会成为行为调整的障碍。

计划着眼于未来,首先应该具有预见性。外界环境的变化既有机会也有风险,计划的任务就是洞察未来的机会并将风险降至最低。其次,计划工作是一个持续的过程,应当准备在环境发生变化时改变前进的方向,保持这种灵活性在计划实施阶段是非常重要的,灵活性和改变航道本就是计划工作的重要原则。人生风云多变幻,计划最大的挑战在于如何应对未来的不确定性,从而更好地平衡计划的稳定性和灵活性。现阶段的中国社会与经济环境变化很快,职场环境与职业模式也日新月异,现代大学生对工作的需求和定位日益多元化,这些变化都促使大学生职业生涯规划必须是在动态环境下进行的,科学的评估和必要的调整是保证计划工作有效性的有力保证。

2. 及时对反馈信息做出反应以保证目标与方案的有效性

职业生涯管理是一个持续不断的动态过程,在设定了职业目标与计划后,因应情势实施和根据反馈做出评估与调整。当你在实施自己的职业选择时,无论是通过学习、求职还是工作的方式,你都有可能会在某个时候感到不舒服、受阻碍或觉得厌倦与疲惫,你甚至可能会因为某些负面的感受而不得不放弃曾经一度令你心仪而成为你首选的职业。这些都是你在执行计划时所获得的反馈信息。你也可以通过探索进行事前评估。你需要运用这些信息检验已拟定的目标与计划的有效性,检验的结果可能告诉你必须做出一些改变或调整来修正自己的目标与行动计划。这一点也说明了职业生涯规划和管理本就是集中于问题解决的,它是一个学习的过程。

职业生涯规划是一个连续不断、周而复始的循环过程。职业目标定位确定的是职业生涯的基本方向,一旦确定就应该长期固守,而具体的职业阶段性目标,则需要根据情势变化而不断调整。一个人要想取得成功,不仅要有明确的目标、周密的计划和强大的执行力,还需要建立随时化解矛盾、及时处理冲突、不时应对危机的职业生涯反馈和调整机制。职业决策这个过程从来未曾停止过,只不过某些时候它处于暂停状态而已。很有可能你需要多次回到职业生涯这个题目上来。你永远也不会结束职业决策,因为职业生涯规划在很大程度上也就是对人生的规划,它是终生教育的一部分。

二、搜集反馈信息

1. 信息渠道

你可以通过很多渠道进行预见性的评估和搜集反馈信息。首先,在进行自我探索和环境探索过程中,你可能已经感觉到了问题的存在,比如面对你感兴趣的职业,你可能觉得自己性格不适合或缺乏进入该职业的技能或资格,你父母也可能会提出比较强烈的反对意见,如果这些情况真的发生,那你该怎么办?其次,通过与相关人士交谈、讨论获得进行事前评估的信息,这些人包括你的专业老师、已毕业的师兄师姐、同行业的亲朋好友或成功人士等。最后,你自己是最好的获取反馈信息的渠道,当你去执行你的计划时,你的亲身感受、你所观察到的你自己的工作和家庭以及周围同事的变化等都可以为你提供十分有用的信息。

2. 注意事项

在搜集反馈信息时,第一,要注意职业生涯早期的一些危险信号。第二,要真诚地面对自己的内心,关注自己对一些经历的亲身感受。第三,愿意"睁眼看世界",并在合适的时候勇敢地做出改变。第四,保持持续的监控与评估,时刻对照你的计划方案,你是否实现了或更接近了你的目标与期望的结果?第五,从各种经历中进行反思与学习,必要时做出调整。第六,经常与前辈或优秀人士进行比较和交流,真诚地与同辈人分享自己的经历与感受。第七,反馈信息还可能来自非工作环境,特别是家中父母与亲友的感受、态度和建议,在你成家之后,这方面的信息就显得格外重要,因为工作与家庭必须能够取得平衡。

三、拟订调整方案

1. 如何评估

在拟订调整方案时,需要先后考虑以下三个问题:①在实现上述理想目标和职业路径的过程中可能会遇到哪些问题?②当这些问题和情景发生时,我该怎么办?只需要做一些小调整或是需要转换跑道?③择业和职业发展的其他可能性,这些可能性来源于社会机会、家庭支持、自我个性特征等,针对这些可能性另拟订一份职业计划。

2. 如何调整

根据事前评估和事后反馈所获得的信息,你必须拟订调整方案,这有助于你在求职或职业发展过程中成为一个有准备的人。调整方案有时候就是另外拟订一份计划,这个计划主要是为了应对一些不理想的现实状况,但它最终还是希望能够实现你的理想目标。很多大学生在毕业后真正实施的其实是调整方案,而不是预先设计好的为了实现目标职业的计划。

调整方案中包含很多的改变。比如你可能会在同一职业内寻找另一个职位,也可能会完全改变自己的职业,也有可能是曾经一度令你激动的职业失去了挑战性,因此你确实需要在职业方向上做一个大的改变来激励自己。这种变化的原因包括职位晋升、失去职位、家庭或企业搬迁、工作条件的变化等。

对于大学生而言,你在进行自我探索的过程中,可能发现自己具有双气质类型;在进行环境探索的过程中,可能发现自己的父母对你的工作已经做出了安排;当你毕业后,可能发现某个新兴行业对人才的需求量非常大。针对这些可能性,你需要另外拟订一份计划。当你理想职业因为家庭约束或社会条件不支持等原因而短期内难以实行时,你就需要立即启动事先拟订的调整方案。对于考研和考公务员的学生而言,调整方案尤为重要。

体验活动

生涯决定平衡单

在面临各种选择情境时,你该如何去分析各项方案的利弊得失,然后做出最合适的决定?请参考以下的说明和范例,尝试拟定一份属于自己的生涯决定平衡单。

1. 注意事项

(1)尽可能把所有的选择方案都列出来。

(2)理性地分析各种选择方案,以提高分析后所得结果的参考价值。

2. 步骤

(1)将有关此项决定的选择方案列出来。

(2)此项决定所要考虑的项目有哪些?(请参考范例1)

(3)分析各选择方案在每个项目上的得失,计分范围1~10,由自己去评价。

(4)合计各个选择方案的"得""失"总数。

(5)计算"得失差数"。

(6)请你依据各项考虑因素对自己的重要程度,分别给予1~5倍的加权(请参考范例2),然后写在表 6-17 内,接着将你刚才所完成的平衡单分数乘上括号内的分数,写在加权后的平衡单表 6-18 中,最后将总分计算出来。

范例1:王大同的平衡单(表6-15)

表6-15　　　　　　　　　　王大同的平衡单

考虑项目	第一方案(就业) 得+	第一方案(就业) 失−	第二方案(国内深造) 得+	第二方案(国内深造) 失−	第三方案(出国留学) 得+	第三方案(出国留学) 失−
1.适合自己的能力	5	—	6	—	6	—
2.适合自己的兴趣	3	—	6	—	7	—
3.符合自己的价值观	—	−4	4	—	8	—
4.满足自己的自尊心	—	−3	4	—	8	—
5.较高的社会地位	—	−1	3	—	5	—
6.带给家人声望	—	−2	2	—	7	—
7.符合自己理想的生活形态	2	—	2	—	5	—
8.优厚的经济报酬	8	—	—	−7	—	−8
9.足够的社会资源	2	—	—	−4	—	−9
10.适合个人目前处境	6	—	1	—	2	—
11.择偶以建立家庭	7	—	—	−8	—	−8
12.未来具有发展性	4	—	8	—	—	−9
合计	37	−10	36	−19	48	−34
得失差数	27		17		14	

范例2:王大同加权后的平衡单(表6-16)

表6-16　　　　　　　　　　王大同加权后的平衡单

考虑项目	第一方案(就业) 得+	第一方案(就业) 失−	第二方案(国内深造) 得+	第二方案(国内深造) 失−	第三方案(出国留学) 得+	第三方案(出国留学) 失−
1.适合自己的能力(×5)	26	—	30	—	30	—
2.适合自己的兴趣(×2)	6	—	12	—	14	—
3.符合自己的价值观(×4)	—	−16	16	—	32	—
4.满足自己的自尊心(×2)	—	−6	8	—	16	—
5.较高的社会地位(×3)	—	−3	9	—	15	—
6.带给家人声望(×2)	—	−4	4	—	14	—
7.符合自己理想的生活形态(×5)	10	—	10	—	25	—
8.优厚的经济报酬(×3)	24	—	—	−21	—	−24
9.足够的社会资源(×2)	4	—	—	−8	—	−18
10.适合个人目前处境(×5)	30	—	5	—	10	—

(续表)

考虑项目	第一方案(就业) 得+	第一方案(就业) 失−	第二方案(国内深造) 得+	第二方案(国内深造) 失−	第三方案(出国留学) 得+	第三方案(出国留学) 失−
11.择偶以建立家庭(×4)	28	—	—	−32	—	−32
12.未来具有发展性(×3)	12	—	24	—	—	−27
合计	139	−29	118	−61	156	−101
得失差数	110		57		55	

表 6-17　　　　　　　　　　　平衡单

考虑项目	第一方案(就业) 得+	第一方案(就业) 失−	第二方案(国内深造) 得+	第二方案(国内深造) 失−	第三方案(出国留学) 得+	第三方案(出国留学) 失−
1.						
2.						
3.						
4.						
5.						
6.						
7.						
8.						
9.						
10.						
11.						
12.						
合计						
得失差数						

表 6-18　　　　　　　　　　加权后的平衡单

考虑项目	第一方案(就业) 得+	第一方案(就业) 失−	第二方案(国内深造) 得+	第二方案(国内深造) 失−	第三方案(出国留学) 得+	第三方案(出国留学) 失−
1.						
2.						
3.						
4.						
5.						
6.						
7.						

(续表)

考虑项目	第一方案(就业)		第二方案(国内深造)		第三方案(出国留学)	
	得+	失-	得+	失-	得+	失-
8.						
9.						
10.						
11.						
12.						
合计						
得失差数						

【心理测验】 职业定位问卷

这份问卷的目的在于帮助你思考自己的能力、动机和价值观。下面给出了40个问题，根据你的实际情况，从1~6分中选择一个数字。数字越大，表明这种描述越符合你的实际情况。1分，表示"从不"；2分，表示"偶尔"；3分，表示"有时"；4分，表示"经常"；5分，表示"频繁"；6分，表示"总是"。

请尽可能真实而迅速地做出选择，除非你非常明确，否则不要做出极端的选择，例如，选择"从不"或者"总是"。

1. 我希望做我擅长的工作，这样我的内行建议可以不断被采纳。
2. 当我整合并管理其他人的工作时，我非常有成就感。
3. 我希望我的工作能让我用自己的方式，按自己的计划去开展。
4. 对我而言，安定与稳定比自由和自主更重要。
5. 我一直在寻找可以让我创立自己事业的创意。
6. 我认为只有对社会做出真正贡献的职业才算是成功的职业。
7. 在工作中，我希望去解决那些有挑战性的问题，并且胜出。
8. 我宁愿离开公司，也不愿从事需要个人和家庭做出一定牺牲的工作。
9. 将我的技术和专业水平发展到一个更具有竞争力的层次是职业成功的必要条件。
10. 我希望能够管理一个大公司，我的决策将会影响许多人。
11. 如果职业允许自由地决定自己的工作内容、计划、过程时，我会非常满意。
12. 如果工作的结果使我丧失了自己在组织中的安全感、稳定感，我宁愿离开这个公司。
13. 对我而言，创办自己的公司比在其他公司争取一个高的管理位置更有意义。
14. 我的职业满足来自我可以用自己的才能去为他人提供服务。
15. 我认为职业的成就感来自克服自己面临的非常有挑战性的困难。
16. 我希望我的职业能够兼顾个人、家庭和工作的需要。
17. 对我而言，在我喜欢的专业领域内做资深专家比做总经理更具有吸引力。
18. 只有在成为公司的总经理后，我才认为我的职业人生是成功的。

19. 成功的职业应该允许我有完全的自主与自由。

20. 我愿意在能给我安全感、稳定感的公司中工作。

21. 当通过自己的努力或想法完成工作时,我的工作成就感最强。

22. 对我而言,利用自己的才能使这个世界变得更适合生活或居住,比争取一个高的管理职位更重要。

23. 当我解决了看上去不可能解决的问题,或者在必输无疑的竞赛中胜出时,我会非常有成就感。

24. 我认为只有很好地平衡个人、家庭、职业三者的关系,生活才能算是成功的。

25. 我宁愿离开公司,也不愿频繁接受那些不属于我专业领域的工作。

26. 对我而言,做一个全面管理者比在我喜欢的专业领域内做资深专家更有吸引力。

27. 对我而言,用我自己的方式不受约束地完成工作,比安全、稳定更加重要。

28. 只有当我的收入和工作有保障时,我才会对工作感到满意。

29. 在我的职业生涯中,如果我能成功地创造或实现完全属于自己的产品或点子,我会感到非常成功。

30. 我希望从事对人类和社会真正有贡献的工作。

31. 我希望工作中有很多的机会,可以不断挑战我解决问题的能力或竞争力。

现在重新看一下你给分最高的描述,从中挑选与你的日常想法最为吻合的三个,在原来评分的基础上,将这三个题目的得分再加上4分,例如,原来得分为5,则调整后的得分为9,然后就可以开始评分了。

计分方法:将每一题的分数填入下面的空白表格(每个题号边上)中,然后按照纵行进行分数累加得到一个总分,将每纵行的总分除以5得到每纵行的平均分,填入表6-19。记住:在计算平均分和总分前,不要忘记将最符合你日常想法的三项,额外加上4分。

表6-19　　　　　　　　　　　　计分表

类型	TF	GM	AU	SE	EC	SV	CH	LS
题号	1	2	3	4	5	6	7	8
	9	10	11	12	13	14	15	16
	17	18	19	20	21	22	23	24
	25	26	27	28	29	30	31	32
	33	34	35	36	37	38	39	40
总分								
平均分								

解释:

TF:技术/职能型职业锚

你始终不肯放弃的是在专业领域中展示自己的技能,通过施展技能获取别人的认可,乐于接受技术工作挑战,将不断提高自己的技术能力,也可能愿意成为职能领域的管理者,但极力避免全面管理的职位。

GM:管理型职业锚

你始终不肯放弃的是升迁至组织中更高的管理职位。你明显地表现出向上发展的愿望,渴求更多的领导机会,愿意承担更大的责任。你对技术工作并不感兴趣,视此为必要的经验积累。为此,你需要提高以下能力:分析能力、人际协调与团队协作能力、情感管理能力。

AU:自主/独立型职业锚

你始终不肯放弃的是按照自己的方式工作和生活,希望留在能够提供足够的灵活性、并由自己来决定何时及如何工作的组织中。你无法忍受任何程度上的组织约束,你为了自主独立宁可放弃升职加薪的机会。你可能会选择教育、咨询行业,为了能有最大限度的自由和独立,你也可能选择自主创业。

SE:安全/稳定型职业锚

你始终不肯放弃的是稳定的或终生雇佣的职位,关注财务安全和就业安全。政府部门和事业单位对这些人很有吸引力,他们会对自己的组织感到自豪,对组织忠诚,即使他们没有担任很高的或重要的职位。

EC:创造/创业型职业锚

你始终不肯放弃的是凭借自己的能力和冒险愿望,扫除障碍,设计属于自己的东西或创立属于自己的公司。你希望向世界证明你有能力创建一家企业,在为别人打工的同时你会学习和评估未来的机会,一旦时机成熟,你会尽快开始自己的创业历程。

SV:服务奉献型职业锚

你始终不肯放弃的是做一些对社会有意义的事情,希望职业能够体现个人价值观,关注工作带来的价值,而不在意是否能发挥自己的才能。

CH:挑战型职业锚

你始终不肯放弃的是去解决看上去无法解决的问题、战胜强硬的对手或克服面临的困难。对你而言,职业的意义在于战胜不可能的事情。新奇、多变和困难是挑战的决定因素,如果一件事情非常容易,它马上会变得令人厌倦。这个挑战可能是需要高智商的活动、高难度的任务、处理复杂的关系、激烈的竞技比赛等。

LS:生活型职业锚

你始终不肯放弃的是平衡并整合个人的、家庭的和职业的需要。你希望生活中的各个部分能够协调统一向前发展,因此你希望职业有足够的弹性满足你的需求。事业对你来说,并不那么重要,所以有些时候你可能会放弃职业中的某些方面,如晋升等。

本章·课后练习

1.罗素说:"选择职业是人生大事,因为职业决定了一个人的未来……选择职业就是选择将来的自己。"我们也常讲"男怕入错行,女怕嫁错郎"。你认为选择比努力更重要吗?为什么?如果选择错了,该怎么办?

2.与你周围一位工作的亲戚或朋友交谈,识别和分析他或她的职业生涯管理活动,比如他或她是否进行了职业探索,对自我和环境的认知水平如何,有职业发展目标吗?下一步计划是什么?

3.试以《红楼梦》中的贾宝玉为原型,分析其个性特征类型,并为他拟定几个合适的目标职业。

4.谈谈如何从认知和情感角度提高生涯决策的质量。

5."我想做自己感兴趣的工作""我想进入营销业",这两个目标有效吗?如果无效,试着做一些修改。

6.以通过四级或六级考试为目标,拟订一份三个月的行动计划,注意其有效性。

7.你觉得大学生求职比拼的是社会资本还是个人能力,为什么?

8.可能使你在毕业后做出职业调整的因素有哪些?你是否会因此放弃自己的理想职业?如果不会,你又该如何去谋求职业发展?

第七章 教学评估

【本章纲要】

本章主要介绍教学评估，包括思维改变的难度、认知上的障碍、自我管理的困难等。有效的规划需要大量的时间、精力和毫无动摇的信心，在最后环节师生可以结合问题与案例，共同探讨与面对职业生涯规划的难点，以提升规划质量。

【思政元素参考点】

通过对生涯规划在思维、认知和管理上的障碍的学习，确立乐观向上、积极进取的人生态度，掌握矛盾分析方法，培养批评与自我批评的精神、终生学习的习惯，训练修身自律的工匠精神。

【引导案例】

以下是职业生涯规划课上，一位教师和一位学生的来往信件的部分内容。

学生——

尊敬的老师您好！

我是一名大三的学生，我叫金立平，来自16级金融四班，我在大一时上过您的职业生涯规划课，我觉得您讲得很好，我很喜欢您的讲课风格。我目前有一些困惑，想找个时间跟您聊聊，十分不好意思占用您几分钟的时间。

我清楚地记得，您在一次课上提问："有谁在平时没事的时候喜欢整理东西？"我举起了手，当时您也举起了手，您说您是一个事务型的人，我想我跟您一样也是一个事务型的人，我做了学校购买的那个职业测评系统，上面的测试结果是"主人公型的人"。说我善于"帮助别人又快又好地完成事情。"我的快乐很大程度上来自朋友、同事、客户的肯定。现在的我觉得这个结果测试得很准。

我虽然是学金融的，但是我个人爱好摄影和做视频，做技术工作。可能因为我做得比较好吧。在大二的时候当宣传部部长，帮助别人做了很多视频，很多朋友对我的肯定都来自技术做得好。而本专业我并不是很强。我准备考研，但是学校还没定，曾经想过跨专业学传媒，但是最近跟一些广电的同学聊天，认识到做传媒需要一个很重要的能力就是创造力，这点我很欠缺，从小规矩惯了，没什么创造力。

到了大三，金融专业学的专业课让我意识到自己的专业课还是很有用的，所以我想，自己前面已经花了那么多的机会成本学金融，不想浪费了基础。于是决定静下心来好好学本专业。但是发现自己的金融悟性真的需要好好加强。

老师您对于我这样的情况，有什么建议吗？我最近一直在纠结，不想就此放弃自己的技术。毕竟自己努力自学过。我这种性格目前有没有什么适合我的岗位?

教师——

某同学,你好!了解自己的性格和自己现在正在享受做着的事情,是一件很重要的事情,不管是对人生规划还是职业发展。至于你的困惑,我个人的看法是,如果你继续在金融专业学习,以后可以从事会计或内部操作之类的工作,这可能会比较适合你,摄影和视频制作可能就只能是业余兴趣;如果你想往广电方向发展,你需要进一步去了解这个专业的工作性质,至于你说的缺乏创造力,我不是很认同,对艺术感兴趣的人不会没有创造力的。至于考研,我们都很支持,但有时候也不一定是必需的。是不是不考研就没办法转行做传媒呢,也不见得。综上,我还是无法给你确切的答案。目前,建议你在兼顾专业学习的基础上(毕竟那是你的专业),发展自己的兴趣技术(摄影和做视频),最后能够去接受相关知识和培训,然后参赛并有一些能证明自己能力的作品,把兴趣和天赋开发成技能。至于毕业后从事什么,往传媒发展也不是没有可能,如果你喜欢的话。

在中国大学里开展生涯规划教育的时间并不长,这门课程被很多学生视为可有可无,但不管是教师还是学生最终都被这门课程所感动。2007年,教育部明确要求将"大学生职业发展与就业指导"列入教学计划,现在大部分高校也都开设了这类课程。近年来,在职业指导课的基础上,有些高校率先开设了生涯教育课程并将大批量的资源投入其中。

第一节　思维上的改变

一、生涯教育

1. 生涯教育的含义

黄天中教授在其生涯规划方面教材中,列举了生涯教育的两个观点(详见以下课堂阅读),从中可以了解生涯教育的含义。生涯教育是对传统教育的修正和提升,它贯穿于一个人的整个教育过程,通过将知识的学习和生涯、生命、生活教育等联系在一起,甚至主张以生涯规划为目的的知识学习,其目的是使个人成为自我认知、自我实现及自觉有用的人,从而享受事业和生活、实现成功而美满的人生。

课堂阅读

- "生涯教育是对全民而非部分人民的教育,它是从义务教育开始,延伸至高等教育及继续教育的整个过程,它教育下一代在心理上、职业上及社会上平衡与成熟地发展,使每个国民成为自我认知、自我实现及自觉有用的人。这种教育同时具备学识与职业功能、升学及就业准备,它强调在传统的普通教育中建立起职业的价值,使学生具有谋生能力。因此,其基本目标是培养个人能够创造丰饶、有生产价值的生活,这是发挥教育真实价值的整体构想。"

- "生涯教育是改变所有教育系统,以求造福全民的教育,它强调所有教育的经验、课程、教学及咨询辅导,要以预备个人能过一种经济独立、自我实现及敬业乐群的生活为目标,它凭借改善职业选择的技巧与获得职业技能的方式,来提高教育的功能,使每位学生能享受成功而美满的人生。"

2. 生涯教育的主题

传统的职业辅导大都以"帮助个人选择职业、准备就业、安置职业,并且在职业上获得成功"为主要的内容。生涯教育在此基础上,进一步扩大了职业辅导的领域,特别强调以下六个主题。生涯教育所要传授给学生的理念、思维、方法和技能,也必须围绕这六大主题并努力达成与这些主题相一致的目标。

(1)生涯决策能力的发展

生涯教育的重点在于协助学生或成人发展生涯决策的能力,同时指导个人在面对不同的抉择时,如何搜集、过滤、运用各种相关资料,以提高生涯决策的能力。

(2)自我概念的发展

个人的生涯设计或生涯决策行为是自我概念的一种投射。协助个人获得明确的自我观念,是生涯辅导在协助个人了解职业之前或之时的重要工作。因此,辅导个人了解与某项职业有关的个人抱负、价值,以及心理需求满足的程度,比了解一项职业的薪资收入或工作内容更重要。

(3)个人价值观的发展

个人在教育、休闲与职业的交织影响下形成其特有的生活方式,而生活方式又和个人价值观念的清晰程度与特征有关。因此,生涯教育不能忽略辅导对象的个人价值观念的澄清与影响。

(4)选择的自由

生涯教育不在于强迫或迫使辅导对象做一个狭窄的生涯选择,而在于提供许多不同的选择方案,力求配合个人的特质与抱负,做较有弹性、完全自由的抉择。

(5)重视个体差异

一个自由而开放的社会,基本上必须承认个人天分的差异,同时也提供机会使这些天分得到确认与培育。每个人都能够自由地发挥其特殊才华,是生涯教育主要的目标。

(6)对外界变迁的因应

社会变迁迅速,工作世界的供需亦非一成不变。生涯教育应使辅导的对象对这种变动的社会特性有因应的观念与具有弹性的做法。例如,拟订生涯计划要有权变的措施,拟定目标要有弹性,达到目标的方式亦力求不同的渠道。凡此种种,在于因应社会与职业环境急剧的变迁。

二、思维教学

1. 人职匹配的理念和方法

职业生涯理论大都认同这样的观点,即"人和环境的适配性或一致性将会增加个体的工作满意度、职业稳定性和职业成就感"。因此,"人职匹配"被认为是职业指导的基本原则,其方法也是目前获得最广泛使用的重要方法。

本教材正是采用"人职匹配"的理念和方法,对大学生进行职业生涯规划指导。理念是指"怎么想","人职匹配"的理念主要体现在各章节的论述和课堂阅读、思考和讨论环节。方法是指"怎么做","人职匹配"的方法即在对自我与环境信息进行搜集的基础上,对自我个性特征类型与职业类型进行适配性分析,基本步骤和过程详见第三章"规划过程"。

唤醒学生的生涯意识,教会学生"怎么想",着实要比教会他们"怎么做"困难得多。关于职业指导与生涯教育的教学,不单单是方法与技能的问题,更重要和更困难的是设置理念和思维的问题。只有学生"这样想"了,他们才有可能"这样去做"。生涯规划课程在培养方案中大都归属于技能教育模块,但决定其教学有效性的却是关于思维的教学。

2. 思维教学的策略

美国耶鲁大学心理系和教育系教授斯滕伯格(Sternberg, R. J)提出了三种教学策略。表 7-1 中,在以讲课为主的传统课堂,教师只是简单地把教材的内容呈现给学生,师生之间几乎不存在互动;基于对错的提问式教学,教师一般都在纠正学生的错误,师生之间的互动很简单。这两种策略都不是理想的思维教学策略。

第三种策略最适合思维教学,即以思维为基础的问答策略,也称为对话策略。该策略鼓励师生之间以及学生之间进行交流,教师提出问题以刺激学生进行思维和讨论。通常这些问题没有固定的答案,所以教师的反馈也并不是简单的对或错。相反,教师乐于评论或补充学生的发言,甚至会隐藏自己的真实看法,或故意发表一些偏激意见,扮演一个魔鬼代言人的反面角色。所以,在这种策略中,师生之间的界限趋于模糊,教师更像向导或协助者,而不是传统意义上的"老夫子"。

表 7-1　　　　　　　　　　　三种不同的教学策略

教学策略	特征	最适合	例子
1.以讲课为基础策略（照本宣科策略）	教师以讲课的形式呈现材料;师生之间以及学生之间互动最少	呈现新信息	教师:"今天我将给大家讲法国大革命。"
2.以事实为基础的问答策略	教师提问主要是为了引出事实;教师的反馈是"对"或"错";师生之间互动频繁,但对个别问题不追根究底;学生之间的互动很少	复习刚学的新知识;测试学生掌握的知识;作为照本宣科策略和对话策略的桥梁	教师:"法国大革命是什么时候发生的?当时的国王和王后是谁?"
3.以思维为基础的问答策略(对话策略)	教师提问是为了刺激学生的思维与讨论;教师评论学生的反应;师生之间和学生之间存在大量的互动	鼓励课堂讨论;在关键时激发思维	教师:"法国革命和美国革命有哪些相同点,又有哪些不同点?"

(资料来源:斯滕伯格,史渥林.思维教学——培养聪明的学习者.赵海燕,译.北京:中国轻工业出版社,2008.)

关于生涯规划的教学效果评估,目前并没有一个客观的、科学的、普遍接受的标准。本教材尝试性地提出,对生涯规划的课堂教学效果进行评估,必须紧扣上述六大主题及与这些主题一致的目标,而且强调思维的教学方式是比较适合生涯教育的。当然,职业生涯规划和生涯管理涉及很多可以运用一生的技能,在教学过程中对技能的演练和培训也是十分重要的。以下提出了一些课堂讨论、思考和交流的问题,可用于进行课堂教学效果评估。

课堂练习

1. 我们常常看到不同性格的人做着同一份工作,他们可以调整自己以适应工作,所以"人职匹配"根本就是不可能的也是不现实的?
2. "计划赶不上变化",未来不可预测,所以职业生涯规划根本没用。你怎么看?
3. 有人说"去工作吧,去享受你的人生!"而现实中的工作都是无趣的,谁愿意工作!其实人生的乐趣都在工作之外,与工作无关,你认同吗?
4. 你如何看待"先就业再择业",你想先就业再择业吗?你会先就业再择业吗?
5. 为什么说"选择工作就是选择将来的自己"?

第二节 认知上的障碍

一、自我探索陷入困境

1. 自我探索的重要性和困境

自我探索是"人职匹配"职业生涯规划方法的第一步。如果你连自己都不了解,那你如何做出选择?而且当你面对外界众多选择时,你对自己越不了解你就越困惑。其实,个人职业生涯规划是建立在个体差异基础上的,人与人之间本就不同,适合每个人的职业目标和发展道路自然也不同,所谓的人职匹配正是基于这样的逻辑。再者,从自我探索开始进行职业生涯规划,还有助于职业生涯规划者将注意力集中在自己身上,这才符合职业生涯规划教育所倡导的"去承担和做自己命运的主人"。

然而,当学生从"自我探索"开始规划职业生涯时,却陷入了困境。"认识自己"是人一生中最大、最难的命题,但是人职匹配职业生涯规划方法却要你在人生最开始的时候通过思考和测试做出选择,试问一个人生经验不多的大学生如何来回答自己想要什么、适合什么、喜欢什么、擅长什么等问题?因此,有很多大学生面对职业生涯规划要么无从下手,要么心情澎湃,却发现无从执行,最终不了了之。

2. 走出困境的对策

在教学过程中,首先,通过一些实例让学生明白,了解自己并没有想象中那么难或无从下手。了解自己其实是一个很有趣的过程,只有激发学生的兴趣,才能引导学生积极主动去探索自我个性特征。另外,短短的课堂授课时间不一定能够帮助学生得出一个关于自我个性特征的完整和准确的结论,但起码让学生意识到了解自己的重要性和必要性,并开始关注和探索自我个性特征。

其次,可以采用以下方法引导学生进行自我探索。第一,要学生从回忆自己的过去开始,并对自己的过往经历进行反思以及说出自身感受。经历和回忆对了解自己很重要,但更重要的是自己对这些经历的感受和反思。在课堂上,教师引导学生从遗传、过去生活的物质环境和文化背景、个人重大经历等影响个人成长的因素来描述自己。通过这样的过程,学生能有类似这样的领悟:"小时候跟许多表姐妹一起住在古厝里,以后希望能找到一个跟同事一起开心工作的职业"。

再次,使用一些心理测试题或自我盘点的练习来帮助学生了解自己。大多数老师都会采用这种方法,但必须注意以下三点:心理测试只是了解自己的手段,绝对不是目的,不可迷恋或盲从;所采用的心理测试题必须是经过几届学生使用后证明较为准确的;心理测试的过程和结论越简单越好,不一定要盲目相信一些很复杂的心理测试系统。此外,还可以鼓励学生结合星座、血型等喜闻乐见的方法或"色彩性格学"等有趣的方法来增进对自己的了解。

最后,鼓励学生进行自我探索而不是对号入座。个性特征是一个十分复杂的心理现象,尽管存在非常多的理论和方法用于判别个性特征类型,但我们一般很难对一个人的个性特征做出完全准确的描述。在课堂上,学生急于了解自己,教师则简单地依靠心理测试工具,似乎双方都希望在限定的时间内找到一个答案或者做出一些预言,从而才能够实现人职匹配。其实,了解自己是一个长期的过程,而且最终都必须依靠学生的自我反省和理性思考,理智型的人对人职匹配有积极的预测作用,因此应该鼓励学生去探索和思考而不是急于得出一个结论。

二、忽视价值观的探索

1. 价值观探索的重要性和难度

职业生涯规划指导课大都会要求学生探索性格、兴趣和天赋,但却常常忽视职业价值观的重要性。价值观与随后的工作满意度水平相关;当我们根据自己的价值观生活时,会得到最大程度的幸福感和高自尊。所以,价值观的探索十分重要,但这却不是一件容易的事情。"你想要什么、你能够舍弃什么、什么东西对你而言更重要"这些问题并不好回答,而且你还要对你所想要的东西进行澄清和排序,因此价值观的探索是十分艰难和痛苦的。

2. 重视职业价值观的探索

在实际授课时,首先,可以通过生活的一些事例,清楚而简单地阐述价值观的概念和重要性。生活中很多人在观点和行为上的差异,反映的就是价值观的差异。价值观,简单地讲,就是"你所看重的东西,你想获得的东西,或是某些你认为应该去做的事情"。价值观具有明确的目的性、自觉性和坚定性,为你所自觉坚持,不受他人影响,并足以长时间引导你的行为。本教材在课堂阅读、讨论、思考栏目中提供了很多例子和问题,可供教师在课堂上进行思维教学,要反复地质问学生"你看到价值观的存在了吗?"。

其次,需要运用一些工具帮助学生探索职业价值观类型。例如,列出"经济收入、稳定性、独立自主、创造性、管理与领导、工作环境、人际关系、成就感、社会奉献、知识性、多样性而非单调的工作、生活方式、社会地位"等职业价值类型让学生选择和排序。也可以借用职业价值观测试题,或者通过游戏、情景假设等方式辅助学生明确自己的价值观类型。

这一过程的难点在于如何有效地帮助学生依据步骤澄清价值观，并对这些价值观进行排序。

需要指出的是，工作本身是具有激励性的，即从人职匹配的理念来看，做什么工作比一份工作可以带来什么更重要，这是一个重要的职业价值观。

最后，把中国梦、社会主义核心价值观融入价值观探索中。当代大学生的生涯教育、职业生涯规划中的价值观探索，必须坚持社会主义核心价值观的引领。用核心价值观指导学生澄清职业价值观、构建科学的择业观、树立远大的职业理想。一来必须向学生阐释中国的文化环境和社会环境，同时充分举例市场经济环境、实用主义价值观等的不利影响，让学生努力探索如何在职业这个平台上实现主体价值与社会价值、工具理性与价值理性的统一。二来是课程思政融入。职业生涯教育作为塑造大学生树立正确世界观、人生观、价值观和职业观的重要育人形式，其与社会主义核心价值观所倡导的价值体系在目标、内容、方法和功能等方面具有天然的内在契合性。职业生涯教育应该不仅针对就业，更应当成为精神支撑，给予学生思考和奋斗的力量，激发学生的社会责任感和使命感。在职业生涯的教学理念中，加入理想信念教育及社会主义核心价值观等内容，对培育学生的远大理想、家国情怀、职业品格、奉献精神等能起重要作用，帮助学生从更高站位、更广视角主动将个人发展与祖国命运紧密结合起来。当前，必须从教学资源、教学手段和教学组织三个方面促进思政育人融入生涯教育的全过程。三来，社会主义核心价值观不是抽象的概念，只有将个人的发展与社会发展相结合才能最大化地实现个人理想和自我发展。可以让学生通过案例讨论、实践观察、课后作业等形式，在确立职业理想、设计职业目标的过程中以及讨论本专业相关工作的社会贡献与职场困境时，思考核心价值观的运用情境和引领作用。

三、难以逾越父母意志

1. 重视家庭环境的影响

成功的职业生涯规划必须平衡个人、工作与家庭之间的关系。家庭的经济状况、人际关系网络以及家人需求、家庭生活等都会对职业选择、职业心态产生重要影响。舒伯的职业生涯彩虹图也指出，工作者、持家者、配偶、孩子、休闲者、父母等9个生活角色之间是高度相关的。对家庭的责任和义务对一个人所形成的压力往往远远超出一项工作或职业本身的压力，因而家庭环境对职业选择和职业生涯产生重大影响。

基于人职匹配理念的职业生涯规划方法的第二个步骤是"环境探索"，包括对家庭、职业和社会环境的信息搜集。在教学过程中，我们发现学生总是认为，职业生涯规划是个人的事情，无须考虑家庭因素。然而，一份看似科学合理的职业生涯规划书，却会在家长面前被彻底推翻。我们常常在学生的职业生涯规划书上看到类似这样的困扰："我的家人希望我考公务员，能养活自己，能过上安定的生活，有安稳的工作，但这并不是我想要的生活，我希望不断在生活的挑战中成长。"由此可见，父母意志是学生在做职业选择时难以逾越的一大障碍。

2. 跨越障碍的对策

第一，鼓励学生自主选择。在择业过程中，我们的父母往往单方面强迫自己的孩子，剥夺了学生的自主选择权，学生也没有考虑过父母安排的工作是否适合自己，双方均缺乏职业生涯规划的理念，没有从"人职匹配"的角度考虑问题。职业生涯规划的主体是学生，在授课的过程中，我们在正式讲授职业生涯规划方法前，花费了很多的时间和精力引导学生关注自身、激发学生成长需求、要求学生带着问题来上课，以此来唤醒学生的主体意识，从而保证职业生涯规划指导课的有效性。

第二，我们要求学生多与父母沟通。学生需要了解家庭对自己择业和职业发展能提供哪些支持又存在哪些障碍以及家人在金钱、情感和时间方面对自己的要求等。学生的父母也需要了解学生的个性、兴趣和天赋，这样才能真正当好学生的参谋。另外，职业生涯规划和管理的目标不仅是成功，父母们也应该关注孩子的职业满足感，而不是太过于功利性或追求所谓稳定的工作。学生与父母的沟通总是充满不满和冲突，但这却是职业生涯规划过程中不可忽视的一个环节。其实，沟通并不是为了强求一致，而是为了获得理解和认同。

第三，进行开放式的课堂讨论。父母们常常把自己的期望、理想或遗憾等强加在孩子身上，剥夺了孩子探索和发展兴趣爱好的机会。他们也总是为孩子包办一切，然后对孩子的缺点严加指责，试问这些孩子长大以后怎么能够独立地、自信地做好职业选择？每个人都希望自己有一个宽容、自由的家庭环境时，但多数学生并没有如此幸运。因此在课堂上，我们通过提问和案例让学生自由讨论，引导他们正视自己的问题，并勇敢面对所谓的"强人父母"。

四、难以激发成长需求

1. 大学生成长需求的差异

个人成长需求的缺失是当前影响大学生合理规划自身职业生涯的重要因素。学生的成长需求跟个性、家庭背景等都有关系。有些学生较为理性，拥有内向控制点（个体充分相信自我行为主导未来而不是环境控制未来的观念），表现得比同龄人更成熟，这些学生的成长需求一般较高。在家庭背景方面，"穷人家的孩子早当家"，部分家庭经济条件比较好的学生的确在成长需求上要求比较低。但是也有部分家庭条件较差的学生可能出于自卑等心理，或者是因为过于现实地看待这个社会，认为求职和职业发展均取决于家庭关系网络，从而放弃了努力和成长的欲望。

另外，学生成长需求在性别方面也表现出差异，女性一般比男性低，部分女生也坦言自己对工作没有多大的要求也没有什么期待。这可能源于中国家庭长期以来重男轻女的思想所导致的中国女性在定位自己的社会角色时出现的偏差。社会普遍认为女性除了工作还有家庭，而且后者可能更为重要。有调查显示，女性对工作的满足感只有1%。虽然这一数据在课堂上引起了多数女学生的声讨，但它的确从一个侧面反映了女性对工作的要求普遍低于男性，她们的满足感还有很大一部分取决于家庭状况。上述因素影响了学生的成长需求，而成长需求的高低又严重影响了职业生涯规划指导的有效性。

2. 激发与引导学生成长需求

学生的成长需求不高在职业生涯规划过程中往往表现为缺乏理想和目标，对自己的学习和职业生涯没有任何想法。在职业生涯规划咨询中，教师最怕的不是学生想法太多，而是学生没有想法。在授课过程中，我们强调学生不要把职业生涯规划课当作是一门普通的获取学分的课程，它不同于专业课或其他选修课，它是一门自我教育的课程。

第一，应该要求学生对自己的未来负起责任，并进行理性思考和自主决策。职业生涯规划主要是一个理性的过程，对于偏向任性、感性的学生应多加引导，可以通过多个例子说明任性地对待自己的人生会导致的不良后果。

第二，对于家庭条件优越的学生，激发他们实现自我的愿望，他们的起点高，同时压力也更大，其实他们的职业生涯将面临更多的问题和挑战，而不是如旁人所见的那般轻松。对于家庭条件较差的学生，应引导他们正确看待自己与社会的差距，让他们学会处理自我和世界的矛盾和不公平。有些教师来自农村家庭，在课堂上可以自己为例子，教授学生努力和奋斗的人生价值。

第三，对于女性角色，教师应要求学生正视和重视女性职业发展的特殊性，她们应更多地思考如何取得家庭和职业发展的平衡。另一方面，工作对现代女性的独立和发展具有重要的价值和意义，因此必须向女生讲明工作的意义和职业生涯规划的重要性。

Robert D. Lock 教授论述道："它（职业生涯规划）关系到目前为止你人生的大部分时间、你的自我认同感、收入来源，还有你绝大部分的生理和心理的幸福感。你所要做的工作占用了你毕生最好的年华，让你赖以维生，并且界定了你是一个怎样的人；它决定了你大部分的生活风格和身心健康。"当然，女性所面临的家庭和工作之间的冲突是一个社会问题，需要各方面的共同努力。

职业生涯规划是生涯规划的核心部分，对大学生的学习及日后工作、生活等均具有重要影响。在现阶段，中国大学生职业生涯规划存在来自家庭、组织、学校和个人等方面的诸多障碍，在家庭方面，集中表现在父母意志上；在个人方面，集中表现在成长需求不高；在课堂上，集中表现在自我探索陷入困境和忽视价值观探索。这需要在家庭教育和实际教学过程中有针对性地加以引导，克服这些障碍以免职业生涯规划课程流于形式，确保其能起到应有的指导作用，成为解决大学生就业难的有效措施。

五、对职业生涯规划的质疑

中国的职业生涯规划教育虽日渐普及，甚至计划进入中小学教育课程内，同时也在高校获得重视，但总体而言尚有待进一步提高。学生在接受职业生涯规划教育时仍对职业生涯规划存在诸多质疑。这可能源于职业生涯规划教育的初级性及其在研究、教学和实践中的不成熟性。

学生认为未来不可预测，"计划跟不上变化"，质疑职业生涯规划的可行性。这一质疑主要是因为学生对计划工作的不理解所造成的。规划是计划的一种类型，计划本身存在一定的缺陷，如缺乏灵活性、容易导致僵化等，计划工作最难的地方也正在于如何处理好稳定性和灵活性之间的矛盾。其实，也正是因为未来难以预测所以才需要制订计划，如果学生连最基本的计划都没有，那如何去应对变化。知识经济时代的到来、工作方式的改变、个人需求的多样化等内外部环境的变化都说明了职业生涯规划和管理的必要性。另外,职业生涯规划并不是一锤定音式的,它不是也不能成为禁锢学生发展的方框,它必须保持一定的灵活性。职业生涯规划过程包括自我探索、环境探索、制定目标与计划、调整与评估四个部分,最后一个部分正是为了保持职业生涯规划的灵活性而设立的。学生还质疑职业生涯规划的必要性,"工作真的那么重要吗?""职业生涯规划和决策制定真的值得学习吗?"所以,必须首先让学生认识到择业和职业发展的重要性才能切实地让他们做好职业生涯规划。

其余的很多质疑均源于学生对职业生涯规划理念和方法的不理解。在教学过程中,学生提出了一系列问题,如"不同性格的人常常做着同一份工作,工作与个性真的能够匹配吗""多数工作都是乏味的,把兴趣变成工作可能吗?""难道我们不能改变自己吗?""很多人在不适合自己的工作岗位上成功了,这说明什么?"……这些问题都指向了人职匹配理论的可行性。人职匹配理论并不是职业生涯规划的唯一指导理论,但却是职业生涯规划的核心理念和基本方法,通过个性特征与职业类型的匹配实现个人职业生涯的成功与满足。最后,学生的认知还存在诸多误区,如将职业生涯规划等同于职业选择、就业指导、创业计划、晋升计划等。这些认识误区都必须在教学过程中一一给予指正并耐心地加以释疑,否则职业生涯规划就只能流于形式。

第三节　管理上的困难

一、时间管理

彼得·德鲁克认为,不能管理时间的人,便什么也不能管理。我们常说"人生苦短",时间不等人,逝者如斯夫! 时间给予每个人的都是能计算的固定量,用一秒少一秒。但是,时间可以被支配和管理。不同的人在相同的时间长度和环境下,其效能相差很大,这就说明,时间可以被更好地管理。通过对时间的管理,可以提高单位时间的效率,做更多的事情,做更重要的事情。高效率地做事,也就相对延长了生命的长度。

我们可以根据事情的紧急程度和重要程度将生活要做的事情和工作分成两大类:第一类是按工作紧急程度来划分;第二类是按工作重要程度来划分。根据这个维度,我们可以将工作分成四类:第一类,紧急又重要的工作(第一象限);第二类,重要但不紧急的工作(第二象限);第三类,紧急但不重要的工作(第三象限);第四类,不紧急也不重要的工作(第四象限)。如图 7-1 所示。

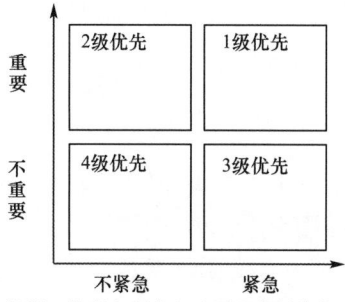

	不紧急	紧急
重要	2级优先	1级优先
不重要	4级优先	3级优先

图 7-1　根据工作紧急程度和重要程度划分的工作四象限

1. 第一象限：紧急又重要的工作

举例：应付难缠的客户、准时完成工作、住院开刀等。

这是考验我们的经验、判断力的时刻，也是可以用心耕耘的园地，如果荒废了，我们很可能会难以取得成绩。但我们也不能忘记，很多重要的事情都是因为一拖再拖或事前准备不足，而变得迫在眉睫。

该象限的本质是由于缺乏有效的工作计划导致本来处于第二象限"重要但不紧急"的事情转变过来形成，这也是传统思维状态下管理者的通常状况，就是"忙"。

2. 第二象限：重要但不紧急的工作

举例：主要与生活品质有关，包括长期的规划、问题的发掘与预防、参加培训、向上级提出问题处理的建议等事项。

荒废这个领域将使第一象限日益扩大，使我们面临更大的压力，在危机中疲于应付。反之，多投入一些时间在这个领域有利于提高实践能力，缩小第一象限的范围。做好事先的规划、准备与预防措施，很多急事将无从产生。这个领域的事情不会对我们形成催促力量，所以必须主动去做，这是发挥个人领导力的领域。

这更是传统低效管理者与高效卓越管理者的重要区别标志，建议管理者把80%的精力投入到该象限的工作，以便使第一象限的"急"事无限变少，不再瞎"忙"。

3. 第三象限：紧急但不重要的工作

举例：电话、会议、突来访客都属于这一类。

表面上看似第一象限，因为迫切的呼声会让我们产生"这件事很重要"的错觉——实际上就算重要也是对别人而言的。我们花很多时间在这个里面打转，自以为是在进行第一象限，其实不过是在满足别人的期望与标准。

4. 第四象限：不紧急也不重要的工作

举例：阅读令人上瘾的无聊小说、观看毫无内容的电视节目、聊天等。

简而言之就是浪费生命，所以根本不值得花半点时间在这个象限。但我们往往在第一、第三象限来回奔走，忙得焦头烂额，不得不到第四象限去疗养一番再出发。这一象限倒不见得都是休闲活动，因为真正有创造意义的休闲活动是很有价值的。然而像阅读令人上瘾的无聊小说、观看毫无内容的电视节目、办公室聊天等，这样的休息不但不是为了走更长的路，反而是对身心的毁损，刚开始时也许有滋有味，到后来你就会发现其实是很空虚的。

课堂测评

下面15道题，请根据自己在日常学习与生活中对待时间的方式与态度，选择最符合你的实际情况的一个选项填入括号内。

1. 星期天，你早晨醒来时发现外面正在下雨而且天气阴沉，你会怎么办？（　　）
   A. 接着再睡　　　　B. 仍在床上逗留　　　C. 按照一贯的生活规律，穿衣起床

2.吃完早饭后,在上课之前,你还有一段自由时间,你怎么利用?(　　)

A.无所事事,根本没有考虑学习点什么,不知不觉地就过去了

B.准备学点什么,但又不知道学什么好

C.按照预先制订好的学习计划进行学习,充分利用这一段自由时间

3.除每天上课外,对所学的各门课程的学习时间,在课余时间里怎样安排?(　　)

A.没有任何学习计划,高兴学什么就学什么

B.按照自己最大的能量水平来安排复习、作业、预习时间,并紧张地学习

C.按照当天所学的课程和明天要学的内容制订计划,严格有序地学习

4.你每天晚上怎样安排第二天的学习时间?(　　)

A.不考虑

B.心中和口头做些安排

C.书面写出第二天的学习计划

5.为自己拟订了"每日学习计划表",并严格执行。(　　)

A.很少如此　　　　B.有时如此　　　　C.经常如此

6.你每天的休息时间表有一定的灵活性,以便使自己有一定时间去应付意想不到的事情。(　　)

A.很少如此　　　　B.有时如此　　　　C.经常如此

7.当你发现自己近来浪费时间比较严重时,你有何感受?(　　)

A.无所谓　　　　B.感到很痛心　　　　C.感到应该从现在起尽量抓紧时间

8.当你学习忙得不可开交,而又感到有点力不从心时,你怎样处理?(　　)

A.开始有些泄气,认为自己脑袋笨,自暴自弃

B.有干劲,有用不完的精力,但又感到时间太少,仍然拼命学习

C.开始分析检查自己的学习时间分配是否合理,找出合理安排学习时间的方法,在有限的时间里提高学习效率

9.在学习时,常常被人干扰打断,你怎么办?(　　)

A.听之任之　　　　B.抱怨,但又毫无办法　C.采取措施防止外界干扰

10.当你学习效率不高时,你怎么办?(　　)

A.强打精神,坚持学习

B.休息一下,活动活动,轻松轻松,以利再战

C.把学习暂停下来,转换一下兴奋中心,待效率最佳的时刻到来时,再高效率地学习

11.阅读课外书籍,你怎样进行?(　　)

A.无明确目的,见什么看什么,并经常读出声来

B.能一边阅读一边选择

C.有明确的目的进行阅读,运用快速阅读法加强自己的阅读能力

12.你喜欢什么样的生活?(　　)

A.按部就班,平静如水的生活　　　　B.急急忙忙,精神紧张的生活

C.轻松愉快,节奏明显的生活

13. 你的手表或书房的闹钟经常处于什么状态？（　　）

A. 经常比标准时间慢一些　　　　B. 比较准确

C. 经常比标准时间快一些

14. 你的书桌井然有序吗？（　　）

A. 很少如此　　　　B. 偶尔如此　　　　C. 常常如此

15. 你经常反省自己处理时间的方法吗？（　　）

A. 很少如此　　　　B. 偶尔如此　　　　C. 常常如此

[评分方法]

选择 A，得 1 分；选择 B，得 2 分；选择 C，得 3 分。将各题的得分加起来，然后根据下面的评析判断自己的时间管理能力和水平。

36 分~45 分，有很强的时间管理能力。在时间管理上，你是一个成功者，不仅时间观念强，而且还能有目的、有计划、合理有效地安排学习和生活时间，时间的利用率高，学习效果良好。

26 分~35 分，善于对时间进行自我管理，时间管理能力较强，有较强的时间观念，但是在时间的安排和使用方法上还有待进一步提高。

16 分~25 分，时间自我管理能力一般，在时间的安排和使用上缺乏明确的目的性，计划性也较差，时间观念较淡薄。

15 分以下，不善于时间管理，时间自我管理的能力很差，在时间的自我管理上是一个失败者，不仅时间观念淡薄，而且也不会合理地安排和支配自己的学习、生活时间。你需要好好地训练自己，逐步掌握时间管理的技巧。

二、目标管理

目标对人生具有重大的导向作用。我们通常说的目标管理，有三大步骤：

第一步，要对目标的数量进行控制。有人说："有两个以上的目标就等于没有目标。"的确，当人们发现自己面对众多没有轻重缓急可言的目标时，往往会不知所措，当然执行起来也就无从下手了。集中的目标一点即明，让人心中有数；分散的目标则不切要害，让人难以执行。一般而言，年度计划最多有 3~5 项目标，只要将这些目标理顺了，其他目标随之便可以完成。

第二步是对目标进行完美的表达。有些人在制定目标时，往往很注重其内容的科学性，却拙于进行目标的表达。文牍案海似的目标，铺天盖地而来，自然让人无法喘息，严重的信息超载使人们丧失了辨别轻重缓急的能力。完美的目标表达必须是清楚而流畅的，它们不仅使事情保持简单，而且进行了高度的概括与人性化的设计。

课堂阅读

> **一分钟目标**
>
> 目前,西方正在兴起"一分钟目标"。所谓"一分钟目标",就是"写在一页纸上,最多不超过250字""任何人都可以在一分钟内看完"。这要求目标的表达要简明、集中。很难想象一项目标隐藏在洋洋万言,甚至数万言的文字海洋中,却指望自己或别人深刻而透彻地领悟。表达形式烦琐的目标只能使自己或别人迷茫得如在云雾中,不得要领。

第三步是对目标进行科学分解。将总目标具体化和精细化,称为目标分解。总目标往往是笼统而抽象的,不便于测量与操作,这就需要将笼统的总目标分解为具体、精确的小目标。在现实中,能够有效运转的目标并不是单一的,而是一个由不同层次、不同性质的目标组成的目标体系,它来源于总目标的分解。

三、压力管理

林语堂先生曾说过:"人生就像爬坡,刚开始时是父母拉着你;当你长大了,便开始自己拉车,车上原来是空的,后来装上老婆、孩子、事业以及你想要的一切,这时,你会感觉车子越来越重。"这便是压力,当你有了欲望或者出现紧迫感的时候,压力就随之而来。压力会成为一种负担,也可以成为一种驱动力,通过了解压力,可以帮助你更好地运用压力。

1. 压力的产生、类型与反应

(1)压力的产生

压力的产生与个体内心需求或体验的欲望有关,没有需求或体验的欲望就没有压力,需求越大,想体验的东西越多,压力也就越大。压力源可以是生活事件,也可以是一些不构成事件的日常烦恼,还可以是个人的习惯或观念。内心需求的满足程度与个人能力、阅历以及环境密切相关,因此产生的压力大小也不一样。不同的压力源下个体反应不同,相同的压力源下不同个体反应也不同。

(2)压力的类型

心理学上,根据压力的强度,把压力分为以下三类。

第一类:一般单一性生活压力

一般单一性生活压力主要体现在我们的日常生活中,没法避免的一些遭遇、体验。如人际交往、就业、生活、学习、恋爱等。一般人,基本上都能很好地处理、缓解这些压力,而这些压力的承受与处理,也正是成长的见证。如刚上大学的大一新生,从没有住过集体宿舍,通过一段时间的调整与适应,能够很好地融入集体生活。

第二类:叠加性压力

叠加性压力有两类:第一类,同时性叠加压力。在同一时间里,有若干构成压力的事件发生,这时,当事人所体验到的压力称为同时性叠加压力,俗称"四面楚歌";第二类,继时性叠加压力。两个以上能构成压力的事件相继发生,这时,当事人体验到的压力称为继时性叠加压力,俗称"祸不单行"。

第三类:**破坏性压力**

破坏性压力又称极端压力,包括战争、大地震、空难、遭受攻击、被绑架等。破坏性压力带来的情感、情绪体验也是最强烈的。当事人需要借助一定的帮助才能缓解或消除这些压力带来的焦虑、恐惧、孤独等一系列心理体验,严重者需要寻求心理医生的帮助。

(3)面对压力的反应

通常,面对压力,一般人会采取两种态度,即消极的反应与积极的反应。

第一类:**消极的反应**

当你受压之后无法恢复正常状态,你就被压力压变形了,这时,压力就变成了一种消极的因素,它会影响到你的生理和心理。你的身体会受到影响,并长期处于"亚健康"状态,这时候你会变得易怒、暴躁。

第二类:**积极的反应**

对压力有良好反应能力的人往往饮食良好,经常锻炼身体,有多种爱好和兴趣,能得到家庭强有力的支持并拥有良好的人际关系。一定的压力会使你感到精力充沛,如果压力能够很好地保持在可控的水平,它将激励你在较长的时间里做出高质量的工作。

2. 当代大学生的压力

(1)时代压力

当代大学生是处于成熟与不成熟、独立与不独立之间的特殊群体,特定时代背景使他们承受更加严峻的挑战。首先,他们必须努力完成在校学业,同时还要关心所学知识能否适应未来需要;其次,他们必须掌握最基本的专业知识,同时还应具备信息时代获取新知识的基本素质;最后,他们必须拥有创新意识和创新能力,同时还必须塑造能够融入社会的健全人格。诸如此类的高期望值,必然会给他们带来心理上的紧张和压力。

(2)人际交往压力

据调查,在大学校园里有良好人际关系的大学生,总体上会乐观、情绪饱满、充满信心,拥有一定的安全感、归属感,更容易在人际关系中成长成才。但是也有数据显示,当今很多大学生存在人际交往的问题,他们缺乏交往的经验,更普遍缺乏交往的技巧,或者虽然交往的欲望很强烈,却无从下手,久而久之,索性逃避人际交往或者听之任之,或者干脆把现实生活中的人际交往转移到虚拟的网络中。

(3)生活压力

生活压力来自两个方面:一是经济压力。学生在求学期间的费用一般来自家庭。特别是一些贫困地区甚至出现了"高中生拖累全家,大学生拖垮全家"的现象。这给尚未自食其力的贫困生造成更大的压力。二是自理自律能力方面的压力。目前大学生多数是独生子女,不少人缺乏自理自律能力,很多人不会或不善于独立生活和为人处世。面对挫折和新的环境,往往缺乏相应的自我调适能力,因而也就形成了这部分大学生的压力源。

(4)学习压力

很多大学生为了适应社会激烈竞争的需要,必须进一步创造条件,做出进一步努力。他们或是拼搏于考研、出国、公务员,或是不断参加各种技能培训,考取更多"证书"。过多的学习任务,给大学生带来了巨大的压力。

(5)就业压力

残酷的现实令部分大学生忧心忡忡。有的毕业生期望值过高,不能正确评价自己,我行我素,与社会需求产生明显反差,难以找准自己的定位;有的毕业生心浮气躁、精神不振、自卑恐慌、无所适从。

3. 学会管理自己的压力

在当今竞争日趋激烈的社会,压力无处不在,只要我们想做成自己想做的一些事情,就必须面临压力的考验。管理培训大师余世维告诉我们,压力是可以疏导的,不要硬挺,要想办法减轻。

(1)自我激励法

德国专家斯普林格在其所著的《激励的神话》一书中写道:"强烈的自我激励是成功的先决条件。"人的一切行为都是受激励产生的,通过不断的自我激励,会使你形成一股内在的动力,朝所期望的目标前进,最终到达成功的顶峰——自我激励是一个人迈向成功的引擎。

如果你发现自己过度担忧,请用下面的话来帮助自己建立一个更为乐观的景象。

"我是一个乐观主义者。我会关注生活中积极的事情。"

"担心一件事情并不能改变这件事情,这只会浪费我宝贵的时间和精力。"

"担心自己无法控制的事情是毫无意义的。"

"我越担心,感觉就越差,因此,我会马上停止担心。"

"无论发生什么,我知道我能处理它。"

"我最好在吃饭之前完成这项工作,但没有完成也不是世界末日。"

"我已经做到最好了,对我来说已经足够好了。"

"金无足赤,人无完人。"

"即使我总是失败,人们仍会喜欢我。"

"犯错误并不意味着做人的失败。"

(2)尽量避免法

尽量避免参加一些不必要的、过于繁杂的活动,以免由于过度占用时间或精力而使你感到焦虑;同时尽量调整自己应对压力的方法。避免消极,如"我怎么做什么事情都不行,真是一无是处"。避免给自己下达"必须"的信息,如"我必须始终面面俱到"或"我必须在工作中永不犯错"。避免将情绪的反应作为对某种情形的解释,如"我觉得害怕,因此这里一定很危险。"

(3)环境治疗法

心旷神怡的空气、淅淅沥沥的小雨、古香古色的小街道、没有熙熙攘攘的人群,舒适自然的环境让人心情愉悦,忘却烦恼。所以,有时候要适当"逃离",亲近自然,定期到人流少、空气好的地方去郊游、旅行,过几天"采菊东篱下,悠然见南山"的田园生活。

(4)运动释压法

运动是一种很好的解压方法。阳光、新鲜的空气和运动会增加体内令情绪快乐的物质的分泌,使心情放松。现在的大学生,有很多的精力无处释放,堆积久了自然会出毛病,因此要经常加强运动,把多余的精力释放出去,让心情晒晒阳光。

(5)深呼吸减压法

深呼吸是放松心情最便捷的方法,适合每个人随时、随地进行。基本方法:①坐或站在一个放松的位置；②缓慢地从鼻子吸气，默数5下，每秒1下。感觉新鲜的空气充满腹腔和胸腔，鼓起肚子，张开胸腔；③屏气，默数5下，感觉新鲜的空气注入全身；④将肺中陈旧的空气从鼻子或嘴慢慢呼出，默数5下；⑤重复数次或数分钟，直至感到心情平静。

课堂测评

测试你的压力，有如下情况的话，请打"√"。

(1)你觉得事情太多，压得你受不了。（　　）
(2)你觉得生活中充满"挫折"或"冲突"。（　　）
(3)你觉得自己每天都在做同样的事情，而觉得生活无趣。（　　）
(4)你觉得整天忙，但是却不知为何而忙。（　　）
(5)你觉得整天没事干而觉得生活很茫然。（　　）
(6)你经常觉得心情不佳。（　　）
(7)你常常为了一些小事而发脾气，事后自己又后悔。（　　）
(8)你常常觉得自己为了一些小事而紧张。（　　）
(9)你经常因为过于烦恼而失眠。（　　）
(10)你的肠胃经常出问题（拉肚子、胃溃疡等）。（　　）
(11)你的呼吸系统出了问题（长期咳嗽等）。（　　）
(12)你有其他身体部位或免疫系统功能下降的问题。（　　）

【测评结果参考】

如果打"√"项目超过10条，说明你目前压力已趋于极限，应当马上减压；

如果打"√"项目在5～9条，说明你承受了一定的压力，这时候应该注意调节自身的学习及工作节奏，适当放松；

如果打"√"项目在2～4条，这很正常，现代人总是在承受一定的压力，注意要把压力转化为动力；

如果打"√"项目少于2条，说明你还没有感受到学习和工作带来的紧迫感。

四、情绪管理

情绪是指人们对客观事物是否符合自己的需要而从内心所产生的心理体验及相应的行为反应。情绪的产生和变化不是毫无缘由的，而是受自身需要、生理因素、认知因素、早期生活经历等影响和制约的。

1. 大学生常见的情绪困扰

(1)焦虑

焦虑是人类适应生存过程必然会产生的基本情绪，主要体现在个体在预料将会有某种不良后果或模糊的威胁出现时产生的一种不安情绪。被焦虑所困扰的大学生常表现出烦躁不安、紧张着急、惶恐害怕、注意力难以集中、思维迟钝、记忆力减退、动作不敏捷，同时伴有头痛、心律不齐、失眠、食欲不振及胃肠不适等身体反应。适度的焦虑具有一定的积极意义,可以充分调动身体各器官的功能,提高大脑的反应速度和警觉性,使其集中注意力,激发斗志。高度的焦虑会影响人们的学习和生活,对身心健康不利。

(2)抑郁

抑郁是一种表现为情绪异常低落、不愉快的情绪反应,是普遍存在于人类生活中的负面情绪问题。有时候,大学生会闷闷不乐,对任何事情都不感兴趣,对自己和生活缺乏信心,不想与任何人交往,伴随着沮丧、灰心、自卑、自责等心理。一般这种体验比较短暂,会随着时间的流逝恢复正常。如果长期抑郁,除了带来更多的痛苦体验之外,还合并愤怒、敌意、恐惧、羞愧和负罪感等情绪,则是异常情绪。一般来说,抑郁情绪多发生在性格内向、孤僻、敏感多疑、依赖性强、不爱交际、生活遭遇挫折、长期努力得不到报偿的大学生身上。那些不喜欢所学专业,或面临人际关系处理不当、失恋等问题的大学生也会产生抑郁情绪。抑郁导致人的回避行为及自我困扰,从而极度消沉。

(3)冷漠

冷漠是一种对外界刺激漠不关心、冷淡、退让的消极情绪状态。冷漠是一种对环境和现实的自我进行逃避的退缩性心理反应,它本身虽然带有心理防御的性质,但是它会使当事人萎靡不振、退缩躲避和自我封闭,并严重影响一个人的身心健康。情绪冷漠的学生,对外界刺激缺乏相应的情感反应,对学习应付了事、缺乏兴趣,对成绩好坏也无所谓,对集体和同学冷淡,对亲人朋友和生活中的悲欢离合无动于衷,面部表情较少,内心孤独、压抑。冷漠者生活平淡无味,缺乏创造性,难以建立正常的人际关系,难以适应社会生活。情感冷漠的形成一般与儿童时期缺乏父母的关爱有关,也可能与后天的习得性无助有关。

(4)愤怒

愤怒是由于客观事物与人的主观愿望相违背,或愿望无法实现时,个体内心产生的一种激烈的情绪反应。研究表明,当愤怒发生时,可能导致个体心跳加快、心律失常、高血压等躯体性疾病,同时还会使人的自制力减弱,甚至丧失自制力,思维受阻,行为冲动,甚至干出一些事后后悔不已的蠢事或造成不可挽回的损失。愤怒的情绪会给人带来巨大的伤害。

(5)嫉妒

嫉妒是指因他人在某些方面胜过自己而引起的不快甚至是痛苦的情绪体验。英国科学家培根说过:"在人类的一切情欲中,嫉妒之情恐怕要算作最顽强、最持久的了。"嫉妒是人本质上的疵点,如果长期嫉妒,极容易产生压抑感,引起忧愁、消沉、怀疑、痛苦、自卑等消极情绪,严重损害身心健康,因此嫉妒心强的人容易得身心疾病。嫉妒是自尊心的一种异常表现,在大学生中普遍存在。具体表现为当看到他人学识能力、品行荣誉甚至穿着打扮超过自己时内心产生不平、痛苦、愤怒等感觉;当别人身陷不幸或处于困境时则幸灾乐祸,甚至落井下石。

(6)自卑

自卑是指个体由于某种生理、心理上的缺陷或其他原因所产生的对自我认识的态度体验,表现为对自己的能力或品质评价过低,轻视自己或看不起自己,担心失去他人尊重的心理状态。大学生自卑感产生的原因多种多样,不同的经历、文化差异、能力差异以及理想与现实的冲突带来的挫折是引发大学生自卑的常见原因,归根结底是因为大学生自我意识发展和自我评价不当的结果。具有自卑感的大学生常回避与他人的交往,以免别人发现自己的缺陷而瞧不起自己,从而产生孤独、怨艾的体验,容易形成内向闭锁的人格特征。

(7)恐惧

恐惧是指当一个人面对危险境地或巨大灾难时而产生的一种极度的恐慌和畏惧感。恐惧的情绪会使人感到呼吸急促、紧张、心悸、全身战栗,甚至使人本能地产生想逃离的心理。恐惧在一定程度上会对人自身产生保护作用,但是如果过于强烈或者过于持久,会影响个体的身心健康。大学生恐惧症的产生,一般认为是与以前生活中的经历有关,或者是通过条件反射作用而建立起来的一种不适应的行为。患有恐惧症的大学生也常常表现出一定的人格特点,如胆小、孤僻、敏感、退缩和依赖等。常见的大学生恐惧症主要表现为社交恐惧。社交恐惧症作为焦虑症的一种,也称为社交焦虑症。随着社交恐惧症症状的加重,恐惧对象还会从某一具体的事物(如异性等)或情境(如演讲等)泛化到其他无关的事物或情境。

(8)羞怯

羞怯是一种常见的心理现象,主要表现为心跳加速、脸红、思维混乱、语无伦次、举止失常等。羞怯是人们情感的隐含流露,但不适当和习惯性的羞怯会阻挠人们进行积极的交往,妨碍友情的发展,还会影响个人才智的发挥。羞怯还会导致压抑、焦虑、孤僻、自卑等不良心态。羞怯是大学生中较为普遍存在的一种情绪。大学生正处于自我意识高度发展的时期,他们渴望得到别人的理解和尊重,但同时又经常担心、怀疑自己能否得到承认和尊重。这种心理状态在不熟悉的环境中,表现为怕被人耻笑而表现得不自然、心跳加快、脸红、腼腆甚至怯场,久而久之他们就羞于交往,羞于在公开场合讲话。另外,羞怯也可能是因为生活中受到了挫折而自暴自弃,感到再也抬不起头来,羞于再与人交往,实际上是丧失自信的结果。

(9)情绪失控

美国著名心理学家艾利斯于20世纪50年代提出情绪失控理论——"ABC理论"。在这个理论中,A代表诱发事件;B代表当事人对事件的看法、解释、评价和信念;C代表继这一事件后,当事人的情绪反应和行为结果。通常情况下,人们会认为是外部事件A直接引起了情绪反应和行为结果C。实际上,人们忽略了当事人的内心活动这个重要因素,忽视了当事人对事件的解释和评价,正是这一部分B导致了不同的情绪和行为状态。比如焦虑症、沮丧、敌意等不良情绪,并不是由于某个刺激引发的,而是源于其对那个刺激的看法。一般说来,观念有合理与不合理之分。合理的观念可以引起人对事物适当的情绪及行为反应,不合理的观念则会导致不当的情绪及行为反应。一个人固守某些不合理的观念时,就会陷入不良的情绪之中,甚至导致心理障碍的产生。情绪失控是大学生常见的一种消极的情绪反应。处于精力充沛、血气方刚的青年时期的大学生,在情绪情感发展上往往带有好激动、易动怒的特点。如有的大学生因一句刺耳的话或一件不顺心的小事而暴跳如雷;有的因人际交往受阻而怒不可遏、恶语伤人,甚至有的还因此走上违法犯罪的道路;有的因别人的观点或意见与自己的相左而恼羞成怒;有的因一时的成功而忘乎所以;有的因暂时的挫折或失败而悲观失望、痛不欲生。

课堂测评

完成下面的句子:哪些事件会引起你生气、难过、焦虑、害怕、丢人、无助的感觉呢?

我最生气的一件事:_____

我最难过的一件事:_____

我最焦虑的一件事:_____

我最害怕的一件事:_____

我最丢人的一件事:_____

我最无助的一件事:_____

2. 情绪对大学生的影响

(1)影响身心健康

现代医学研究证明,人们的生理疾病伴有心理上的病因。尤其是现代社会中的高血压、心脏病、癌症等直接威胁人类的重要病症,都与人的情绪状态有着直接的关系。一些学生出现失眠、紧张、神经性头痛、消化系统疾病等,大都是因为情绪状态没能得到很好的调整。

(2)影响学习

对于大学生而言,情绪状态对于学业有着举足轻重的影响。不少大学生都有这样的体验,当自己的情绪积极乐观时,学习的效率倍增;而当自己的情绪低迷、忧郁或是烦躁不安时,学习往往也是一团糟。一个人再聪明,但如果没有一个好的心态,他的能力也是无法发挥的,而良好的心态,正是一个人最大限度地发挥自己能力的基础和前提。

(3)影响人际关系

大学生不同的情绪状态会直接影响大学生的人际关系状况。积极健康的情绪有助于大学生的人际交往;相反,情绪焦虑、抑郁、冷漠,或者处在应激状态都会影响大学生的社会行为,从而影响人际交往和人际关系。

(4)影响潜能发挥和职业发展

情绪不仅对大学生的身心健康至关重要,而且对于大学生人格的形成与发展也具有同等重要的作用。弗洛伊德精神分析理论和埃里克森的心理社会发展阶段理论中,都强调了情绪在人格形成和发展中的核心作用。良好的情绪有助于增强学习兴趣、提高学习效率、促进潜能开发,并有助于人的自信心的建立。

3. 学会管理自己的情绪

(1)寻找奋斗目标

"一位百发百中的神箭手,如果他漫无目标地乱射,也不能射中一只野兔。"许多大学生感到郁闷、无聊,找不到生活的方向,逃课游玩游戏,甚至上网成瘾,这是缺乏人生目标的表现。目标是航向,没有目标的人生是无趣和空洞的。大学生应该客观地认识与评价自己,有生涯规划的意识和能力,为自己制定正确的奋斗目标。有了适合的奋斗目标,就有了克服困难和应对挫折的勇气和前进的动力,有了前进的动力才能使人保持积极愉快的精神状态。

(2)掌握一些幽默知识

当一个人发现一种不调和的或对自己不利的现象时,为了不使自己陷入激动状态和被动局面,最好的办法是以超然洒脱的态度去应对。得体的幽默往往可以使一个本来紧张的情况变得比较轻松,使一个窘迫的场面在笑语中消逝,使愤怒、不安的情绪得以缓解。懂得幽默的人,不开庸俗的玩笑,更不随便拿别人开心,而是以机智的头脑、渊博的学识,巧妙诙谐地揭露事物的不合理成分,既一语中的,又使人容易接受。在一些非原则问题上,宁可自我解嘲,而不去刺激对方、激化矛盾。

(3)扩大自己的交际圈子

对于精力比较充沛的大学生来说,缓解情绪还有一个非常重要的方法就是积极参加学校活动。学校活动多姿多彩,大学生可以根据自己的兴趣爱好、锻炼需求等积极主动参加学校的社团活动。主动扩大自己的交际圈子,结交一些密友,同他们分享感受、快乐和忧虑。发展、保持和拓展你的社会支持网络,会在一定程度上帮助你保持情绪健康。

(4)善于控制负面情绪

在各种负面情绪中,冲动和愤怒是大学生最为常见的负面情绪。在日常生活中,虽然我们不能选择何时生气,但是却可以控制自己生多大的气、生多久的气以及生气时我们该怎么办。因此,生气是可以选择的,愤怒也可以掌控。当你出现愤怒的情绪时,你可以选择适当的处理愤怒的方式。

课堂阅读

难以弥补的疤痕

有一个男孩脾气很坏,于是他的父亲就给了他一袋钉子,并且告诉他,当他想发脾气的时候,就钉一根钉子在后院的围墙上。第一天,这个男孩钉下了40根钉子。慢慢地,男孩可以控制他的情绪,不再乱发脾气了,每天钉下的钉子也跟着减少了,他发现控制自己的脾气比钉下那些钉子来得容易一些。终于,父亲告诉他,现在开始每当他能控制自己的脾气的时候,就拔出一根钉子。一天天过去了,最后男孩告诉他的父亲,他终于把所有的钉子都拔出来了。于是,父亲牵着他的手来到后院,告诉他说:"孩子,你做得很好。但看看那些围墙上的坑坑洞洞,这些围墙将永远不能恢复从前的样子了,当你生气时所说的话就像这些钉子一样,会留下难以弥补的疤痕,有些是难以磨灭的呀!"从此,男孩终于懂得管理情绪的重要性了。

(5)解决情绪认知问题

人的心理有两个层面,一个是情绪层面,另一个是认知层面。宣泄法是通过心理宣泄解决情绪层面的问题,情绪层面的问题解决了,人的理智就会逐渐恢复。但是,有时人的认知层面的问题不解决,情绪层面问题的解决也是暂时的,以后遇到问题仍然会受挫。因此,解决认知层面的问题对于调控情绪是非常必要的。

①合理的自我期望。俗话说:希望越大,失望也就越大。在现实生活中,不少人的挫

败感均来源于对自己的期望值过高、苛求自己。因此,我们要学会以平和的心态待人处世,学会给自己留下一定的空间,把目标锁定在能力所及的范围之内,而不是好高骛远,四处出击,要求自己事事都超过别人。同时,对任何人、任何事都不必期望过高,这样,当事物没有朝着你期望的方向发展时,你就不会产生强烈的挫败感。

②学会取舍。人的一生会有许多愿望和追求,但由于主客观条件的限制,不可能一一实现。这样,就需要我们学会放弃和妥协,否则我们就会被这些目标和欲望所累,而失去了人生的洒脱和生活的乐趣。如果一个登山者,一心想登上顶峰而又急于赶路,结果忘了欣赏沿途的风景,那么,登山的乐趣也就无从体现。即使站在山顶,想想自己的付出与所得,也会有不平衡的感觉。

课堂阅读

六只狐狸的命运

一个炎热的夏天,六只口干舌燥的狐狸,来到一个葡萄架下。抬头仰望,琳琅满目、晶莹剔透的大个葡萄挂满枝头,狐狸们的口水就流下来了。

第一只狐狸开始跳,够不着;咬牙、跺脚、使劲,再跳,还是够不着;再使劲,再跳,葡萄还是高高地挂在上面;去周围找找,梯子、板凳、砖头、瓦片、竹竿等,什么都没有。"这葡萄肯定是酸的,不好吃。走吧,捉只鸡,喝杯可乐、矿泉水,吃什么不行嘛!"于是,这只狐狸心安理得,哼着小曲,高高兴兴地走了。

第二只狐狸使劲跳,同样也够不着葡萄,心想:"我吃不着葡萄,死不瞑目。"于是从天亮跳到天黑,又从天黑跳到天亮,结果呢,这只狐狸累死在葡萄架下,两眼圆睁,望着高高挂在枝头的葡萄。

第三只狐狸吃不着葡萄,开始大骂:"谁这么缺德,把葡萄栽这么高,让老子吃不着!"结果骂出了老农,"怎么着,这葡萄是我栽的,你骂什么,偏不让你吃。再骂,再骂就打死你。"于是老农抡起锄头打狐狸,狐狸含恨而死。

第四只狐狸也没有办法吃到葡萄,它还挺内向,把这件事憋在心里,就这样整天压抑、愁眉苦脸,结果抑郁而死。

第五只狐狸心想:"想吃葡萄都吃不着,真没用,还活着干吗,活着还有什么意思呀?"于是乎,找颗歪脖树,上吊而死。

第六只狐狸,跳了几下,吃不着葡萄,一气之下就精神分裂了,整天蓬头垢面,满大街转悠,口中念念有词:"吃葡萄不吐葡萄皮,不吃葡萄倒吐葡萄皮。"

请思考现实生活中你是哪一只狐狸?你愿意做哪一只狐狸?为什么?

③学会自我开导。自我开导是指个体遭受挫折后,为了维护自尊,减少焦虑,就找出种种理由为自己辩解,增加自己行为的合理性和可接受性,以起到减轻心理压力的作用。有时候,自我开导也是一种有效的自我防卫方法。其实,只要有坚定的奋斗目标,并且每天都朝着这个目标前进,哪怕一时遇到挫折、困难,告诉自己坚持,再坚持,努力,再努力,不愉快的情绪很快就会灰飞烟灭。

课堂阅读

> **控制不住的情绪**
>
> 刚上大学时,我有些不习惯,但与同学相处得较好,不觉得生疏。我总觉得压力很大,没有精神,情绪很不稳定。上课、自习、吃饭、逛街,感觉一个人比较自在,不受约束,我经常一个人单独行动(习惯了独处)。当情绪不好的时候,我就吃东西。常常是在这个食堂吃完,又跑到另一个食堂去吃,然后再到超市买一大堆饼干或者其他东西回宿舍吃,我觉得我近乎疯狂,不可理喻。就想让胃撑满,有时近于疼痛,好像这样我会得到快感和满足。买东西的次数越来越多,也越来越贵,家里承受不起,我也觉得对不起父母,因而自责。越是这样,我就越想放松自己。好像是有两个我在做斗争,一个让我恢复理智,另一个让我继续奢侈、放纵,而我总是屈服于后者。我觉得生活、学习一团糟,对什么都没有信心,也许这就是我情绪不稳定、对什么都没兴趣的结果。我对不起很多人,对不起所有对我有期望的人,可是我还是控制不了自己的情绪,我觉得我好像有两种人格在厮杀。我很害怕,但是不知该怎样做……

五、终身学习

1. 终身学习的概念

终身学习是指通过一个不断的支持过程来发挥人类的潜能,它激励并使人们有权利去获得他们终生所需要的全部知识、价值、技能与理解,并在任何情况和环境中有信心、有创造性和愉快地应用它们。

在人类社会发展进程中,人们总是终生不断地学习和训练自己。随着知识经济时代的到来,当今世界已经是一个全民学习的学习型社会,我们只有不断学习才能更好地适应日新月异的社会发展。在信息化社会,大学生吸收信息的途径越来越多,所用到的教育工具也层出不穷,在这个过程中,引导学生树立终身学习的理念,更好地发挥个体的潜能,更能促进个体的价值实现。

2. 树立终身学习观

(1)终身学习是一种生存概念

终身学习观与传统意义上的学习观不一样,首先,体现在它是一种生存观。学习主体在自己活着的一生当中,总是不断浸染周围环境,环境的反馈让学习主体自觉地获取自己生存所需要的全部知识和生存技能,从而有信心、有创造性地应用于与生存相关的一系列行为中去。

(2)终身学习强调的是学习的自主性

终身学习打破了传统的教育者向受教育者灌输的学习模式,更加强调学习的自主性特征。在学习过程中,学习者本身的兴趣爱好、性格特质、价值取向、能力得到了充分的展现,学习者可以选择自己感兴趣的,或者更能发挥自己才能的知识去学习。

(3)终身学习具有终生性

当今社会,资源有限,人才之间的竞争日益激烈,人不应该也不能在社会发展面前停滞不前,这样只会让自己落后于时代,甚至被社会所淘汰,人应该在生命中的每一个阶段都坚持学习,活到老,学到老。

(4)终身学习是一种全面性的学习

德、智、体、美、劳全面发展是终身学习的终极目标。向全球化发展的当今社会,对人才提出的要求越来越高,综合能力强的人,智商、情商均衡发展的人越来越受欢迎,也更容易成就事业,创造人生价值。因此,终身学习提倡的是一种全面性、多元化、多层次、多方位、多领域的学习。

3. 养成终身学习的习惯

终身学习不仅是一种理念,更是一种学习方法和学习能力的培养。对于大学生而言,应学会如何学习,他们应该是终身学习理念最好的践行者。

(1)培养兴趣

"知之者不如好知者,好之者不如乐之者""兴趣是最好的老师,它将永远胜于责任感"。人在从事自己感兴趣的事物时,总是伴随着积极的、愉快的心理体验,遇到困难和挑战,凭着对该事物的热爱,一般也会选择坚持下去。因此,在校大学生,要勇于、乐于培养自己的兴趣,可以从自己的性格特质、价值观入手,通过校园这个平台,发掘自己的兴趣爱好,或者尝试寻找一些团队,在其中通过一些人脉带着自己寻找兴趣点。

(2)主动学习

主动学习的对立面是被动学习,主动学习是一种很好的学习习惯,是学习者自己对知识的一种迫切需要,并坚持不懈地进行自主学习、自我评价、自我监督。主动学习者,把学习永远当作自己的事情,不需要别人提醒,这也是成功进行了自我管理的一个重要体现。

(3)善于总结

善于总结经验或教训,是一种增强自我认知能力的方式。俗话说:"他山之石,可以攻玉。"总结别人的经验,为我所用,其结果往往是费力小而收获大。

(4)有效的学习方法

一套行之有效的学习方法将贯穿人生的整个学习过程。有效的学习方法,需要学习者自己摸索总结,是学习过程的副产品。我国著名教育家孔子提倡的"学而不思则罔,思而不学则殆"就是一种行之有效的学习方法,其要求我们学习的时候要避免死记硬背,要思考消化,抓住事物的要领与本质。

课堂阅读

问出来的知识

西汉时期,有位名叫胜之的人,他在关中地区任主管农业生产的官员时,有一次,发现一位老农所种的瓠瓜特别大。胜之心想,瓠瓜的外壳可以做瓢,瓢可以喂猪,种子能榨油点灯,是一种很好的经济作物。让老百姓种好瓠瓜,也许能发点小财。于是胜之不耻下问,老农也就毫无保留地介绍种植"大瓠瓜"的经验:在一个坑里播下10粒瓠瓜种子,等10棵苗子分别长到60厘米长时,将它们的藤部轻轻划破,捆扎在一起,用泥土堆壅起来。然后留下最茁壮的一根苗,掐去其余的9根苗。结瓜时,摘除最初结的3个瓜,保留第4个、第5个、第6个瓜。10根苗的根所吸收的养分,集中到一根藤上所留的瓜上,瓜自然就长得特别大了。胜之总结了这位老农的种瓠瓜经验,并加以推广,果然不少农户人家因种瓠瓜而获得收益。他还将这位老农的经验,写进了他的著作《胜之书》当中。

4.学会做人做事

(1)学会做人

终身学习理念下的学会做人,在新的历史条件下主要体现为学会关心、学会承担和学会合作三个方面。

第一,学会关心。关心的立足点首先是关心自己,这也是"人本位"思想的深刻体现。唯有爱自己的人才能更好地爱别人。同时,学会关心还要学会关心他人,要学会关心我们所赖以生存的这个自然环境,要学会关心一切有生命体的动植物。

第二,学会承担。学会承担也意味着学会负责。负责是要对己对人负责。每个人都要学会对自己的言行举止、自己的人生、自己的理想负责,同时,还要对集体、家庭、社会、国家负责。尝试着做一些事情,在尝试中学会承担,把自己锻炼成有担当的新时代大学生。

第三,学会合作。合作是平等的一种体现。同时,在合作中,不同的人致力于一个共同的目标,执行团队的计划,这就要求大学生不仅要学会寻找适当机会展现自己的才干,还要学会欣赏他人,消除分歧,化解冲突,为团队的发展做出自己的努力。

(2)学会做事

终身学习理念下的学会做事,体现为敢于做事、乐于做事、善于做事三方面。

第一,敢于做事。如果一个人不敢做事情,就会缩手缩脚,一旦失败了就会颓废不振。很多大学生脸皮薄,自尊心强,害怕失败,害怕别人的眼光与评论,因此不敢做自己想做的事情,这样,再好的想法都永远只是想法,只是空中楼阁,最终导致一事无成。如果一个人什么事情都不敢去做,甚至有事情也逃避去做,这样的人注定一生平庸。

第二，乐于做事。乐于做事是人生的一种追求，一种乐趣。我们知道很多成功的人士，都会在有限的时间里做很多的事情。一个乐于做事的人在做事情的过程中，总是表现得情绪高昂、愉快而有归属感，呈现出一种积极向上的精神面貌。因此，我们要学会把做事情当成人生的一种乐趣。

　　第三，善于做事。事情的成败就在于我们是否善于做事。事有大小、难易之分，但凡对自己、对人、对社会有益的事，都是好事，都值得去做。善于发现问题的所在，从而解决问题。善于做事的人明白自己在做或者将要做什么，懂得处理事情的轻重缓急，懂得利用时间与借助一定的人脉。

课外阅读

只要找到问题所在

　　一位传教士初到某地，当地人给他配备了一辆旧车，车子有点小毛病，就是停火后很难启动，传教士绞尽脑汁最后终于想出一个妙招：他请信徒们给他推了第一次，而后每次停车都找一个斜坡将车停在坡顶，倘若地势平坦则干脆不熄火。这个方法他沿用了两年，从来没有失误过。

　　后来一位新传教士来接替他的任务，先来者十分自豪地向后来者讲授自己的独家妙法，对自己的"斜坡战术"津津乐道。谁知新传教士边听他说边打开车盖，观察过后用手轻轻地紧了紧一颗螺丝，随后坐进驾驶座，只听一声轰鸣车子驯服地启动了。先来者瞠目结舌，新人坦诚地解释道："其实不必那么夸张，只是一根发动机连线松了，用手紧一紧螺丝就成了，您没有找到问题所在。"

第四节 问题及其解答

一、作业点评

　　对某项技能的评估，最直接的方法、可能也是最好的方法就是看结果。我们可以就学生所撰写的个人职业生涯规划书，与学生进行面对面的交流与沟通，在这个过程中可适当地运用心理咨询和教练技术。以下是一份个人职业生涯规划书中的"目标与计划"部分，教师做了一些简单的批注。本教材的附录部分也收录了一些大学生职业生涯规划书并做了一些点评。透过这些规划书，可以看出学生是否掌握和正确运用了生涯规划的相关理念和技能。

一个学生的打算

对于我的将来，我是有打算的。我想在大三下学期就准备我的公务员考试，大四再去考，如果运气可以的话，如果亲戚那边给力的话，没准我毕业后就可以成为公务员了。成为公务员只是我计划的一部分罢了，成功与否谁也不知道。假如有幸让我考上了公务员，我便有了稳定的收入，然后我会开始和一些朋友合伙做点投资、生意什么的，增加我的收入，这样才能保证我有足够的经济能力给我的家人还有未来的另一半更好的生活。假如投资、生意亏了，起码我还有一份稳定的工作，这样也不至于会增加家庭的负担。这计划前半部分是家人的期望，我也没有反对他们的安排，后一半才是我自己的想法。不过，我是一个懒散惯了的人，我总觉得我不适合那种一整天待在办公室打电脑的生活，更不适合那种老是上山下乡的生活，我喜欢没有约束的生活，喜欢和各种各样的人打交道，我相信每个人身上都会有我需要学习的地方。大家都说我很聪明，对很多事情我能想得比他们更透彻。这点我不反对，我从小就很懂得大人们的心思，似乎能看穿他们一样，一句话我便能想到之后会发生的事情，所以我的交际能力还不错。这些年也认识了很多不一样的人，他们从事着各种职业，他们过着不一样的生活，可是我都能融入他们，这也许是个优点，也可能会让我学坏了。之前的两年，我利用暑假、寒假时间从事过几种不同的职业，我做过书店的导购员、商场的销售人员、酒吧的服务生。可是前面两个工作做了一个月后，我就开始觉得很烦了，每天那么早起床，一样的工作，没有一点新鲜感，还要不停地整理货物、搬运货物，很无聊。而第三份工作，则是我去年过年时候做的兼职，每天早上六点半上班，早班十二点下班，晚班凌晨两点下班，可是在这样别人看来很杂乱的地方我却工作得很快乐，有客人的时候我帮忙拿些杯子和酒之类的东西，空闲的时候我和老板聊天打趣，和同事嘻嘻哈哈地打闹，在酒吧吧台里面静静地听驻唱表演，时不时和同事一起喝点酒聊聊天，这样的生活真的让我过得很开心，哪怕是除夕夜我依然在上班，大年初一了我还是在上班，感觉很自在。所以我发现我似乎很适合娱乐行业，还有我做过测试，在霍兰德职业兴趣类型中属于艺术型，喜欢自由自在，不喜欢约束。

由于家人的要求，所以，明年的现在我差不多就要开始抱着一堆公务员考试的书本在宿舍、图书馆埋头读书了，可是现在我依然是那种懒散的性子，一看书就觉得困，总想把今天的工作留给明天。所以，我也许该从下学期开始做些调整，每天按时完成功课，定期地去图书馆，这样才能培养我肯读书的习惯，才能改善我懒散的性子，我是很想能顺利通过公务员考试的，不管是为了自己还是为了家人好，这就是我目前最大的目标，我希望我能好好地完成它。

以上就是我对大学生职业生涯规划这门课程所能想到和写到的东西了，我觉得写得都是最真实的自己，也觉得清楚表达了我的性格、兴趣和能力。

批注[a1]：有一定的方向感。但如何判断是否合适，以及如何实现它，是下一步该解决的问题。我们关注两点：是否合适？是否可行？

批注[a2]：运气和别人的帮助很重要，但更重要的还是自己的努力。把希望完全寄托在外界环境，是很难实现目标的。

批注[a3]：太过于理想化。

批注[a4]：父母意志是有效职业生涯规划的障碍之一。

批注[a5]：对自己的"喜欢、适合"以及经历的描述，说明你具有哪些鲜明的特质？

批注[a6]：实现了人职匹配，就能享受到工作的快乐，快乐地付出，很有满足感也很有成就感。

批注[a7]：真实地描述自己的经历、感受和想法，很好。这份规划让你保持了一种方向感，且通过回忆、反思和感受进一步了解了自己，但还需加强对公务员、创业、销售、娱乐业、自身专业等的探索，让目标更为适合和明确一点。执行计划是无效的，因为没有阶段性任务、没有清晰的发展道路、没有具体而详细的方案。另外，多是自己的感想，缺乏一种科学的判断和理性的力量。

二、问题解答

对于大学新生而言,经常会遇到一些普遍性问题,希望下面的一些解答可以给大一新生一点启发。有时候也会碰到比较特殊的例子,即有些学生的问题可能要寻求心理医生的帮助。

1. 关于大学

(1)"为什么要上大学?"

【问题】20世纪90年代以前,上大学的机会并不普遍,一个人考上大学即意味着获得了保证生活无忧的"铁饭碗",农村孩子考上大学更被形容为"鲤鱼跳龙门"。现在,上大学比以前容易多了,毕业的大学生也满大街都是,上大学几乎成了一件必然的事情,因此,再也没有人去思考大学教育的意义。不明白自己为什么要上大学,当然也不可能知道自己在大学里要干些什么。大学生活的郁闷和彷徨正是因为我们只知道应该上大学而不知道为什么要上大学!

很多人告诉你,"上个大学找个好工作",但当你上了大学后突然发现,大学生就业难。也有一些人告诉你,想要赚钱就不要读书,宣扬"读书无用论"。还有人说,今天考上大学不再意味着命运的改变,甚至还在逆向改变着命运。在这些言论下,你更为困惑了。

【解答】研究表明,和那些没有受过大学教育的人相比,大学毕业生有更大的职业选择性、更多的工作机会、更强的竞争力、更好的晋升机会、更高的薪酬以及更低的失业率等,因此也就能过上更好的生活,接受高等教育依然是中国社会阶层流动的一个主要途径。当然,大学教育并不仅仅是为求职做准备,它对学生的心理成长更为重要。关注学生特质并进行价值引导,帮助学生树立独立自主的人生观和价值观,这是学校教育的价值意蕴。大学是一个平台,大学生能够充分利用机会探索自己感兴趣的各种事物、增长一般与特定的知识、挖掘潜力与激发思维,并培养独立的个性。

李开复说过,"读大学的目的不是为了获得一纸文凭。在大学里,最重要的事情是打好基础、学习如何学习、培养独立思考的能力、获得离开家庭独立的机会、练习与人相处的技巧,这也是人生一次专注学习的机会。"大学不仅传授知识,更应该培养学生学习能力、分析问题的能力和创新与反思能力。

年轻人对前途的焦虑心理和大学教育产学脱节以及改革中暴露出来的问题并不足以驳斥大学教育的价值。除非你碰到了像当年比尔·盖茨那样的机会,除非你像韩寒那样十分清楚地知道自己要的是什么,否则不应该放弃学业。即使是比尔·盖茨,他如今聘请的也都是大学生,而且自己本人也十分后悔从大学辍学。似乎很多成功人士都没有上过大学,但你仍然必须相信个人努力所带来的价值,正如影片《成长教育》中的一句台词:"The life I want, there are not shortcuts."

大学文凭是有帮助的,但并不是必需的。有些专业可以导向特定的工作,技术性较强;而有些专业则是为学术目的而不是为职业生涯训练设计的;而人文学科超越了你最直接的职业兴趣而触及生活的本质。如果你要在那些要求有大学学历的职业中工作,那大学教育是十分有益的。曾有个学生立志当一名高级技工,大学的研究性学习让他十分反感,那么职业教育是比较适合他的。所以,高考不是人生唯一的出路,上大学未必是成长的唯一选择,你可以选择其他方案,比如不上大学,选择远程教育、成人教育、在职培训或先工作再上大学等。当然,现在大学教育也努力将学生打造成应用型人才。不管怎么样,上大学终归还是一件美好的事情,不要把它变得不美好,纯粹一点。

(2)"大学新生,你为何迷茫?"

【问题】以下是一位大学新生的来信,她对如何适应大学和面对未来感到十分迷茫。

老师:

您好!

听了您的课之后,我感触很深,对于大学生活、对于自己、对于未来,我都很迷茫,所以想和您交流一下,谢谢!

我是17级刚进大学的女同学,说实话,刚进大学的第一学期,我真的很痛苦,心里很苦闷。学习上很迷茫,每天教室、宿舍来回走,就为了期末考试不挂科。对于经济学,我很有兴趣,但是却没有动力,去图书馆连书都看不进去。我不知道自己想要什么,但就是觉得不满足,觉得很空虚。我开始怀疑我为什么来上大学,就为了那张大学文凭?那这四年太无聊了。在大学我真的想学到点本事,但自己又觉得力不从心,觉得自己没这个本事和毅力。我甚至在想活着是为了什么。尤其上学期我跟一个舍友去考学校的一个班,面试后她进了而我没进,那时候我真的很后悔我为什么要去考那个班,为什么自己总是没别人幸运,更重要的是接下来将会经常听到她讲自己在那个班的事,所以寒假后我真的不想回学校,我害怕自己会伤心、害怕看到别人的眼神,但是我还是要回来,为了不让父母为自己操心。但是这种痛苦的感觉在我第二学期回来上课之后好了很多,我想也许是我开始适应大学的生活了吧,也许大学生活也没有自己想得那么难"过",每个人都应该学会平凡。老师,我想您曾经在大学里也遇到过相似的问题吧,您是怎么解决的,能和我分享下吗?

小糖

【解答】

小糖:

你好!

很高兴你如此信任我。其实,你的感受是绝大多数入校大学生的感受,只是你的感受深了一点而已,归集起来主要有以下几个原因:

①自己背负的压力太大,这可能和家庭环境或经济环境等有关系。

②自己以前也许不是别人眼中很突出的人,导致到大学总看到别人能成功,自己却不能,逐渐产生对自身能力的怀疑。其实,你应该自信一点,慢慢地学会做自己,走自己想走的路,而不是去和别人做比较,因为每个人的实际情况和背景不一样,导致每个人的生活也肯定有差别,所以,比较只会让自己更盲目,还不如找到适合自己的路,坚定、自信、快乐地走下去。

③你对大学和专业了解太少,茫然是很自然的。希望你与学长、父母、老师等多沟通,这样也许你会慢慢地理清自己究竟怎么走会更好。

④每个人其实都应该抱着一颗平常心去生活,多与朋友交流,偶尔运动运动,多参加一些适合自己的校园活动或社团活动,也许你会越来越充实和自信。

⑤年轻人,应该有活力,而且要有不服输的精神,在哪儿跌倒就应该从哪儿爬起来,这样经历几次,相信你会更加成熟。目前只能给你这样几点建议,一切还得靠你自己。

(3)"高考失败,来到这里"

【问题】很多学生是怀着失落的心情来到大学的,因为他们没有考上自己理想的学校。这些学生当中有很大一部分抱怨着过完大学四年,至少在短期内不会融入大学生活。他们甚至觉得这个世界、这个学校、这些老师和周围的人都对不起他们,或者孤芳自赏,或者自甘堕落,因此也就很难对自己的大学生活进行理性规划。

【解答】在职业生涯规划课程上,当引导学生通过回顾对自己影响比较大的人和事进行自我探索时,很多学生说到了高考失败对他们的影响,所以这个问题具有一定的普遍性。首先,高考已经过去了,你已经来到了这里,"既来之则安之"才是正确的心态,你必须正视和接受你的过去才能继续往前走。其次,人生的大部分窘境都是自己造成的,过多的抱怨外界不但没用反而有害。抱怨的确可以暂时缓解疼痛,可是疼痛依然存在,更糟糕的是由于疼痛得以暂时缓解了,所以你可能根本就不会想去改善它,于是就会形成一个恶性循环,你永远也无法改变你的现状,所以你必须马上停止抱怨。再次,有时候你从哪里开始并不重要,关键的是你未来会到哪里。虽然上大学是人生的一个转折点,但并不必然就决定了你的人生,上什么样的大学有时候并不十分重要,重要的是你在大学里做了什么。最后,你的现状不可悲,可悲的是你没有能力改变你的现状。有三条道路摆在你的面前:能改变去改变,不能改变就去改善,不能改变也不能改善只能接受。如果你愿意付出并具有足够的勇气,那去改变你的现状,读书改变命运,你可以选择考研这条道路。大多数学生可以走改善的道路,加强探索,积极参与校园活动,好好在你的大学和专业内谋求发展。即使接受了现状你也必须努力学习,因为机会是留给有准备的人的。

(4)"如何过好大学四年"

【问题】最近一个月来,小李很烦闷,原因是他不知道怎么过大学生活了。他是一个普通高校大二法学专业的学生,在经过一年的大学生活之后,他不知道自己下一步要前往何方了。虽说大一这一年没少放松自己,认识了不少人,游玩了不少地方,但现在却感觉到一切都是重复,机械地重复,上课、吃饭、玩、看书,成了他每天生活不变的四部曲了。看到其他同学各有所忙,可自己就是不知道要做什么,一切似乎很熟悉,但一切又让他感到很陌生。

【解答】经历高考的学生,开始怀着美好的梦想进入大学,但经过一段时间之后,发现大学并非他们梦想得那么美好,更多的是单调、无聊和机械的生活、学习,其实,这并不是大学生活的全部。要让大学过得更充实,做到"一二三"就够啦!

①一个目标。大家最好每个学期给自己制定一个目标,这样的话,每个学期才会过得

更加充实,学习生活才能很好地围绕目标展开,才不会浪费时间和虚度光明。

②两项工具。大学期间,空余休闲的时间很多,在空余时间除了打游戏、看电影,做什么事情比较有意义呢?当然是提高英语实力了,听、说、读、写都去提高,总有一天它会成为你的一个必备工具。除此之外,是否能够充分有效地利用空余时间,也将决定你大学能够收获多少,时间经营与管理的水平也是你大学应该锻炼和提高的。

③三件事情必须要做。首先是学习(50%左右的空余时间),最低要求是不挂科,顺利拿到两证。但为了让自己在毕业求职时简历更加有竞争力,至少要拿一次奖学金来证明你有较强的学习能力,这是未来企业要求员工必须具备的能力之一。其次,要做好人际沟通和实践(30%~40%的空余时间)。学习好并不是大学的全部,应该让自己的人际交往能力得到提高才行,这是社会和公司要求每个大学生必须具备的能力。另外,多参加一些比赛,寒暑假参加一些实习、见习等,让自己的简历更加丰富,这样才有可能受到人力资源部经理的青睐。最后是锻炼身体(10%~15%的空余时间),现实生活中有很多很有才华的人,但由于身体状况不佳影响其发展,阻碍了他们为社会做出更大的贡献,因而,大学期间锻炼身体是第三重要的事情,因为出了社会锻炼身体的机会就少了。

当然,每个人的实际情况和人生目标可能都不一样,每个人也都有自己的大学,你应该去探寻大学对你的价值,寻找你的大学,并过一个积极向上的大学生活。

(5)"学习、实习与恋爱该如何抉择与平衡"

【问题】大学是比较自由的,在自由的氛围下,当学生面对的选择多起来以后,反而更为困惑了。教师建议,大学还是以学习为主,可是周围的很多同学却不以学习为主,他们把大部分时间都花在社团活动或打工上面。有些选择去恋爱和失恋。到底大学应该干些什么?如何分配自己在不同任务之间的时间?到底该不该谈恋爱?到底要不要参加社团或去打工?

【解答】大学是自由的,但这种自由应该更多地表现在思想自由上。大学中的确有很多活动可以供学生自由选择,当学生没有人生目标时或者他们缺乏反思与批判能力时,就更为迷茫了。学习、实习与恋爱在大学里都是允许的,关键在于何者更有利于实现你未来的目标以及如何安排好时间。只有你目标明确时,知道自己想要什么、适合什么、喜欢什么时才懂得做出合适的选择,你才不会为这么多的选择或周围的人怎么样而困惑。不管怎么样,大学还是以学习为主,同时要注意通过生活观察、社会实践等活动理论联系实际。至于恋爱,如果它可以催人上进,那为什么要拒绝,但爱情也需要学习,它有时候可以摧毁一个人,所以你必须对它有个正确的态度和认知才能体验到爱情的积极意义。大学是一个学习与交往的平台,也是一个展示与张扬自我的舞台,做好时间管理,把握好你的大学。

(6)"宿舍矛盾与习惯"

【问题】以下是一位大学女生的来信,她感觉大学与舍友的关系不好相处。

最近,与宿舍的几个人关系处理得不是很好,例如,她们三个可以在一起聊得非常开心,我插话的时候就会冷场。我来自农村,她们来自城市,还经常去厦门购买化妆品等,而我由于家里经济原因,有时候真的很难奉陪。上次,有个室友说她是跆拳道绿带,我正在和一个同学聊天(他是跆拳道黑带),我不经意间说别人是黑带,导致这段时间我们之间的"冷战",不知道该怎么解决?

【解答】其实,宿舍矛盾是大学生活中常见的问题,问题的产生是多方面共同引起的,主要从以下几个方面着手解决:

①了解宿舍每个人的家庭背景、过去的经历等,从而为理解每个人当前的习惯和行为奠定基础。由于每个人来自不同地区,而不同地区又有不同的文化和习惯,当这些文化和习惯相互碰撞时,发生冲突在所难免。

②学会换位思考,有些行为在本人看来并没有错,但在外人看来却有过失,不同角度看待同一问题会有不同的结果,只有双方能够换位思考,才有可能化干戈为玉帛。

③要主动沟通,学会宽容。出现这样的问题,一定要找个好的气氛主动沟通,不能互相"冷战",矛盾埋藏在心里的最终结果是越积越深,直到无法解决。

④假如通过以上方式,经过主动沟通、宽容和换位思考仍然没法解决,那只问心无愧,不必强求啦!宿舍同学之间的关系并没有太多的利益冲突,并非"刀光剑影、你死我活",所以不必太担心。当然,女孩子之间的关系难处理一点,这可能源于女性特有的敏感等心理特点。

2. 关于专业

(1)"选错专业,怎么办"

【问题】高考选择专业时,多数学生并未接受过职业生涯规划教育和咨询,因此多是以是否容易就业和工作的薪金待遇等为决策的依据。在职业生涯规划课程上,大多数学生表示他们的专业是由父母选择的,有些学生还抱怨当初选择专业时,父母并未征求他们的意见,当他们与父母意见不一时,父母又往往难以尊重学生的意愿,并强行替学生做出决定。而当他们来到大学时,却发现自己不喜欢本专业或者根本就不适合读这个专业,而对其他专业则表现出了更强的兴趣,于是想放弃又难以割舍,想去追求又觉得不够现实,就这样犹犹豫豫地过完了大学四年,有可能将来还会在自己不喜欢的专业上工作从而导致更大的痛苦。

【解答】发现选错了专业怎么办?或者当学校有足够的自由让你重新选择专业时,你是否会转专业?一进大学校门,很多大学生就为这个问题所困扰,时间可能会持续整个大一阶段。

第一,你必须确定你真的不适合这个专业。你必须加强自我探索才能有答案,而且必须切记应该从自己的内心出发而不是因为别人的偏见或期望而做出决策。

第二,你还必须确定你是否充分了解了你的专业。跟你的专业相关的工作应该有很多种类型,你是否都知道?很多学生对自己的专业一知半解甚至充满偏见,在这样的情况下做出转专业的决定显然是鲁莽的。你必须加强专业探索,通过和专业老师、师兄师姐和同行前辈进行讨论和交流,同时自己也可以对网络上的相关材料做出评价和反思,在确保你已对自己的专业有比较准确的理解之后再去考虑是否转专业。

第三,在经过上述探索和思考后,你确定不喜欢或不适合自己的专业,那就应该去行动,通过相关手续申请转专业。如果转不成功怎么办？是否应该抱怨,还是积极地寻求改善？本人在读大学时,曾有个舍友在高考时报考的是会计专业但却被调剂到了考古专业,然而他并没有抱怨和放弃,而是从大一开始就积极准备考研,后来考上了经济系的研究生,改变了自己的现状。而本人大学就读的也不是自己心仪的专业,但通过调整,也在本专业内找到了适合自己的工作,走的正是改善的道路。你会做何选择？

第四,你不能因为选错了一个专业而放弃努力和追求。有时候你选择怎样的专业并不会成为你人生的转折点,这个转折点是在大学毕业后,你是出国、考研还是就业。再者,不一定要学什么就做什么,你的专业也会为你从事其他行业的工作奠定基础,并练就你在其他行业的一些优势。

第五,不喜欢不关键,关键的是你喜欢什么,加强对自己兴趣的探索,如果你的院校是综合性大学的话,去考察一下其他专业,找到你所感兴趣的专业,你完全可以通过旁听或自学而成才。

(2)"兴趣与专业冲突怎么办"

【问题】以下是一位大学新生的来信,她困扰于兴趣与专业的冲突问题。

黄老师：

您好！我是17级日语系的学生张三,有个问题在上您的课之前就想过了好多次,那就是兴趣与专业的冲突。

我很喜欢动物尤其是狗,在报考学校时有考虑过学兽医,有所学校跟我们学校性质挺像,有兽医这个专业,但最终我还是选择了我们学校的经贸系,就像您上次说的一样,我也是人生被安排的学生之一,后来被调到了日语系。而最初我对日语根本没有过了解,当看到通知单上的"日语系"时愣了一下。不过现在还好,虽然不像有的同学那样对日语痴迷,但还是会努力去学好。不过日语对我来说就像您所说的那样：只是工具。因为我知道自己真正痴迷的是动物,很喜欢狗,甚至想过以后自己有能力了要开个宠物市场、宠物医院、宠物美容院一条龙,呵呵,或许听起来有些可笑,但我跟动物在一起时内心真的会很满足、很开心。去年腿扭伤后休了学,还有很多方面的问题,整个人很长时间内都处于不开心、心烦的状态,但买了一只狗后,它真的改变了我很多。

所以很长时间我在想我的兴趣与专业,在将来找工作甚至确定职业时是不是真的不会有联系？您以前的学生有类似情况吗？想问问您对我这个问题有什么建议和看法。

谢谢老师。

祝您家庭和睦,身体健康！

学生：张三

【解答】职业生涯规划中关于这个问题的基本思路有两个,一个是"选择自己感兴趣的职业"；另一个是"能改变去改变,不能改变去改善,不能改变也不能改善就去接受"。

首先,你必须确定你喜欢兽医或其他跟宠物有关的职业。职业兴趣的产生有时候很奇怪,正如你所说的,可能只是因为在你心情不好的时候,一条狗陪伴着你,你就要将这个当作你的终生职业。

其次，你喜欢一个行业并不代表你真的适合或有能力从事这个行业，你需要更多的信息辅助你做出决策。你需要去探索自己的个性特征类型以及搜集更多关于兽医、宠物行业的信息，这样你才会有答案。

最后，学了日语并不代表你不能从事其他职业。很开心地看到，你并没有因为这个专业非你所爱或是被调剂的原因而抱怨或放弃努力，正如你现在所做的，你在努力学习，你也觉得日语会是你的一个工具。如果经过上述过程，你决定从事与宠物有关的职业，那在大学阶段你不仅要学好日语，更要多了解宠物这个行业的信息，甚至可以通过一些培训接受相关的训练。而且，你的日语很可能会为你从事这个行业提供很大的帮助。从职业生涯规划角度而言，我们建议你选择自己的兴趣，更何况你的专业和兴趣也不是一点关系都没有，只是你在大学期间要多手准备会比较辛苦，但我想这是值得的。祝你成功。

（3）"是否应该加入考证一族"

【问题】某大学新生小黄目前正在准备考导游资格证，她的初衷是以后到各地旅游可以不用买门票，爱好旅游的她想拿这个证省钱。但事实上小黄不了解的是，考导游证前期需要培训、买材料，拿到证后每年还需要年检，省钱的目的未必能达到。另有一同学则开始准备与自己专业不相关的物流师资格考试，因为他的父亲认为物流公司满大街都是，毕业以后比较好就业，所以不惜重金帮他报了名，但该同学却对物流师一点认知都没有，培训课上也只是划重点，他根本无从了解这个行业，甚至开始怀疑是否拿着这个证书真的容易就业，即使就业了能否做好。在大学课堂上，一些学生偷偷摸摸在老师眼皮底下干起"私活"，更有甚者经常请假参加"驾驶证"考试，或逃课赶赴各类培训班"充电""镀金"。

据统计，参加考证的学生已占高校在校学生总数的50%以上。在严峻的就业形势面前，许多高校学生为了增加求职成功的砝码，便一窝蜂地去参加各类技能证书的考试。"考证一族"已成为大学里很大的一个群体，而你是否应该加入其中，为了中高级口译证、律师资格证、注册会计师证、秘书资格证、导游证、外销员证、报关员证、营养师证、公关员证、驾驶证、普通话等级证等五花八门的证书日夜奋战，这是否值得还是只是在"凑热闹"？有人认为大学考证是"急功近利、舍本逐末"，也有人认为考证能够"练就勇气、增长阅历"。有人批判这是应试考试在大学的延伸，也有人质疑"考证大军"的盲目性和这些资格证书的含金量。

【解答】按照职业生涯规划的理念和方法，你在了解自己和就业市场以及有了目标之后，是否要挤入"考证大军"的问题就有了答案。首先，通过对自己的了解，你可以明确适合自己的职业方向和学习习惯，于是你就可以判断哪些证书可以为就业增添"筹码"，而你是否能够兼顾专业学习和考证双重任务。其次，通过对就业市场的了解，你应该清楚英语与计算机已成为现在社会的基本技能，这些技能证书和一些专业相关的准入类证书是值得你为之奋斗的，但对于其他一些证书企业并不会"照单全收"，你通过参加一些"速成班"考取了职业资格证书并不代表就拥有相应的技术能力。最后，如果你有了目标，你就能理智地对待"考证热"，避免盲目跟风赶潮流，然后有选择、有规划地去考取相关的急用且实用的证书。当然，如果你不知道自己该干什么，与其什么都不做还不如跟别人一样，盲目跟风似地去做一点什么。

还有一点必须注意的是，大学不是职业训练场，不是一天到晚考证的地方。课堂上的有些知识也许陈旧过时，但是学习方法从未过时过。现在，大多数学生都急切希望获得跟未来职业相关的知识，因而认为课堂知识不够实用，理论学习又太枯燥，但大学期间关键还是培养自己的学习能力和思维能力，它是为了让你走更长远的路而不仅仅让你在毕业时找到一份工作。大学生在自己的专业或相近的专业领域内获得新的资格证书无可厚非，但一味追求持证，考一些与自己专业不相关的资格证，未免得不偿失。如果为了考证忽视了专业课的学习，真是"丢了西瓜捡芝麻"，还不如集中精力，多从提高自身专业素质上下功夫。

"有资格证书未必能行，但没有证书肯定不行"是考证一族的普遍心态。有些学生是为了荣誉感，或者只是"重在参与"，或者只是认为"总不能落在别人后面吧"而热衷考证，其实仍然是相当盲目的。你完全没有必要在非自己兴趣的领域或者不适合自己的道路上去证明自己，大学时光是十分有限的，个人精力和时间也是有限的，你应该积极探索，及早进行目标定位，从而有规划地安排大学生活。

(4) "告诉我学习会计的理由是什么"

【问题】小刘是一个开朗活泼的女孩，现在是大学二年级的学生，她所学的专业是会计。小刘的专业课成绩非常优秀，年年都能拿到奖学金，但这只是为了让父母放心，同时自己也习惯于做好本职工作，其实她并不喜欢学习会计。当她利用暑假时间在一家企业会计部门实习后，她更确认自己以后不想当一名会计人员。虽然她也不知道自己到底想要什么，但却十分清楚自己不想当会计。而当初为什么会选择这个专业呢？主要是因为她的父母认为会计工作很适合女孩子，不仅比较容易找到工作，而且工作比较稳定，待遇也还可以。小刘平时一谈起专业，问得最多的一个问题就是："告诉我学习会计的理由是什么？"

【解答】为了就业选择一个专业，这本无可厚非，在就业与竞争压力日益增大的情况下更显得是一种合理的抉择。但问题是，选择过后却发现自己不适应、不开心，甚至自己感觉无法忍受，没有可调整的道路可走。在抱怨和怀疑中是过不好大学生活的，小刘迫切地需要答案。首先，经过两年的专业学习和短暂的实践探索，基本上可以断定小刘不适合也不喜欢会计专业，但仍存在她是否完全理解会计工作的性质和重要性的疑虑。其次，目前建议小刘去做改变，显然不太现实，一方面，是父母的期许，另一方面，她也的确在专业学习中做得不错。最后，比较适合小刘现状的应该是去做一点改善，做一份职业生涯规划。她可以先去探索自己的个性特征类型，然后去了解与会计专业直接或间接相关的就业方向有哪些，在人职匹配分析的基础上拟定目标与计划。就目前来说，可以建议小刘在会计路上不要走技术路线而改走管理路线，对于一些会计专业的学生而言，从初级、中级到高级会计员，从会计资格证考试到注册会计师考试，走会计技术路线是比较合适的，但对另一些学生而言，会计技术只是一个踏脚石，是他们谋求全面管理岗位的必经之路，但不是终点。如果确定了这样的目标，小刘可以利用其善于交际的个性优势，同时发挥学习能力优势多涉猎管理学、经济学和社会学的知识,为日后登上管理岗位做好准备。

3.关于家庭

(1)"如何面对家庭需求与个人理想的冲突"

【问题】以下也是一名大学新生的来信,家庭需求与个人理想之间的冲突让她感觉很矛盾。

尊敬的老师:

您好!

我是17级英语系的同学。听完这四周的职业生涯规划课,我越发感觉自己比较喜欢当教师,中学教师。小学的时候,我喜欢在黑板上写字;放假在家无聊的时候经常会自己出卷子给自己做;喜欢帮老师批改作业;喜欢……总而言之,就是喜欢当老师的那种感觉。之后我也曾希望当警察,但是由于身高、近视等各方面的限制,这个职业对我来说便只可远观不可近得了。

高考填志愿的时候,本来我考进师范学院的师范英语专业的,但是因为出了点小差错,所以只能报非师范专业了。事实上,我很喜欢英语,有动力去学习这门语言,这样看来上哪所学校对我来说应该是没差的。但是,现在大学的学费都比较贵。我还有一个亲姐姐,今年大二,由于专业特殊,学费也要一万多。四年下来,我们姐俩的学费和生活费可不是一笔小数目。我爸爸是家里的顶梁柱,我实在不愿意看他在我们毕业后还那么辛苦地工作。

一直以来,我最大的愿望就是希望爸爸妈妈不再那么操劳。上学期我选择了商务英语方向,也觉得没有必要考研。原本我给自己定下的目标是大学毕业后努力工作,减轻家里经济压力。

上了大学以后,我一直都不愿意承认自己喜欢教育业,想当教师。因为教师的工资本身就不高,大学刚毕业缺乏经验的教师就更不用说了。

但是上了职业生涯规划课后,特别是思考了今天那些关于价值观的问题之后,我整个人都困惑了,感觉很矛盾。我觉得生命最重要的东西是家庭。生命中最重要的五个人,如果要我留一个,我会选择我的爸爸。我选择一门精湛的技艺,是因为有一门精湛的技艺,比如英语,走到哪都能得以生存。我看重职业的经济收入、稳定性、独立自主、成就感和知识性。

如果我选择当了教师,收入一般,我的愿望更是遥不可及。我爸爸在我的生命里是非常重要的,所以我会觉得自己不争气,我当了教师也未必觉得开心。但是如果我不选择当教师,那么也许以后会出现那种像老师说的,工作不开心、不满足、没有成就感的情况。我现在非常矛盾。老师可不可以给我一点建议?非常感谢。

【解答】该生是一个很有家庭责任感的孩子,这是非常可喜的。职业生涯规划不仅仅是个人的事情,还需要考虑家庭对你在时间上、情感上和经济上的需求。这个学生的困惑正在于家庭经济需求与个人目标职业之间的矛盾。这个学生在进行职业生涯规划时感受到了这样的冲突并能够主动寻求帮助是非常正确的。那么,如何解决家庭需求与个人理想的冲突呢？

首先，你必须确定这个冲突是否真的存在及其解决的难易程度。这个学生对教师职业的了解显然是不够的，有些甚至是不对的。其实，教师收入应该不低，而且是看涨的。你需要更多地去了解教师职业的信息。再者，这是你对家庭的承诺，而不是家庭对你的要求，如果你能将上述想法与你父母聊一聊，他们可能会很感动，他们绝对会支持你去实现你的理想，即当一名人民教师，这样一来，或许你就没有那么大的压力了。其次，从你的表述中看，你还是比较适合教师职业的，你现在需要做的就是提高自身的竞争力，特别是现在教师招考也纳入全国统考了，这为你提供了很好的机遇，当然也是个挑战。最后，如果这个冲突依然存在而且十分激烈，那你需要进一步跟你父母好好沟通，听听他们的想法，更让他们听听你的想法。虽然沟通过程是辛苦的，但双方的目的都是一致的，都是为了你好，最终你们也将获得可接受的结果。如果实在沟通未果，你需要时间、努力和勇气去证明自己或者只能先接受父母的建议再谋求改善。

（2）"如何面对'强人父母'"

【问题】很多学生的专业是父母替他们做的选择，很多学生的工作是父母帮他们安排的。在高考选择专业时，很多学生要与父母争吵一次。曾有个学生哭诉自己的父母为了让他选择一个专业而不惜以脱离父子关系相威胁，这实在不可思议。在毕业选择工作时，学生又要与家长争吵一次。在就业压力下，这次的争吵可能不会很严重，但对学生人生的影响却更为深远。在职业生涯规划课上，很多学生谈到了他们强势而成功的父母们，他们的父母把自己的理想、意愿强加在孩子身上，这让他们困扰不已。"强人父母"，你想你的孩子做谁？

【解答】在职业生涯规划过程中，需要咨询父母的意见，并将他们的需求融入个人职业生涯规划中。其实，接受父母的安排本身不是问题，问题是这样的安排适合你吗？如果不适合，那为何要接受；如果适合，那为何不接受。如果学生面对的是"强人父母"，那问题将变得更为严重。"强人父母"往往是那些事业成功的人，他们倾向于把自己成功的方式传递给孩子，强迫孩子走自己的路。更糟糕的是，有些"强人父母"会把自己的高价值感（我很能干）建立在孩子的低价值感上，他们的孩子从小到大都觉得父母很厉害而自己却什么都不是。做父母的影子其实自己就不存在，孩子的内心会被劈成两半，想做自己还是被迫走父母的路，这条路很危险，很多情况下孩子会走向自毁。

有些存在缺憾同时又把自己未实现的理想强加在孩子身上的父母也有可能成为"强人父母"。他们把自己的价值观传递给孩子，形成价值观内化现象，孩子长大以后实现的其实不是自己的理想而是父母的理想。当然，有些学生会觉得应该为父母实现他们的理想，但他们首先必须是具有独立人格的个体，其次，这样的道路最终不一定会带来双方都满意的结局。再厉害的父母都无法为孩子安排好一辈子，再者，如果从小到大都是父母做主，一旦到了需要自己做决定时，就会茫然无措，结果只能是随意任性地做出选择或选择逃避与拖延，最终无法主导自己的人生。

(3)"徘徊在家庭与自我之间"

【问题】在职业生涯规划课上,有些学生对自己父母的评价完全是负面的,可能是父母做了对不起家庭的事情,也可能是因为不认同父母的教育方式等。有些学生描绘了自己与父母争吵的场面,遗憾难以与父母保持良好的沟通和亲密的关系。有些学生则表示从小到大都是父母帮忙做出决定,即使父母也曾征求过自己的意见但大都最后还是接受父母的安排。多数学生表示"父母往往都不理解自己",他们想迎接竞争与挑战,而父母却只要求他们安安稳稳。有些父母过分责备自己的孩子,有些父母则过分保护自己的孩子,造成学生在职业生涯中难以正视自己、难以接受自己或不相信自己能够成功做成某事,这严重阻碍了有效的职业生涯规划的制定和执行。

【解答】在一个人的职业选择和发展中,家庭是一个非常重要的影响因素。而两代人之间不同的观念和冲突在变化迅速的中国现代社会中显得更为突出和严重。首先,仍需要积极而有效地与父母沟通,即使沟通的过程是艰难的且往往无疾而终。其实,沟通并不是谁领导谁,而是互相理解,沟通也涉及很多技能,更何况父母也是为孩子好,与家庭的冲突远远没有学生所想象得那么大。其次,无论家庭如何,无论你的过去如何,这都是你的一部分,你必须正视和接受自己的一切,这样才能往前走,而且应该正面地去评价自己的过去。再次,如果你是在谩骂和"棍棒"下成长的,那可能会培养出一种自卑的气质,你可以按照教材中提到的改正性格缺陷的方法寻求积极改善。如果你在过度保护的家庭环境下长大,你很少自己进行探索和自己决定,那可能自我效能感会比较低,你可以通过教材中提到的通过效能信息的四个来源,即行为成就、替代性经验、情绪唤醒和言语劝说等提高自我效能感。只有克服这些障碍,才能保证顺利而有效地进行职业生涯规划。

4. 关于个人

(1)"如何面对决策压力"

【问题】以下是一个学生的来信,即将毕业的她面临较大的决策压力。

老师:

不知道你是否还记得我,上学期有发邮件给您,期末论文也写完了,但是说实话,上学期是抱着应付的心态写的论文。因为觉得毕业离自己还太遥远。如今虽然只过了几个月。但是这学期课程很少,宿舍的人准备出国的准备出国、考驾照的考驾照,还有考公务员、注会的。我现在心也开始跟着纠结,之前跟您讨论的问题我至今还没有确定的答案。虽然期末您问我的时候我坚定地说,我以后想做财务总监。但真到了抉择的时候还会犹豫我到底是考公务员好还是考注册会计师好,两个都很难。考得人也多,鱼和熊掌不可兼得,只能择一备之,我该怎么办啊!

【解答】很多学生,特别是大学新生在撰写个人职业生涯规划书时往往采取应付的态度。其实,应付这份作业等于应付你的人生,而你才是你人生的主人,你是职业生涯规划的主体和必然承担者,老师以及父母是无法主导或替你安排你的人生的。

关于这位同学所面临的两个选择,其实都很难,但也没必要面临这么大的决策压力,毕竟这两个选择在未来还有多次机会可以尝试。一般情况下,注册会计师考试对于会计专业的学生而言含金量很高,他们应该为之奋斗,这可能是一个较为长期的过程。再者,既然该同学已经确定了财务总监的目标,那就应该去追求。考公务员存在一些偶然性的因素,竞争比较激烈,当然也可以为之努力,这可能也需要几次尝试,而且机会比较多。从你的专业和未来目标来看,你应该考注册会计师,而且还有一个原因是如果毕业后想再考注册会计师,必然难有足够的准备时间,相比较而言,毕业后再考公务员就比较正常,当然公务员有些岗位是只招应届毕业生的。职业生涯规划课上教会你的是决策的方法,通过对自己和环境的了解,才能选定目标与开发方案。所以,最终答案取决于自己,毕竟只有你才是最了解你自己的人。另外,你应该更多地考虑自己,而不是别人怎么样,做你该做的事情,特别是毕业前后的这段时间,不然你会更加盲目。

(2)"出国、考研、就业,路在何方"

【问题】"我爸妈要我考研,那我到底要不要去考研?""我周围的同学很多都出国了,我爸妈也要我出国,我要不要去?""直接就业会不会没有竞争力,还是去考个研究生吧。"在职业生涯规划课上,很多学生都有这样或类似的言论,那么到底你的出路在哪里,又该如何去思考这些问题?

【解答】其实,对很多学生而言,出国不是必需的。想出国的学生,必须首先想清楚以下三个问题:家里经济基础支持你出国吗?你出国是为了获得什么?在国外结束学业后,你将往哪里去?其实,关键还是出国是否有利于你实现未来的目标。到国外深造对很多人来说是在绕弯路或者至少在短期内是没必要的,只是他们觉得应该到国外看看,或者只是为了跟风或让别人羡慕。另外,还必须考虑你是否适合出国?有很多学生其实不太适合国外的生活,他们的个性比较内向也不容易适应新环境,在国外较大的学习压力、生活自理压力等困难下,他们可能什么都没学回来。你必须参加留学讲座或咨询相关人员才能了解中国学生在国外的学习和生活情况以辅助你做出决定。

关于考研,很多人只是觉得本科生不好找工作就决定考研,其实这个理由并不充分。在严峻的就业形势下,一些学子本科、硕士、博士一路念下来,结果却发现自己学历越高,就业门路越窄,这时很多机会已经丧失,青春也已不再,顿时觉得"知识贬值"。你必须问问自己你为什么要考研,这一步是否让你更接近了你的目标职业,是必要的一步吗?你还需要从专业老师等多种渠道了解一些关于研究生人才培养计划,从而才能做出决策。

(3)"我没有什么优点,性格也不好,爸妈担心我以后适应不了社会,怎么办"

【问题】在职业生涯规划书中,很多学生写得满满的都是自己的缺点,而对自己的优点却只字未提。在咨询过程中,他们谈得最多的也是性格缺陷、技能缺失、不好的习惯等问题,完全不会想到自己有何特长。有些家庭的父母对孩子以负面批评为主,紧盯着孩子的缺点不放,甚至有时候让孩子觉得"我爸妈以抓住我的小辫子为乐趣"。学生在自信心、发展模式等方面的差异在一定程度上是由于不同的家庭教育方式导致的。

【解答】职业生涯规划的一个重要理念是:发挥优点与特长,选择适合自己的职业,"走自己的路,让他人说去"。而我们的学生却对自己的优点与特长毫无认知。考虑以下问题:你身上是优点多还是缺点多?从小到大你改了什么缺点?是发挥优点更容易让你成功还是不断改正缺点更容易让你成功？事实上，人们把精力和时间用于弥补缺点时，就无暇顾及增强和发挥优势；更何况大多数人的缺点都比才干多得多，且大多数缺点都是无法弥补的。当然，这并不是说我们可以忽视自身缺点。我们也并不认为努力不重要，而是必须方向对了再去努力。另外，从职业生涯规划角度出发，我们应该扬长避短，因为扬长的学习是乐学，补短的学习是苦学，你愿意乐学还是苦学呢？

多数人都有一些性格缺点。首先，人们的个性特征不是一天形成的，也不可能突然发生转变，它是受遗传、教育和环境因素影响形成的。对于大学生而言，目前的大部分个性特征是改不了的，所以应该接纳自己。

其次，每个人都有一些其他人所不具备的个性优势，应该更多地去关注自己个性上的优点，寻求自我价值。很多学生不满意自己内向的性格，看到周围的人能说会道、活动能力很强，十分羡慕。我们在课堂上所探讨的所有个性特征类型，没有好与坏，关键在于这种类型是否是你的，而你能否做到人职匹配，只要能找到适合自己的，那不管是什么性格都是好的。内向性格的学生一般比较容易获得自我满足，你也能因为你的内敛与谦虚获得志同道合的真正朋友，你应该去探索自身性格的存在价值，而不是一味地去否定它。你更没有必要因为这样的性格而担心自己的沟通能力太差，能说会道并不一定就懂得沟通，你完全可以通过一定的训练提高人际沟通技能。

最后，如果你具有我们在教材中提到的三大性格缺陷，即懒惰、自卑和过度虚荣，或者某些你认为你必须改变的性格特征，那就鼓励自己做一些改变。性格虽是受长期所接受的教育和环境的影响造成的，但对成年人来说，实际上是由心理态度所决定的。如果你能改变自己的心态，纠正自己的行为特征并养成一定的习惯，久而久之性格也就能够改变。

（4）"农村孩子的腼腆与人际交往"

【问题】以下是一位大学新生的来信，她对于自己腼腆的性格有些困惑。

老师：您好！

关于大学，有一些困惑和茫然吧！您说以前您是一个腼腆的小男生，那我就想说我也算是挺腼腆的一个女生吧！因为不擅长社交，每次和陌生人讲话都会不自觉地脸红。我也是农村出来的，觉得自己好多东西都不会，而别人好像都懂。我有些自卑，觉得自己笨笨的。

【解答】其实，从农村来到城市，来到向往的大学，本来是件让人高兴事情。但在大学期间遇到很多烦心事，比如由于经济原因没法与同学一起参与某些活动；没法买化妆品等，从而可能会导致与同学关系僵化。我也是农村出来的孩子，根据我以前的经验和感受，给你以下几点建议：

①要先了解自己的个性，假如自己确实很腼腆内向，不愿意与别人主动交流，则需要尝试多与别人主动沟通，克服自己的心理障碍。

②农村来的孩子，有很多事情不会，甚至没有见过很正常，假如遇到这样的情况就自卑，那只会越来越严重，这个时候需要抱着一种学习和尝试的态度去面对，这样不仅会提高自己的能力，而且也会培养自己多样化的兴趣，为人际沟通打好基础。

③上课多思考,有机会在公共场合多回答问题是锻炼自己勇气和胆量的好方法,而且对于提升自己的勇气和主动性都有很大的帮助。

(5)"为什么实现不了自己的目标"

【问题】有个大学生来信中说道"我知道自己要考研,可是总是觉得还没干什么呢,时间就没了。以前,妈妈说我总是三分钟热度,没有毅力。我觉得再这样下去,我的人生就虚度了。希望您能给我点建议。"这是一个关于目标设定与实现的问题。

【解答】有目标是好事情,俗话说:"你为什么是穷人,是因为你没有立下成为富人的目标"。目标的导向作用是很大的。但目标一定要有效才能行,否则也只会沦为空想和幻想。

①你知道为什么你觉得还没做什么,时间就没了吗？因为你的目标太抽象,导致自己还是很盲目,也就成了无效目标。一个有效的目标是一个系统,要满足德鲁克说的"SMART"原则,否则,有目标和没有目标效果差不多。

②你还不了解考研的具体情况,所以,任何目标制定前后,必须要对目标中的具体情况进行了解,可以通过学长和相关老师进行了解,了解清楚后才便于自己做出适合自己的长、中、短期计划,才能指导自己的行为,从而逐步实现目标。

③目标固然重要,但更重要的是要有坚持度和执行力,否则,目标只会停留在表面,也就成了"贾金斯式的人",行动和毅力对于目标的实现非常重要。考研关键是决心和毅力,谁能坚持到最后谁就能胜利,另外还有关键的一点,即在了解考研的具体情况的基础上制订详细的计划方案。

本章·课后练习

以下是一个学生的个人职业生涯规划书的部分内容,请问:

1. 该生提出哪些具体目标？
2. 该生对专业有了哪些深刻的认识？
3. 该生是否具有具体的计划？
4. 该生是如何判断自己的选择是符合自己的？

参考文献

[1] 莱昂纳多·洛斯佩纳托.聪明人的才华战略.符蕊,译.天津:天津出版传媒集团,2020

[2] 李宝元.职业生涯管理:原理·方法·实践.北京:北京师范大学出版社,2007

[3] 杜林致.职业生涯管理.上海:上海交通大学出版社,2006

[4] 廖泉文.人力资源管理.北京:高等教育大学出版社,2003

[5] 罗伯特·C.里尔登,珍妮特·G.伦兹,小詹姆斯·P.桑普森,加里·W.彼得森.职业生涯发展与规划(第四版).侯志瑾,译.北京:中国人民大学出版社,2010

[6] 杰弗里·H.格林豪斯,杰勒德·A.卡拉男,维罗妮卡·M.戈德谢克.职业生涯管理.王伟,译.北京:清华大学出版社,2014

[7] 黄天中.生涯规划:体验式学习.北京:高等教育出版社,2009

[8] Robert D. Lock.把握你的职业发展方向.北京:中国轻工业出版社,2006

[9] Nadene Peterson,Roberto Cortez Gonzalez.职业咨询心理学——工作在人们生活中的作用.2版.时勘,译.北京:中国轻工业出版社,2007

[10] E. H.施恩.职业的有效管理.北京:生活·读书·新知三联书店,1992

[11] 成长分子.好工作是设计出来的.长沙:湖南文艺出版社,2012

[12] 埃德尔曼.思维改变生活:积极而实用的认知行为疗法.黄志强,殷明,译.上海:华东师范大学出版社,2008

[13] 伊莎贝尔·布里格斯·迈尔斯,彼得·迈尔斯.天资差异.张荣建,译.重庆:重庆出版社,2008

[14] 查理德·卡斯维尔.征途捷径:顶级目标实现的17个秘诀.北京:中国时代经济出版社,2007

[15] 里斯·特劳特.定位.北京:中国财政经济出版社,2002

[16] 安德鲁·杜布林.心理学与工作.北京:中国人民大学出版社,2007

[17] 尹忠泽.大学生职业生涯规划.长春:吉林大学出版社,2007

[18] 苟朝莉.走向成功:大学生职业生涯规划与就业指导.北京:高等教育出版社,2009

[19] 付嫦娥.大学生职业规划与就业.长沙:湖南大学出版社,2009

[20] 程艺.大学生职业发展与就业指导.合肥:合肥工业大学出版社,2009

[21] 郭建锋.大学生职业生涯规划.北京:科学出版社,2009

[22] 谢守成.大学生职业生涯发展与规划.武汉:华中师范大学出版社,2009

[23] 陆红,索桂芝.大学生职业生涯规划与职业素质培养.大连:东北财经大学出版社,2009

[24] 夏光.大学生职业生涯规划指南.北京:机械工业出版社,2009

[25] 程宏伟,周斌.大学生职业素养开发与职业生涯规划.成都:西南财经大学出版社,2008

[26] 张建国.大学生职业生涯规划导论.杭州:浙江工商大学出版社,2008

[27] 张乐敏,吴玮,宋丽珍.大学生职业生涯规划与管理.上海:复旦大学出版社,2008

[28] 陈洪权.大学生职业规划与成功择业.武汉:湖北科学技术出版社,2008

[29] 原毅军,董琨.产业结构的变动与优化:理论解释和定量分析.大连:大连理工大学出版社,2008

[30] 杜耿.重塑职业生涯规划:个性、生活与职业.北京:人民邮电出版社,2013

[31] 周永亮.我是职业人.北京:机械工业出版社,2007

[32] 史渥林.思维教学——培养聪明的学习者.赵海燕,译.北京:轻工业出版社,2008

[33] 方伟.大学生职业生涯规划咨询案例教程.北京:北京大学出版社,2008

[34] 彼得·德鲁克.卓有成效的管理者.许是祥,译.北京:机械工业出版社,2005

[35] 李开复.做最好的自己.北京:人民出版社,2005

[36] 丹尼斯·韦特利.成功心理学——发现工作和生活的意义.4版.顾肃,刘森林,译.北京:中国人民大学出版社,2009

[37] 郑一群.德鲁克的管理秘诀.长沙:湖南科学技术出版社,2013

[38] 蒋龙成.自我管理与生涯规划.成都:电子科技大学出版社,2011

[39] 大卫·瑞巴科.情商:成功的领导绝对不是只靠高智商就能做到.孙涛,译.北京:经济管理出版社,2002

[40] 卢台生.求职与沟通.北京:机械工业出版社,2014

[41] 大街网.90后求职全攻略.上海:上海交通大学出版社,2012

[42] 徐惠鹏.大学生求职面试实务与技巧.合肥:安徽人民出版社,2003

[43] 楚湘,鸿飞.面试真相.北京:机械工业出版社,2006

[44] 汤曼莉.职场心经笔记.北京:中国海关出版社,2005

[45] 张先勇,张小红.当场打动主考官——求职面试的128个成功法则.北京:石油工业出版社,2005

[46] 温德顿.轻松赢得面试.北京:中国劳动社会保障出版社,2004

[47] 杨毅宏.世界500强面试实录.北京:机械工业出版社,2010

[48] 布耐恩·费瑟斯通豪.远见:如何规划职业生涯3阶段.苏健,译.北京:北京联合出版社,2018

[49] 唐娜·邓宁.你的职业性格是什么.2版.王瑶,译.北京:电子工业出版社,2019

[50] 卡罗尔·德韦克.努力的意义:积极的自我理论.王芳,译.北京:中国人民出版社,2021

附 录

附录一 职业生涯规划书撰写要求

请依据规划过程(第三章),结合对自我探索(第五章)和环境探索(第四章)的结论,运用生涯决策技能(第六章),按照以下目录要求撰写一份职业生涯规划书。

目录:

一、自我探索

(一)价值观探索

(二)性格探索

(三)兴趣探索

(四)能力探索

(五)生活方式及其他方面探索

具体要求:

1. 可以像写日记一样描述一下自己的个性特征。
2. 回顾你的过去,澄清你的价值观;与亲友交谈,明确你的性格。
3. 识别并确认你的价值观、性格、兴趣和能力类型。

二、环境探索

(一)社会环境探索

(二)家庭环境探索

(三)目标职业认知

具体要求:

1. 社会环境探索主要包括大学生就业形势、目标职业、专业方向、就业前景等。
2. 家庭环境探索主要包括家人的期望、需求和支持等。
3. 目标职业认知主要包括入门门槛、工作性质、工作岗位、职责要求、发展道路等。

三、目标与计划

(一)拟定目标

(二)开发计划

具体要求:

1. 描述理想工作的工作性质、环境与技能要求等。
2. 在人职匹配分析的基础上进行目标定位。

3. 择业并选择有效的职业发展路径。

4. 拟定 10 年三期目标与人生目标,包括物质目标与非物质目标。

5. 开发为实现三期目标的计划方案,即如何获取求职与职业发展所需技能与资源等。

四、调整与评估

具体要求:

1. 在实现上述目标和职业路径的过程中可能会碰到哪些问题?

2. 在这些问题和情景发生时,该怎么办?只需要做一些小调整或是需要转换跑道?

3. 择业和职业发展的其他可能性,这些可能性来源于社会机会、家庭支持、自我个性特征等,对这些可能性进行一定的明确和规划。

格式要求:

1. 五号字,1.5 倍行距,宋体。

2. 提交打印稿,左侧两钉装订。

3. 封面使用"大学生职业生涯规划论文首页纸"。

附录二　职业生涯规划书实例点评

实例一：管理系，大一学生

大学生职业生涯规划书

一、自我分析

1. 价值观

家庭幸福，家人健康和谐；自己创业，自由型，非工资生活，不喜欢受控于人、听命于人，不想过单调乏味的上班族的生活，想在自己的领域施展自己的想法和本领。

2. 性格

◆稳重与活泼并存，自尊，自强，自信，乐观。

◆交际方面不够主动，比较自我，但要是别人主动交好，也能与之成为朋友，给对方留下较好印象。

◆做事情想得太多，不果断。

◆讲原则，比较固执。

◆有计划，但计划实施情况不好，常常打乱。

◆不喜欢一直做一个职业。

3. 兴趣

阅读，上网，听音乐，运动，旅游。

4. 能力

从小学到高中当了10多年班长，有一定的组织和领导能力，具有某种个人魅力，在组织和领导能力方面还需要得到进一步培养和提高。

二、环境探索

1. 社会环境

◆经济和科技发展，人才济济，社会和企业对人才的要求大大提高。

◆大学生就业率下降，工作难寻。

2. 家庭状况

爸爸妈妈经商，生活条件较好。因为从小就几乎所有事情都是爸爸妈妈做主，所以我很没有主见，很少自己决定事情，不过上大学后，这点已经得到改善，我发现自己越来越有主见了，算是一大进步吧！因为从小受家人、亲人、老师和朋友的宠爱，一路走来一帆风顺，没有受过什么挫折，造成心理承受能力很低，不够坚强，想法还比较单纯和天真。

3. 目标职业

创建一个独具特色的"农家乐"主题农场。

三、目标与计划

1. 理想工作描述

◆工作性质：管理。

◆技能：领导和管理，人际沟通。

◆福利待遇：视企业发展状况及社会整体经济水平而定。

◆工作环境与地点：环境舒适优美，适合旅游休闲的农场；面向学生、上班族及从政人员等特殊群体及普通人群；目前暂定在漳州开发区。

2. 目标

◆短期：大学四年里，努力学习，掌握必备的知识和能力，毕业时除了以优异的成绩和优秀的毕业论文拿到厦门大学嘉庚学院本科毕业文凭外，同时通过英语四六级考试，计算机二级考试、普通话测试等，获得各种证书，同时利用空闲时间积极参加社团活动以及学校组织的各项活动，丰富自己的知识储备，提高自己各方面的能力，特别是人际沟通能力，扩大交际圈。

◆中期：在大企业工作，从基层做起，不怕累，不怕苦，多做事，并且不断更换工作，了解市场，了解各种企业的运作方式；积累创业资金，扩大人脉，寻找最佳创业伙伴。

◆长期：经过一段时间的工作，熟悉市场，积累工作经验，有较大的交际圈，有自己的合作伙伴，有足够的资金（其实资金是越多越好），但是为了尽快达成这个长期的目标，可能会选择跟其他人合资。

3. 人生目标

◆家庭和谐幸福，家人健康，给爸爸妈妈最幸福安康的晚年。

◆事业有成，做一个事业型女性。

◆凭借自己的能力，拥有大量财富，帮助处于贫困，疾病等中的弱势群体。

4. 计划

◆短期计划

大一：脚踏实地地学习基础课程，为未来进一步学习打下扎实的基础；利用空闲时间积极参加社团活动以及学校组织的各项活动丰富自己的知识，扩大交际圈。通过大学英语四级考试，走在别人前面。

大二：既要稳抓基础，又要做好由基础课向专业课过渡的准备，并要逐一浏览重要的大三课程，以便向大三平稳过渡。大二里有两次重要的考试：大学英语六级考试和计算机二级考试。

大三：在巩固学习的基础上，我们需要的不仅仅是书本知识，走向市场已经成为一个迫切需要解决的问题，这关系到大四时的求职之路。应提高求职技能，搜集公司信息。

大四：首先，交出一篇优秀的毕业论文；然后，开始毕业后工作的申请，积极参加招聘活动，在实践中校验自己的积累和准备；最后，准备或进行模拟面试。积极利用学校提供的条件，了解就业指导中心提供的用人公司的资料信息、强化求职技巧、进行模拟面试。

◆中期计划

在大企业工作,从基层做起,不怕累,不怕苦,多做事,并且不断更换工作,了解市场,了解企业运作方式;积累创业资金,扩大人脉,寻找最佳创业伙伴。

◆长期计划

创建一个独具特色的"农家乐"主题农场,并且打出品牌,名扬福建,甚至全国、全世界。

四、调整与评估

其实,我不想就业,不想考研。我很希望在大学里面就开始创业,但又担心学业受到影响,毕竟以后找工作还是要求有较高的专业素养。

【点评】

1. 在自我分析方面,某些概念不清,比如对职业兴趣的探索。需要进一步明确职业价值观、职业兴趣、性格、能力等个性特征类型。

2. 在环境探索方面,缺乏对自身专业和目标职业的认知,信息不足。

3. 在目标与计划方面,有梦想是好事,但梦想不会自动实现,它必须落实为具体的目标与行动计划,并加入时间坐标才能美梦成真。该同学有个很好的梦想,但按照这样的计划是很难实现的。再者,短期、中期、长期目标与计划必须具有连续性和有效性,该同学的这些目标与方案还只是停留在一般认知的基础上,泛泛而谈,缺乏针对性,有些甚至是不利于实现梦想的。

4. 规划书中有几个关键的词语,如"事业型的女性""开办农家乐",这些都是需要进行进一步分析和评估的。总体而言,这是一份仅仅表述了自己梦想的规划书,在科学性、可操行性方面远远不够。

实例二:中文系,大三学生

大学生职业生涯规划书

一、自我分析

六岁之前,我还是一个生活在父母臂弯中的乖巧小孩,我性格温顺开朗,是个天生的乐天派。我喜欢看书、写字、画画、听故事。我喜欢新奇的东西,喜欢静静地思考。即使偶尔老师们批评我,拿我和别人做比较,但那些事情当时在我看来是很无谓的。我还是我,从不觉得自己比别人差。

但六岁之后我的生活就变了,性格也开始转变。父母去外面打拼,而我和弟弟被放在了爷爷奶奶家寄养。爷爷奶奶对我们很好,我不再是那个柔柔顺顺的女孩,而是一个飞扬跋扈、有脾气的女孩(这是受了奶奶的影响)。小学时,也没少受老师的批评,经常在上课的时候不注意听讲。由于父母不在身边,奶奶又顺着我,加上身边小伙伴的推崇,我性格中便充满了叛逆。父母不在身边有时就会受人欺负,记忆中最深刻的是被狗追咬事件,我深刻地记得那时站在旁边看热闹的一群大人,那一声声的嘲笑刺痛我的心。从那时开始我的自尊心变得很强,也是从那时开始我渐渐在心里筑墙,开始害怕受到伤害。而那些被人比较、批评的生活也变得令我难堪、愤怒。

上了初中之后,我被父母接到城里。由于从小生活在农村,口音和城里不同,相貌也不好看。因为这些没少受人欺负,同学们大都排斥我,经常恶言相向,直接嘲笑我的口音和相貌。老师们也不喜欢我。那时的我缺乏关心、友爱、宽容。我只是一个孩子,但似乎没有一个人记得我。隐去性格中高傲的一面,我变得自卑、唯唯诺诺。整日待在房间里,无休止地哭泣。

为了得到别人的肯定,我努力上进,失败了再爬起来,高傲的我绝不允许失败。第一次获得了成功的我像是打了一场胜仗,兴奋不已。第一次体验到了高高在上的感觉。

但我不知道这一切有什么意义,我思考人生的意义,思考自己为什么而活。我需要一点时间来认识自己,来认识是什么导致了我现在这样的性格。我迷茫于生存的意义,不明白人生到底什么才是重要的。

高中的我性格朝着各个不同的极端发展,我是一个矛盾的个体,看似水火不相容的性格在我这里却来了个大集汇。但任何一种性格特质在我这里都不能独占鳌位,我理智地压制它们,使之平衡。

大学的我更是深谙什么样的性格才能在这个世界穿梭自如,我不断地武装自己,压抑所有的情感。我不发火,即使很生气也不轻易地流露出来,我明白强碰强受伤的终究是自己,有些东西是要靠智慧去解决的;我不去争夺,即使那东西我有多想要,我明白盲目地使自己陷入恶意的战争中是极不理智的,我需要做的就是等待时机;我不会去羡慕别人的成功,因为我坚信只要我愿意,我甚至可以比他做得更好;我安于现状,却又心痒难耐,极度渴望去闯荡世界,但又怯于现实;我有一整套的人生计划,却又无从下手;我渴望创造不朽的人生,却又迷茫于人生的意义。我始终还是一个矛盾的综合体。

在大学中,我接触了很多新的事物,我的兴趣也是多样的。我喜爱武力,喜欢征服,像跆拳道、剑道、射击等都是我的最爱。但性格中也有安静的一面,我喜欢能沉淀心灵杂质的事物,我喜欢阅读和写作,尤其喜欢绘画设计。我在绘画方面有一定的天赋。我的理想是成为一个自由设计者,用自己的眼睛和手描绘每个令人激动的瞬间,创造无数个永恒。用自己的想象混合现实不断地去创造神话,创造属于整个人类的服装品牌。我的价值观其实也并不复杂,毕竟从初中开始我就已经在思考人生的意义了。我要做自己,为自己而活,用自己的智慧去探索世界,并把自己看到的精彩世界告知全人类。

二、环境探索

1. 社会环境

首先,不可否认现在的就业形势很严峻,但我认为无论什么时期都是这样的,这不能成为大学生找不到工作的借口。找不到工作的主要原因还是实力不够。网络的急速发展,大学生的消遣方式异常得多,但书籍也随之被丢弃在一旁。大学生不再喜爱阅读和学习探索。

其次,我的目标职业是毕业后去酒店打拼几年,积累经验、培养能力。等时机成熟后就出国闯荡,游遍世界,创造属于自己的文字和服饰王国。我会创办自己的杂志社,刊登自己的作品,这算是我的终极职业目标了。当然,这很不容易,甚至需要十几年或几十年的前期准备,但年龄在我看来从来就不是问题。我坚信我们所拥有的每分每秒都值得我们认真对待。

最后,我的中文专业方向就业前景虽不是很好,但它是个万金油专业,几乎是什么领域都可以踏一脚。虽然起点会比较低,但就像老师说的重点还是学习能力,每个人都是从基层做起的,人贵在迎难而上,永不妥协。

2. 家庭环境

对于这个问题我已经和父母谈过很多次了,我也很明确地告诉了他们我的想法。虽然他们没有支持我的决定但也不反对,只是希望我考虑周全后再遵从自己的内心。

3. 目标职业认知

我的工作性质主要是管理酒店正常运营,扩建酒店的运营范围,协调酒店与顾客的纠纷与矛盾等。工作岗位是从基层做起,最终目标是高级领导层。内容现在还不是很清楚,但发展道路绝对是好的。这份工作可以锻炼我的领导能力、协调能力,还能拓展社交圈,锻炼外语能力。这些都可以为以后的目标打下坚实的基础。

三、目标与计划

1. 理想工作描述

我选择的酒店大致在北京或是上海,在这里能更广泛地接触和认识世界,有更好的发展。我选择五星级以上的大酒店,并且以外国人居多的大酒店,酒店的业务也不是单一的。福利待遇方面我没有很多的要求,希望酒店能有比较多的出国考察机会。

2. 目标

在三年内当上酒店主管,六年内成为酒店的中级股东。

3. 计划

大学期间学习语言、沟通和管理,英语和日语必须熟练掌握。法语和韩语为选修外语。除此之外,要熟知必要的金融和法律知识。

在工作的前三年要脚踏实地,积累丰厚的经验和人际资源。同时继续学习外语。在大学中学到的金融知识在这三年里也要充分地利用,要节省开支来进行理财投资,努力赚取资金。

三年后要成功跻身领导阶层,用赚取的资金来购买酒店股份,以此来进行长期投资。并积极争取出国考察的机会,积极拓展上流社会的交际圈。

【点评】

1. 该生能够通过回忆过去的经历进行自我探索,特别是提到了自己成长过程中的几次转折和一些细节,关注这些经历和感受是自我认知的有效方法。

2. 在自我分析部分,该生提得最多的是自己矛盾的性格,高傲与自卑、想追求又自甘堕落……性格较为多元的人适应能力一般都较好,但矛盾的性格的确会在决策时面临较大的冲突。应加强自我探索,明确个性特征类型。

3. 该生应该更多地去探索自身个性特征方面的优势。可以看出该生还是有一定的成长需求的,也懂得反思,如果可以找到自己的动机应该会有比较好的发展。另外,如果该生真的认为自己的个性"十分不好",那可以通过一定的方法弥补性格缺陷,甚至可以寻求心理医生的帮助做一些行为修正。

4. 在环境探索方面,显然十分不足。该生只是简单地认为自己想从事酒店工作,但对酒店业的工作性质、岗位特性、个性要求等缺乏足够的信息,即使把酒店工作当作一份临时的职业也应该更多地去考察它是否真的有利于实现你未来的目标。

5. 对自我和环境有一定的了解,但没有理性的人职匹配分析,更没有将择业建立在这一分析的基础上。该生的终极职业目标是"出国闯荡,游遍世界,创造属于自己的文字和服饰王国。"目标较为模糊,虽有一些想法,但不够清晰,也难以开发有效的计划。

6. 总体而言,感性成分充斥全篇,信息不足,投入不够,难以有效地指导人生发展。应加强探索,理性分析差距,制订科学有效的行动计划。另外,也缺乏调整与评估部分。

实例三:中文系,大三学生

心灵报告——大学生职业生涯规划书

思考这份"心灵报告"很久了,一开始是因为每节课都有很多想法,思潮泛滥也就难于成文;后来课上多了,思想又开始庞杂;而且,从报告本身来说尺度稍难把握,虽然很想透彻地分析自己,但是毕竟"日光浴"是一回事,"曝晒"又是另外一回事。

思虑良久,不想死板地用步骤来阐述,就选取一些课上所见、所闻、所想的东西作为分类来串连我的"光线"好了。

一、对苦难的解读,影响着幸福与我们的距离

我能记得的话语,许多是因为它们也曾经是我的想法。而有另一个人在另一个地方说出了这句话,有另一些人传播了它们,最终它们也总能落到等待共鸣的那些人的怀抱。

曾经我用行动在实现这句话,好多年后才明白,原来自己一直在坚持的不是一个前无古人的试验,而是很多人都已经证实"苦难""幸福""我们"之间有着微妙的关系。那时我不懂,只是一种天性的本能而已。

在我得到第二次生命的时候,我的人生没有经过我的同意至少连一个预知也没有给我,就将写过的那些篇章揉成团,在空中划了一个完美的弧线——然后命中垃圾桶。

那么难得却丝毫不被我期望的一切从白纸再开始。

于是,几乎所有曾让我引以为傲的东西都不再属于我。它们来过我的世界,我却只是一个过客。

也是到后来，我才看懂自己，因为那个时候没有人了解，至少没有人指导或理解我的做法。当所有人都觉得我一改劣习，不再是一个"神经症多动"孩子的时候，我只是回到正常生活中安静了半年而已，然后依旧还是那么淘气、活泼过度。我想那些所谓的大人都觉得这个孩子是没得救了，都生死了一次，怎么还这么不懂事、不成熟。

可是，谁都不知道那个时候我在想什么。我不敢说那个时候我是多么成熟、多么有远见，我却告诉当时十岁的自己：我不要让生活改头换面，天翻地覆，我不想看到所有爱我、不爱我的人脸上都有那丝复杂到让我窒息的可惜。所以我选择让自己的变化降到最低，让所有爱我的人看到那个"依旧的我"而不至于觉得悲伤；让所有不那么爱我的人看到一个"匪夷所思的我"。他们对"变化"的忽略是让我最有成就感的事了。也许这只是我一厢情愿，不过是掩耳盗铃，或许我已做鸵鸟很多年了。其实，那个时候我只是感觉到，所有人都觉得我还是十分乐观的。但是所有人都不知道，我的乐观已大打折扣，若不是曾经的我用20分的热情抵去这10分的苦难，才不会还有10分的阳光让我不被悲观折磨到谷底。

同时，我得到了未曾得到的教导："苦难变成财富是有条件的，这个条件就是你战胜了苦难并不再受苦——受苦中的人，没有权利诉苦。"

十年来，我一直都在做一个快乐的人。因为曾经本就是一个快乐的人，可是这十几年却要学会"做"。人工的东西总不那么完美，也才会给人疲惫感。快乐的人和看到快乐的人都很愉悦，难过的是真正在制造快乐的人。

每个人都有一个不快乐的方式。我用自己的方式解读苦难，做了一个不被自己厌恶的人。这不是我的成就，是每个人都应该做的事情。世上百年，尘事过往，唯独可以陪伴此生的那个人就是自己。学会跟每一个人相处，学会从分析中欣赏每一件事，而最要学会的是跟自己相处，学会欣赏自己的人生，幸福才会无处不在。

二、谋生是人一辈子的事业——不是谋求生存，就是谋划生活

原来我们都一直说生活什么样，生活怎么样。可是当我看到有人说这么一句话的时候，却被震撼到了："对于社会上的很多人来说，他们没有在考虑生活，他们只是在试图生存。"

生活本来是每个人的必需品，可是眼前它却成了奢侈品，让绝大部分人望而却步又翘首以盼。社会的不绝对公平是一件不需我们去评定对错的事情。

人们越发愿意相信"存在即合理"。有些事情不是它存在得不合理，只是有时候它的出现让我们觉得突兀，所以主观的迫切地要将它排除。

对于我的事业，没有人给什么压力，无非能够自给自足就可以了，没有更多的负担也没有一个安逸的摇篮。而我自己对于金钱也没什么过多的渴望，没有丰富的物质要求，只要手有余钱，生存无忧就可以了。

我算是一个比较喜欢经营生活的人吧。很多东西不会刻意去追求，但是掌握在手里的东西就不喜欢让它一成不变。小时候很喜欢做手工，直到现在这也是我的一个强项，很多东西看一遍就可以记下来步骤。兴趣对于我来说是最好的老师，所以因为喜欢自学了很多电脑软件,可是却考不过计算机等级考试;喜欢美术,对色彩有天然的感觉(这是遗传的,我爸有两样手艺:绘画和厨艺),但是曾经最讨厌的就是背着画板去培训班;热爱文学,却不喜欢写作文……可以经久不忘道路和方位,却记不住看过无数次的英语单词。

喜欢生活,不喜欢生存,因为生活很自然,生存很刻意。

所以,这样看来我的谋生没有压力,却又任重道远。

三、士别三日当刮目相看——看的是本事,不变的是本性

越长大越觉得自己变得很弹性,极限之间的宽度变得很广,但是界线却愈发清晰。原来自己脾气不好,现在则只要是在原则内的都可以;原来绝不退让的事,现在则是能担待就担待。

对于处理人际关系复杂的工作环境,现在的我也不是那么抗拒。而且我自知在审视人性(品性)上有一些直觉。小时候不懂,也不确定自己的眼力,但是这些年越发觉得这不是成见的问题。往往一个人在初交的时候,短期内就会对他/她有一个感觉,不确定是在什么时候,但是灵感来的时候自己会非常清晰地感觉到。原来自己不太相信这种感觉,但是特意试验过,直接经验证明当初的感觉是对的。

这个听起来挺虚幻的,可是我会用比较辩证的眼光去看待。因为,随着人的长大,交际圈的愈发扩大和繁复,有时候与很多人都不过是泛泛之交,很难去深入也没有时间去看清一个人,要知道一个人适不适合自己等到知道的时候再去判断就晚了。

我接受排位,我拒绝竞争。我欣赏为了自己而努力,我不喜欢为输赢你死我活。踩在别人身上和被人踩在脚底都是太不善良的样子。

我只为"值得",生生死死。

老师说,应该试着跟每个人、每种人去交流,学会与他们相处,每个人都有他的闪光点。可是不能忽略生活中难免会有遇到"极品"的时候,不是所有人都有这个机遇,但是却不能忽视这个可能的存在。

人性中最值得骄傲和最愚蠢的事之一就是:自欺欺人。

我曾经总是认为"士别三日当刮目相看"这句话很荒谬。但是自从在课堂上对这句话做了一番思考后,我知道是我原来的定义错了。

四、性格改不了,但是行为可以改善

一次文学课上,老师问我们,什么是文学。当时,大家虽然都没说话,但我想应该每个人都有自己的想法。老师说:文学,就是一种品性,是一种品格,是一种品德。而我想说的是:吾欲养吾浩然之气。

我相信在每个人的心中都豢养着两只动物:一只叫邪恶,一只叫善良。曾经在不懂得这个道理的时候,它们是放养的,自生自长。后来,我学会去喂养它们:你丢给哪只食物,它就会成长,不断地丢给它,它就不断地长大;而另一只,它至少会保持濒死的状态,但也不会消亡,因为你一旦喂给它食物,它就开始生长。

所谓相由心生,我相信信仰,人是需要有些信仰的,不是自我信仰也不是偏激的。信

仰是辩证的,是积极的。信仰是为自己的灵魂找一个方向,不至于在生命的长途中出现偏颇。

前段时间做过一个心理测试,本来看了自己的测试结果没多大想法,可是后来让好友也来做,比较之下我很惊讶。

大约从初中开始一直到现在,我在朋友圈里常常是一个倾听者的身份。他们往往会跟我讲一些心里话,有些问题也喜欢让我帮忙审度。我也算比较喜欢扮演这种角色,它需要在适当的时候让倾诉者得到强烈的共鸣以及能够给予比较适合的建议和办法,并且在此之外绝对保密。

我可以读懂一些人的一些心思,却从未找到一个人可以读懂我,没有人可以在我情绪跌宕、思绪混乱的时候为我分析、解说、指点,让我得到醍醐灌顶般的清晰思路。

经过初中三年,我并没有很好地处理自己扮演这个角色的方式。不加掩饰地说,当时很累。因为我不懂得让自己跳出吐槽的漩涡,自己无法很好地把握心态,往往被别人的情绪左右。而且,要一个人保密比较容易,几个人也还行。但是当他们的关系是熟悉、亲密的,或是交叉的、对立的,我就不仅要能够调和自己在他们之间的角色,同时也要让自己有绝对的可信度。

之后的生活,我已经学会如何去改变自己这种"只入不出"的状态,学会让自己仅仅是一个观察者,从他们的情绪中看到他们看不到的客观因素,引导他们用自己的方式做决定,给他们我的建议但是尽量不"误导"他们使用我的思维(我常常在最后都会跟他们说:这只是我略带主观的建议,你自己再考虑考虑。所以,老师第一次问我对于朋友出国、考研、工作三种选择持什么样的态度时,我也是这么说的,并不是不关心朋友的将来,而是不希望一个人失去了思考自己人生的权利和一份自主选择的责任心)。然后,从他们的这些事情中,获得我的间接经验。

有句话说:"读万卷书不如行万里路,行万里路不如阅人无数,阅人无数不如名师指路,名师指路不如自己领悟!"

五、一门精湛的技艺十一张世界旅游的免费机票

在一次拍卖会上,我拍到的是一门精湛的技艺。我不揣测为什么其他人不努力去争取它,每个人都有自己的选择权,也有自己的价值观。

自从我进入中文系,可以用期望来形容。因为我的人生从懂事以后基本上都是我自己做主。但是,自从我彻底投入文学的怀抱,我就懂得了一个道理:兴趣最好是放在专业之外。换句话说,不要让最靠近自己灵魂的东西跟现实挨得太近,这样心灵就缺少了一个依赖。其实这话也有失偏颇,事情都不是那么绝对的。我希望拥有的这门精湛的技艺,我想如果不是自己对它有兴趣,它也无法达到精湛的地步了。

有人说:"知识不能给我们什么财富,它只是给了我们很多获得财富的机会。"

也许现在已经不是"一技在手,吃喝不愁"的年代了,但是现在能够熟练地掌握一门技术的人也不多了。曾经,缺的是技术;现在,缺的是人才。

我拍不到梦想得到的那张机票了,从我相中它的那一刻起我就知道,它一定很热。因为每个人都有一个飞翔的梦。

而我梦想得到它的原因是骨子里对自由的一种渴望,对未知的渴望,对飞翔的渴望。并且,我还有自己引以为傲的方向感。我喜欢自己筹划自助旅行,了解一个陌生的城市,在一个不属于自己的地方看它包容我的身躯,让它的街道灯火迅速地印在我的脑海里,仿佛那是我成长的地方。即便我是一个名副其实的过客,但我知道它不会拒我于千里之外,而千里之外有一个属于我的地方随时准备让我投入它的怀抱。

我一直没有发现,或者可能是自己一直忽略了,其实我是一个非常没有安全感的人。我一直以来都在观察身边的人、身边的朋友,哪一个是缺乏安全感的,哪一个在什么时候、什么情况下会害怕,会恐惧。可是,我却忘记了自己是一个没有安全感的人。这也许是矫枉过正的结果,因为我老是关注着怎么去保护身边的朋友不受伤害,老是希望让别人在我这体会到安全感——因为我知道,在这个世界上,这个社会中,最多的是孤寂,最少的是安心。

"很多时候我喜欢坐在同一个地方;喜欢看电影,常常从别人的人生中看到自己生命的方向和无法触及的世界;吃很多或者不吃;很念旧,喜欢抱臂,小时候极其怕黑现在倒还好,偶尔莫名其妙地感到孤单;喜欢有口袋的衣服,倒不是需要给手找个可以放的地方,因为我是用包包来解决手的尴尬的,所以我基本上需要随身带包包;喜欢抱着东西睡觉,失眠的时候,如果可以睡着一定是蜷缩地入梦;可以不说话的时候不爱说话,但倒算是很能说;喜欢窗口;喜欢冷战,一般不打,打起来不一般;喜欢晚睡,经常性的;喜欢写字和阅读;不在人前流泪,也很难流泪;喜欢笑;最喜欢的颜色是白色;心事放在心里最温柔的地方。"

最近才知道,二十几个没有安全感的表现我占了一大半。但是,我自己却没有发现,身边也从没有人用它来定义过我。

六、衡外情,量己力

首先说明,这一段是后补的,如果风格和情感有异于前文,实属一时情绪。因为我通读全文的时候,发现自己没有很明确地谈及工作也就是职业方面的内容。

一直以来,家里的长辈都希望我做老师,他们传统的眼光认为老师是一个踏实又稳定的工作。爸妈对此也算是抱着很支持的态度,他们希望我以后会比较安定。可是我自己越来越不喜欢做老师这一职业了,因为在我看来,老师是一个义务远远超出权利的工作,老师这个职业的重要性意味着对自己、对学生、对社会都应有不可亵玩的态度。我曾经跟朋友说过,在我不确定自己有足够的物质条件和精神条件的情况下,我不想养育小孩,因为我不想在自己都对人生没有一个肯定的认知之前就让另一个生命来世上探索,我要对自己的行为和他(她)的生命负责。

同样的道理,如果我不确定自己有足够的能力去正确指导孩子们的思想,能够让自己任何细微的言行对他们日后的成长产生积极的影响之前,我不会选择做老师。

除了这个看起来比较冠冕堂皇的理由之外,我不接受这个职业的另外一个原因是社会现实。现在的小孩越来越难教了,其症结是他们成长的过程、家庭教育等人力所不及的因素。

但是,我对于特殊教育有一定的向往,虽然我不熟稔手语,但在这方面的学习能力却是比较强的。而且,我曾做过"MBTI性格测试",很满意但很出乎意料的是我的结果是教导型的,而且第一个推荐职业就是特殊教育。只是,从现实状况来看,这条路似乎已经不能成为我的一项继大学之后的职业道路,我想应该可以在我有了较稳定生活的时候作为一种社会实践经历吧。

朋友给予我的建议是觉得我应该去做心理咨询师。可是,对于这个问题我早在中学的时候就想清楚了:每个人都希望有人懂他,但是每个人都害怕被人看穿。所以,人通常只是希望在情绪不佳、思想困惑的时候有个人可以跟他达到心灵上最贴切的共鸣,同时给予他明智而温暖的帮助。在我看来,能够想其所想是温暖的,能够想其不能想则是明智的。如果给自己标榜这样一个职业身份,是自己的痛苦,也是身边人的尴尬吧。

我最向往的工作是到出版社工作。以前为了应付家人和朋友对中文专业的质疑,我都随口说将来要做编辑。但直到我后来认真思考这个问题的时候,发现不论是到报社还是电视台这种传媒单位工作,都与我的想象有些许差距。后来,总结来看觉得自己比较想去出版社,特别是因为自己比较青睐"三联书店"的发展历程以及它的一些出版物。而且自己除了对文字技巧有所掌握外,对美术方面也有所了解,在大学期间还自学电脑设计,我对文字编辑工作以及美术编辑工作都有兴趣。

但是,现实来看我的学历和工作竞争力不能充分地让我去从事这个职业。在写这份报告的思考中,我渐渐下定了考研的决心。在大学生四个发展方向中,我徘徊于工作和考研二者之间,我也在挖掘对于自己专业的研究兴趣。

然而我的目标的矛盾在于,考研对于我来说难度很大。

讲到这,基本上我把自己目前的情况描述得差不多了。第一次这样全面地、深刻地将自己写成文字。但是,我却觉得有更多该说的东西此刻却了无踪迹,无从捕捉。我不知道这份报告能否达到要求,也不知道是否已真正将我自己阐述清楚了。

不用完美,只求完整。

最后,写一段给老师的话吧——

也许有些人觉得这种课很无聊,也没多大实际意义。虽然老师上课也常说职业生涯规划的重要性、人职匹配的重要性,但是我觉得这都不是最重要的,包括在大学里,很多人认为它有意义,有的人觉得它没作用,可是再放开来讲,生活又有意义吗?莫不也是仁者见仁,智者见智?

其实最重要的是我们在做什么,我们想过什么。

这门课,是我思想上的世外桃源,因为我在上课时思想是最自由的时候,我可以思考一直以来最想去思考的东西。每当刮过一阵头脑风暴,我会对眼前的事情都充满激情和动力。

一开始,我也有过一个想法,这门课是一个多么大的资源库,等到有机会的时候,可以用我们这些人生"半成品"的思想报告来对一个庞大的群体做个研究课题。

【点评】

1.这是一份比较特殊,也比较有意思的职业生涯规划书。全篇零零散散,就像在写散文和随笔,充满了感性认识和专业特色。虽然,该生基本认同人职匹配的职业生涯规划的理念和方法,但却难以理性地去探索和施行。

2.职业生涯规划的目的之一就是希望学生能够通过回忆过去探索自我,在这一方面,该生完成得比较好,而且从她的叙述中,可以看出她还是一个比较有特质的学生。

3.规划书中有些语句值得关注,如"喜欢生活,不喜欢生存""对自由的渴望"以及提到的三类职业,"特殊教育""心理咨询师"和"出版社编辑"。可以根据这些信息,对该生提供指导。另外,教师职业虽然压力比较大,但不能因此而拒绝这一职业,反而因为该生具有高度的责任感,再加上专业比较对口,因此他是可以往教师这个职业发展的。

4.显然,正如该生所担心的,这篇职业生涯规划书并没有达到要求,但可喜的是通过这份规划书,他进一步探索了自己,并做出了一个决定——"在写这份报告的思考中,我渐渐下定了考研的决心"。这也是职业生涯规划的目的之一。

5.这篇算不上职业生涯规划书的"心灵报告",仅仅只是个开始,但是个很好的开始。接下来,应该鼓励该生去了解尽量多的信息,特别是考研与目标职业的情况,使其更为理性地制订一份有效的计划。希望她能找到一份符合她个人特质的职业、工作环境和发展道路。

实例四:国贸系,大三学生

大学生职业生涯规划书

一、自我分析

1.价值观

(1)我所看重的职业价值类型(重要性依次递减)

①稳定性

稳定性对于我而言是最为重要的,我渴望拥有一份具有稳定的工作地点与环境,稳定的收入与福利待遇的工作。我并不害怕工作单调,也不介意被领导与管理,但是我无法接受的是频繁的跳槽,因为这样会使我没有安全感,更确切地说,我讨厌高风险的东西,而频繁的跳槽正意味着我的失业风险很高,也预示我生活中的不确定因素的增加。这足以使我陷入不安、忧虑、急躁甚至恐惧的状态,所以稳定对于我来说极其关键,这也是我将稳定性摆在首位的原因。

②经济收入

这里的经济收入主要指工资,我认为物质生活的质量的高低主要取决于工资的多少。我并不是一个贪财的人,但是面对将来上有老下有小带来的压力,我希望有一份工资待遇较好的工作。而且我也不希望将来变成一个为了柴米油盐酱醋茶而省吃俭用、斤斤计较的黄脸婆,不希望自己过多地被财务束缚。因此我渴望一份收入稳定且让我衣食无忧的工作,以避免被沉重的经济压力压得喘不过气来的境地。

③社会地位

我是个比较在乎别人看法的人,希望拥有一份受人尊重的工作。我希望自己的工作能被家人、朋友所认可。我是一个需要被激励的人,良好的社会地位在一定程度上会对我起到激励的作用。因此社会地位对我而言也比较重要。

④人际关系

我不希望与过于复杂的人群交往,我希望有较为固定的朋友圈。我看重友情与亲情,身为天秤座的我相信良好的人际关系有助于我的人生发展。我生性善良,希望自己的人际交往圈和谐稳定,为了生活的安宁我将人际关系摆在重要的位子上。

⑤生活方式

我喜欢有规律的生活,要有比较固定的作息时间,无法忍受没有双休日的工作,不希望自己的生活节奏太快,因为那样会让我感觉压抑,会有种窒息感。适时地休息才能让我精力充沛,我想说我就像是块太阳能电池,总要让我有晒晒太阳、充充电的时间吧,不然我就不能发挥出原有的水平了。而且我也希望有时间做自己感兴趣的事,学一些想学的东西。因此我渴望一份符合我生活方式的工作。

(2)我的职业价值观的类型(根据课件的心理测试所得,并按分数由高到低排列)

①小康型

特点:较为虚荣,优越感也很强,渴望能有社会地位和名誉,当欲望得不到满足时,由于过于强烈的自我意识,有时反而会很自卑。

②技术型

特点:性格沉稳,做事组织严密,井井有条,并且对未来充满平常心态。

③合作型

特点:人际关系较好,认为朋友是最大的财富。

④志愿型

特点:富有同情心,把他人的痛苦视为自己的痛苦,不愿干表面上哗众取宠的事,把默默地帮助不幸的人视作无比快乐的事。

⑤自我实现型

特点:不关心平常的幸福,一心一意想发挥个性,追求真理。不考虑收入、地位及他人对自己的看法,尽力挖掘自己的潜力,施展自己的本领,并视此为有意义的生活。

2.性格

(1)我的性格特征

①态度特征:我关心社会时事,比较热爱集体,对于需要帮助的人一般都会伸出援助之手。我对工作和学习一直保持着严肃认真的态度,并且有信心持之以恒。

②气质特征:我属于黏液质和抑郁质。黏液质的人可能稳重、坚毅、扎实,也可能冷淡、固执、知错难改。缄默安静型。抑郁质的人可能办事细致、严守纪律、独立思考,也可

能多疑、多愁善感、缺乏自信。呆板羞涩型。

③理性特征:我的理解能力不错,记忆力也不错;虽然知识联想能力也不错,但是空间想象力有限;对于代数、法律、会计、绘画方面的感知与敏感度相对于其他方面要好。逻辑思维能力较好。

④情绪特征:我的情绪较为稳定,一般不会大起大落,处于比较温和的状态,但是如果遇到我在乎的事,可能会变得较为急躁、紧张、不够镇定。当他人使用过激的语言刺激我,我的忍耐往往很有限,显得比较阴沉与暴躁。不过不高兴的事情我不会在意很久,能够比较迅速地恢复平静的状态。

⑤意志特征:我认为自己是一个意志力、自我控制力较强的人,能够持之以恒。我以前学画画的时候,总是可以坐着画一个下午;去图书馆自习,也可以一坐就是一整天。对于自己拟订的学习计划也可以较好地坚持执行。

(2)我的性格类型

①内倾型:关注的对象和兴趣集中于内部世界,富有想象力,比较孤僻。

②独立型:自尊、自信、自立、自强,独立思考、自主决策、应变能力强,喜欢让别人接受自己的观点。

③思考型:严谨,有计划,求稳妥,严守信誉和规则,专心致志、持之以恒是自己的优点,但处事常犹豫不决,行动迟缓。

④意志型:目标明确,主动积极,敢作敢为,坚韧不拔。

就总体而言,我在心理学上被归为思考型。善于思考,逻辑思维发达,有比较成熟的观点,一切以事实为依据,已经做出的决定能够持之以恒,生活、工作有规律,爱整洁,时间观念强,但有时思想僵化,纠缠细节,缺乏灵活性。

3.兴趣

(1)我的职业兴趣(根据霍兰德职业兴趣测验所得)

事务型职业:爱做室内有规律的具体工作,宁愿被别人管,不愿管别人。

(2)我的好恶调查表(附表2-1)

附表2-1　　　　　　　　　我的好恶调查表

喜好	厌恶
喜欢美食	不喜欢出差
喜欢住在安静的地方	不愿生活在大城市
喜欢住在中小型城市	讨厌整天对着电脑工作
喜欢做事有步骤、有计划	不喜欢穿高跟鞋
喜欢整理归纳资料	不喜欢剧烈运动
爱看动漫、小说	不喜欢加班
喜爱绘画	不喜欢太过杂乱的工作环境

4.能力

(1)我的专业知识背景

国际经济与贸易专业,具有较为扎实的国际贸易理论、国际贸易实务、国际金融、国际商务、国际商法的相关专业知识。已经通过计算机二级考试及会计从业资格考试。

(2)我的学习能力情况

对于理论性强的学科理解与吸收能力相对较好。

2017~2018学年第一学期获得一等奖学金;第二学期获得三等奖学金,并在此学年获得"优秀三好学生"荣誉称号。

2018~2019学年第一学期获得一等奖学金,并获得"数学之星"称号;第二学期获得一等奖学金,并在此学年获得"优秀三好学生"荣誉称号。

(3)我的优缺点平衡表(附表2-2)

附表2-2 我的优缺点平衡表

优点	缺点
有团队意识	容易紧张
容易得到他人的信赖	有时想法太过简单,不够全面
公平公正	性情比较保守
办事认真、一丝不苟	有时做事太过急躁
注意力集中程度高	有点固执,不易被说服
自我控制能力强	不喜欢生活琐事
理解能力、适应能力较强	有时说话太过直接,不够委婉

5.其他

(1)潜能

我认为我在会计、法律方面拥有一定的潜能,为此我在选修课程时选择了有关科目的课程。在会计方面,我选修了财务管理,下学期要选修税法。在法律方面,我选修过了经济法、劳动法等与经济类专业有关的科目。同时经济法也是会计的相关课程,通过选修这些课程进一步发掘自己在这两个方面的潜能。

(2)生活方式

我认为生命中,工作与生活同等重要,家人、朋友、休闲、培养爱好(如绘画,韩语等)、提升技能(如参加会计或其他培训),这些都很重要。如果因为工作使得与家人、朋友的关系疏远,只会使自己失去支撑,变得孤寂、迷茫。如果不注意适当的休息,则会影响工作的效率。我并不想当一个只会工作的机器人,因为即使那样使我看上去过得很充实,但实际上内心却没有丝毫的温暖与慰藉。我希望我的工作能够让我留出时间给我的家人、朋友,能够让我做其他我想做的事。这也是我希望工作时间有规律、有双休日的原因。

(3)自信的来源

我的自信来源于我充分的准备,如果在做一件事前我有充分的准备,我会更有自信,至少不会紧张。这也是我为什么从不缺课,上课认真听讲的原因之一,我不希望考试前临时抱佛脚弄得自己很狼狈。

二、环境探索

1. 社会环境

(1)大学生就业形势

①就业形势依然严峻

当前受新冠肺炎疫情、经济下行压力等多种因素叠加影响,就业形势复杂严峻。

②专业技术人才供不应求

经过多年努力,目前中国专业技术人才培养取得显著成就。但《国家中长期人才发展规划纲要(2010—2020)》指出,中国人才发展仍面临高层次创新型人才匮乏,人才结构和布局不尽合理,人才资源开发投入不足等问题。

③小结

我国大学生就业形势虽然不容乐观,但我国专业技术人才总量还处于供不应求的局面。大学生"就业难"仅仅是一种表象。原因有两点:第一,作为一名大学生是否学有所成,知识和能力结构能否达到企业用人标准,这值得思考;第二,个人就业意愿和社会意愿存在很大差异。

(2)专业方向与就业前景

国际经济与贸易专业的毕业生就业大概有以下几个方向:

①外贸公司

外贸公司是与国贸专业较为对口的就业方向,但是它对综合能力要求高,不仅要求熟练掌握国贸实务知识,还要具有国际商法的相关知识,以及较高的英语水平、计算机操作水平。还要有相关的资格证书,如外销员资格证、商务英语等级证书等。加上这几年国贸专业毕业生人数增加,进入外贸公司的竞争非常激烈,特别是大型的外贸公司竞争尤其激烈。

②外资企业

国贸专业在外资企业相应对口的工作也是关于进出口业务的工作,如外贸采购员、外销员、国际商务师等。外企的学习机会比较多,待遇也较好。但是这类企业的竞争更为激烈,有大量的经济类专业以及语言类专业的竞争者,要突出重围很困难。

③进出口贸易单位

进入进出口贸易单位需要持有报关员、报检员的从业资格证书,这类证书考试通过率不高,如报关员的平均每年通过率为11%左右,但是证书是终生的。但是这类职业的技术水平不高,没有什么大的学习机会。

④银行

国贸专业毕业生一般进入具有国际业务、外汇业务的银行的相关部门,从事信用证相关业务如开证、审证,或是外汇交易员的工作。进入银行,首先要通过银行从业资格考试,而其通过率不足四成。若从事信用证业务,还要求要有单证员、报关员等相关证书。若从事外汇交易,还需持有外汇交易员资格证书。当然也可以做柜台,但是可能与国贸专业知识联系不大。再加上还有大量的金融专业、会计专业的毕业生共同竞争,进入银行也较为困难。

⑤物流企业

物流企业里与国贸相关的职业是国际货运代理,若想要从事该职业需考取国际货运代理资格证,此证书的通过率为90%,但是一般的物流专业也都要求考此证,因此国贸专业的学生要脱颖而出,主要靠扎实的国贸相关专业知识,或是英语水平。

⑥政府机构

外经贸局、海关、税务等政府部门也是国贸专业的就业方向之一。公务员是大学生就业的热门方向,竞争极其激烈。进入政府部门,首先要参加国家或地区公务员考试。进入海关,要参加国家公务员考试,其竞争更是白热化的。如厦门海关曾出现几万人竞争一两个职位的情况。

⑦攻读相关硕士学位

本科毕业后还可攻读相关的经济学专业硕士学位,如西方经济学、服务经济学、金融、管理甚至是国际经济法等相关专业。但是面对日益壮大的考研一族,以及日益增高的考研分数,考研的压力也十分沉重。

2. 家庭环境

(1)家人对我的期望

我的家人希望我拥有一份稳定的工作,特别希望我考公务员,他们并不希望我考研,而且他们认为读研后就业面会更加狭窄,还不如直接工作增加一些工作经验。

(2)家人对我的需求

我是家里的独生女,外婆的年纪大了,我妈的身体也不太好。他们都有比较稳定的收入,也希望我找一份稳定的工作,并有能力与时间照顾他们。

(3)家人对我的支持

家人极力支持我考公务员,也积极地帮我了解相关的信息。

3. 目标职业认知

我的目标职业:政府税务部门公务员(主要是税收征管职位)

由于大学专业的限制,我应该只能报考税收征管的职位,不过我想考上了之后多学习一些会计、审计的知识,向财务管理职位的方向发展。这主要是因为我比较喜欢办公室的职位,而税收征管可能相对较多地在外奔波。

(1)入门门槛:通过国家或地方公务员考试,一般要求通过英语四六级考试,计算机二级或二级以上,有些还要考专业知识,如下所示:

①税收征管职位　考经济管理　大学专业要求为　经济学类,工商管理类

②财务管理职位　考财务管理　大学专业要求为　统计学,审计学,会计学

③信息管理职位　考信息管理　大学专业要求为　数学类,信息与电子科学类,电子与信息类

④综合管理职位　考综合管理　大学专业要求为　人力资源管理,档案学,档案管理

⑤政策法规职位　考政法　大学专业要求为　法学类

具体还要看职位的专业要求及政治面貌要求(是否为党员)。通过公务员的笔试后,还要参加面试。具体的竞争激烈程度要根据当年的报考人数而定。

(2)工作性质:国家或地方公务员。

(3)工作岗位与内容:若是税收征管的职位,主要负责征税方面的工作,与我的专业较为对口的是外贸方面的征税工作。若是财务管理的职位,则主要进行税收统计、会计、审计方面的工作。

(4)福利待遇：

①公务员不需要缴纳社保，这就节省了很大一笔支出。

②许多行政机关单位对公务员的在职教育都有"学费补贴"（只要能完成在职教育并获得学位即可申请），这样可以减轻个人的经济负担。

③公务员的薪资水平目前在我国处于中等偏上的位置，而其劳动强度不算太高（目前许多就业市场上高薪职位都伴随高强度、高压力的工作，高薪常常是以牺牲健康为代价）。综合而言，公务员工作的"性价比"还是比较高的。

④公务员享受公费医疗。

⑤公务员退休后保障充分，除了继续享受公费医疗外，工资和原来退休前的工资是一样的，而且在公务员整体涨工资的时候，退休公务员同样享受"涨工资"的福利待遇。

⑥公务员在享受住房公积金的同时，还享受住房津贴（即货币分房）。等于在住房方面，享有双重保障。

(5)发展道路：公务员的工作稳定，工资及福利待遇都很不错，但是晋升比较困难。现在国税要求的是"逢进必考，逢晋必考。"提供员工比较公平的发展平台。

(6)其他：

①公务员工作时间有规律，"朝九晚五"，除了特殊岗位外，基本上没有太多的加班情况。人性化的工作方式可以把劳动者的身体保护得更好些。而现代社会中，很多人的工作强度非常大，职业病现象非常普遍。所以这点很重要，因为"身体就是革命的本钱"。

②公务员不会乱加班，这样周六日就可以参加"在职研究生教育"进行自我提升，在现代社会中，"劳动者职业能力的不断提升"比"短期的薪水增长"更为重要。

三、目标与计划

1. 理想工作描述

××市国税局公务员（税收征管或财务管理相关职位）

①工作性质

国家公务员，中央直属单位工作人员。

②技能/能力

税收征管相关职位：税收相关的具体规定，及相关的法律知识；经济学、工商管理相关知识；较好的沟通能力、语言表达能力；相关的计算机运用能力。

财务管理相关职位：税收相关的具体规定，税收计算方法及相关的法律知识；统计学、会计学、审计学相关知识；相关的从业资格证书，如会计从业资格证；较好的论文报告水平，语言组织能力；相关的计算机运用能力（如会计电算化相关运用能力）。

③福利待遇

工资 2 000～3 000 元，还有季度奖金上千元，年终奖金 3 000～4 000 元，以及其他较为优厚的福利待遇。

④工作环境与地点

一般是在国税局的办公大楼，征税的话可能还要跑企业了解情况。

⑤人职匹配分析

A. 理想工作与价值观吻合程度（附表 2-3）

附表 2-3　　　　　　　　　理想工作与价值观吻合程度

我所看重的职业价值类型	理想工作的相关评价	两者吻合程度
稳定性	公务员的工作稳定性高	吻合程度高
经济收入	公务员工资及福利待遇水平不错	吻合程度高
社会地位	公务员的社会地位较高	吻合程度高
人际关系	人际网络不会过于复杂，多是政府机构或是相关企业的人	吻合程度高
生活方式	有双休日，工作有规律，不乱加班，有自我提升的时间	吻合程度高

综上，可以看出我的理想工作与我的价值观的吻合程度较高，在价值观方面达到了人职匹配。

B. 理想工作与性格的吻合程度（附表 2-4）

附表 2-4　　　　　　　　　理想工作与性格的吻合程度

理想工作职位：××市国税局公务员（税收征管或财务管理相关职位）		
我的性格类型	与职务的吻合程度	
^	税收征管	财务管理
内倾型	不太吻合	基本吻合
独立型	基本吻合	基本吻合
思考型	基本吻合	吻合程度高
意志型	吻合程度高	吻合程度高

从附表 2-3、附表 2-4 可以看出我的理想工作与我的性格也较为吻合，在这方面达到了人职匹配。

C. 理想工作与兴趣的匹配程度

理想工作与职业兴趣的匹配程度。我的职业兴趣（根据霍兰德职业兴趣测验所得）为事务型职业。爱做室内有规律的具体工作，宁愿被别人管，不愿管别人。这与财务管理的相关职位较为匹配，因为这类职务一般是在办公室工作，且具有一定的规律性流程及操作规范。而在办公室或办税大厅的有关税务征收工作与我的职业兴趣较为一致，原因同财务管理的相关职位的理由类似。由此可以看出我的理想工作在职业兴趣上基本达到了人职匹配。

理想工作与我的喜好的吻合程度见附表 2-5。

附表 2-5　　　　　　　　　理想工作与我的喜好的吻合程度

我喜好的	理想工作相关情况	吻合程度
喜欢美食	南平市有不少小吃，且与我家乡的饮食习惯一致，符合我对饮食的要求	基本吻合
喜欢住在安静的地方	南平市可以找到环境较安静的房子，且租金相对较低	基本符合
喜欢住在中小型城市	南平市属于中小型城市	完全吻合
喜欢做事有步骤、有计划	税务部门每年都有严格的工作规划及工作量，工作有规律	吻合程度高

(续表)

我喜好的	理想工作相关情况	吻合程度
喜欢整理归纳资料	办公室的工作会有比较多整理归纳资料的工作,特别是财务管理相关职务	基本吻合
爱看动漫、小说	税务局不乱加班,有双休日,有时间让我看漫画与小说	基本吻合
喜爱绘画	税务局不乱加班,有双休日,有时间让我学习绘画	基本吻合

理想工作与我的厌恶的吻合程度见附表2-6。

附表2-6 理想工作与我的厌恶的吻合程度

我厌恶的	理想工作相关情况	吻合程度
不喜欢出差	税务局的工作一般不用出差	吻合程度高
不愿在大城市	××市为中小型城市	完全吻合
讨厌整天对着电脑工作	税收征管或财务管理相关职位一般不需要整天对着电脑	基本吻合
不喜欢穿高跟鞋	虽然税务局有统一的着装要求,也要求穿高跟鞋,但是高度不会太高,也可选择坡跟的,还是在我的接受范围内的	基本吻合
不喜欢剧烈运动	办公室的工作没有较大的走动量	基本吻合
不喜欢加班	公务员不会乱加班	基本吻合
不喜欢太过杂乱的工作环境	国税局的办公大楼一般条件都不错,环境也很干净整洁	基本吻合

由附表2-5和附表2-6可以看出我的理想工作与我的好恶相一致,在兴趣方面,我的兴趣与理想工作达到的人职匹配。

D. 理想工作与能力的匹配程度

税务征收职位与我的能力的匹配程度见附表2-7。

附表2-7 税务征收职位与我的能力的匹配程度

税收征收职位要求的技能/能力	我的能力是否能达到	预期匹配程度
税收相关的具体规定,及相关的法律知识	已经学习了相关的知识,下学期还会修税法的课程	基本匹配
经济学、工商管理相关知识	我是国贸专业的学生,已经具有相关的经济学的知识	匹配程度较高
较好的沟通能力、语言表达能力	我经常给不同的同学讲解题目,自认为表达能力还不错	基本匹配
相关的计算机运用能力	已经拿到了计算机二级证书,准备下学期考计算机三级	基本匹配

财务管理职位与我的能力的匹配程度见附表 2-8。

附表 2-8　　　　　　　财务管理职位与我的能力的匹配程度

财务管理职位要求的技能/能力	我的能力是否能达到	预期匹配程度
税收相关的具体规定,税收计算方法及相关的法律知识	已经学习了相关的知识,下学期还会修税法的课程	基本匹配
统计学、会计学、审计学相关知识,相关的从业资格证书,如会计从业资格证	已经拥有会计的基本知识,并在今年参加了厦门会计从业资格考试,成绩虽未出来,但我认为应该可以通过	基本匹配
较好的论文报告水平,语言组织能力	我的论文都是自己写的,且分数还不错	基本匹配
相关的计算机运用能力(如会计电算化相关运用能力)	已经拿到了计算机二级证书,准备下学期考会计电算化	基本匹配

从以上分析可以看出我的理想工作与我的能力也基本匹配,在这方面也达到人职匹配。

E. 小结

从我的理想工作与我的价值观、性格、兴趣、能力的匹配程度分析可以看出我的理想工作在总体上是达到了人职匹配的。这个职业是很适合我的,而我也有能力做好这份工作。

2. 目标

(1)目标定位

我的职业锚:安全/稳定型职业锚。我始终不可放弃的是稳定的或终生雇佣的职位,关注财务安全和就业安全。政府部门和事业单位对我很有吸引力,我会对自己的组织感到自豪,对组织忠诚,即使我没有担任很高或重要的职位。

(2)职业发展路径:横向发展再向上发展的方式

由于公务员晋升较为困难,加上我的专业的限制,在开始报考公务员时可能只能先报考关于国税局的有关税收征管职位,我想在考上这类职位后,向财务管理的相关职位发展,扩大工作领域,增加工作经验,提升职业宽度和职业综合竞争力,为以后的晋升打下基础。

(3)三期目标(附表 2-9)

附表 2-9　　　　　　　　　　三期目标

	物质目标	非物质目标
短期目标 2~3 年	考上税务局的公务员 (税收征管类职位)	加强税务方面知识的学习,继续学习英语及相关的计算机技术
中期目标 5~6 年	从税收征管类职位 转向财务管理职务(会计方面)	继续增加税务工作的相关经验,通过会计初、中级职称考试
长期目标 10 年	向审计类职务方向发展 寻求晋升机会,达到科级正职	通过注册会计师考试

(4)人生目标

25~28岁结婚生子,工作稳定,家庭美满,衣食无忧。不求赚大钱,只希望能不要为钱烦恼,过平静安定的生活。

3.计划(为实现三期目标)

(1)为实现短期目标的计划

①2020年3月,参加计算机三级数据库技术的考试。(利用寒假时间复习)

②2020年4月,参加会计电算化的考试。

③2020年6月,参加大学英语六级考试。

④2020年7~8月的暑假期间,留校开始为公务员考试做准备,必要的话可以在厦门报个培训班。主要复习行测方面的知识。

⑤2020年9~10月,主要复习申论方面的知识,继续巩固行测方面的知识与解题技巧。10月底,进行国家公务员考试报名,与家人商量后决定报考职位。

⑥2020年11月底,参加国家公务员考试。并在之后开始为面试做准备。

⑦2020年2~3月参加面试,4~5月会发布录取名单。若考上则大概6月报到。

(2)为实现中期目标的计划(在实现短期目标的基础上)

①2020年6月报到之后,积极参加工作,增加有关的工作经验。

②在工作之余抽时间学习会计、税务方面的知识,可以在双休日上培训班,或是在网上报考相关网络课程。

③若是有可能从税收征管类职位转向财务管理职位(与会计有关),则在工作两年后考会计初级职称,5年后考会计中级职称。

(3)为实现长期目标的计划

①在累积一定的会计、税务的知识经验后,可以开始学习注册会计师要求的知识,为考试做准备。也可以在拿到会计初级职称后开始学习相关知识。

②由于注册会计师的考试要求取得大学本科学历,从事会计工作满四年后报考,所以可以在取得会计中级职称后再开始报考。

③注册会计师考试分为两个阶段:

第一阶段:会计、审计、财务成本管理、公司战略与风险管理、经济法、税法6科。

第一阶段的单科合格成绩5年有效。对在连续5年内取得第一阶段6个科目合格成绩的考生,发放专业阶段合格证。

第二阶段:设综合1科。第二阶段考试科目应在取得专业阶段合格证后5年内完成。对取得第二阶段考试合格成绩的考生,发放全科合格证。

我觉得在三年内通过第一阶段比较好,具体计划如下:

第一年:会计、审计

第二年:财务成本管理、经济法

第三年:公司战略与风险管理、税法

若是没有通过的科目可以在之后制订具体计划复习通过。

④可以在之后考虑考评会计高级职称,要求在省级刊物上(会计相关的)发表论文2篇(第一作者)。

四、调整与评估

（1）调整理由及方向

由于近些年考公务员的队伍不断壮大,考公务员的难度加大,再加上国税局是公务员报考的热门,所以一次性考取我的理想目标职业:南平市国税局公务员(税收征管或财务管理相关职位)有一定的难度。为了更有把握,我将参加2021年福建省的春季地方公务员考试。

（2）具体调整方案

报考2021年福建省春季地方公务员考试。

具体有以下两种执行方案：

①报考南平市地税局的相关职位。

②报考光泽县的相关公务员职位(因为我家就在光泽县),这里的公务员考起来相应容易,且地方也较熟悉,可以在考取了这里之后的一到两年内,再报考国家公务员考试考到南平市国税局。

（3）计划

①国家公务员考试结束之后即2020年12月,在准备面试的同时还要继续复习有关笔试的内容,当然这时要针对福建省公务员考试的特点进行复习。

②2020年12月底至2021年1月月初在网上报名福建省公务员考试

③2021年1月中下旬参加笔试考试。

④2021年4月左右参加面试。

（4）评估

我认为从各个方面综合考虑,公务员是最适合我的,也是最吸引我的工作。相信只要我准备充分,通过我的努力应该可以考上公务员,并按照我的计划实现我的职业生涯规划目标。我有信心做到、也有信心做好。

【点评】

1.这是一份比较完整的大学生职业生涯规划书,对自己和职业有较为清晰的认知,并能根据人职匹配的方法进行分析。

2.需要补充以下几点:首先是加强对公务员工作的认知,分析其利弊,规划书中更多地谈到了有利的方面,而忽略了这个职业的一些弊端。要接受一个职业并与之长期相处,对其弊端没有一个正确的认知是不行的。其次是开发更为有效的行动计划,作为大三学生,可以做个每周的备考计划。最后是加强调整方案,由于公务员考试风险较大,可以为自己再多留一条后路,当然我们希望该生不会走这条路。

3.接下去就是去执行计划,这需要较长时间的准备,需要坚强的毅力和一贯的执行力,祝你成功。

附录三　课程实践作业与课堂练习

一、实践作业

(一)生涯人物访谈报告

生涯人物访谈是一种职业探索活动,是一次间接的、快速的生涯体验。它是通过与一定数量的职场人士会谈而获取一个行业、职业和单位的信息,以及了解某一个职业发展阶段的问题与任务。通过访谈,了解该职业岗位的实际工作情况,获取相关职业领域的信息,进而判断你是否真的对该工作感兴趣。通过访谈,也可以了解访谈对象当初的职业生涯决策、目前所处的生涯发展阶段以及他或她所面临的问题和内心感受,并获得他们对自己职业生涯发展的相关建议。

从自己的亲友或你感兴趣的行业或职业中,分别选择三个位于职业生涯早期、中期和晚期的人物,对他们一一进行访谈。当然,你也可以经他人推荐或通过微博、知乎等网络平台联系知名人物。

首先是访谈前的准备,包括拟定访谈提纲、事先预约等。事先了解该行业、职业或该人物的相关信息,结合职业生涯发展阶段的相关知识,围绕以下要点拟定访谈提纲:行业、单位、职业、职位;工作性质、内容、职责、强度、时间、地点、环境;任职资格、所需技能;工作感受、问题与难点等。

其次是访谈过程的实施。访谈方式可以是面谈、电话、邮件、QQ 或微信等,最好是面谈。访谈时要注意礼貌、守时,不浪费他人时间,尊重个人隐私,注意信息安全。访谈时要做好记录,并针对自己想了解的问题适度深入探讨。访谈结束后,应迅速地整理访谈内容,并补记在访谈现场没有记录的内容,同时注意通过适当的方式表示感谢。

最后,对访谈结果的分析是最重要的环节。根据访谈记录,与自己对该职业的认知和教材中对生涯阶段的描述相对比,找出主观认知与现实之间的偏差,确定自己是否适合这一行业、职业或工作岗位,确定自己是否具备所需的专业、能力、知识等,确定该人物是否具有每个生涯阶段所面临的困惑,接着进一步探寻如何解决自己和该人物所面临的问题。最重要的是要形成书面报告。

建议采用以下目录,形成一份"生涯人物访谈报告"。

一、访谈说明

1. 访谈对象

2. 访谈过程

3. 访谈目的

二、访谈记录

1. 访谈内容

2. 其他资料

三、访谈结论

1. 结论一

2. 结论二

3. 结论三

四、访谈启发

1. 对自我个性特征的启发

2. 对个人目标计划的借鉴

3. 对生涯其他方面的思考

(二)标杆人物阅读报告

生涯人物可以是标杆人物也可以不是，所以这两份作业有相似之处，也有所不同。前者侧重职业探索，后者侧重榜样借鉴。生涯决策与发展是需要榜样的。不管你现在心目中有没有自己的榜样，都需要去寻找一个能够引领你的榜样，特别是在一个相对自由的大学成长环境中。

标杆人物尽量选择与你职业发展目标或你现在所学专业相关的人物。这个榜样人物可能是成就斐然的业界大咖，可能是闻名遐迩的历史人物，也可能是可亲可爱的身边人。他可能不是一个完美的人，也不一定有伟大的功勋，但足有可以让我们学习的地方，可能是精神上的力量，也可能是策略上的建议。

从各种渠道搜集标杆人物的信息，详细了解其生涯历程中的主要成就、关键事件、背景环境等；然后通过小组讨论分享信息和观点，最后总结成报告。报告重在总结和思考，甚至可以深入地进行一些探讨。特别需要注意的是，启发部分不需要对标杆人物"歌功颂德"，重在陈述自己的感受和启发，谈谈标杆人物对你的学习、生活和职业发展，甚至是做人做事方面可借鉴的地方，也就是说在这一部分要表达的是"我学到了……；我反思了……；我日后准备怎么去做"。

建议参考以下内容，通过团队合作形成一份PPT——"标杆人物阅读报告"。

1. 标杆人物简介

2. 标杆人物的成功之处

3. 标杆人物成功的主要原因：性格、能力、家庭背景、人际交往能力、毅力……

4. 标杆人物给予我们的启发(团队中的每个人)

切实地进行生涯人物访谈和标杆人物分析的确有些困难，但用心的学生总能创造惊喜。例如：他们真的可以通过线上的方式访谈"不一般"的人物。其实，只要用心去做，你就会发现最终都是很有收获的。例如：学生谈到了任正非的远见和危机意识、董明珠的女性领导者魅力、乔丹的天赋与努力等。再例如：报告中提及最多的是"坚持"，学生的作业不仅停留在歌颂坚持的品质和意义，更是深入分析了坚持的原因，并结合实际情况谈到了具体如何去坚持某个事情。实践作业调动了学生的参与感和主动性，为生涯决策和发展提供了坚实的力量。

二、课堂练习

第1次:什么是生涯规划?

1.请根据自身情况,在圆圈内填入">、<或 ="

成功 ○ 满足

2.职业选择和职业表现,对生活有何影响?请举例说明。

3.什么样的工作对你有激励性?请举例说明。

第2次:自我探索——自我认知

1.谈谈对你影响最大的三个人和三件事。

2.分别用一句话形容你的父亲和母亲。

第 3 次:自我探索——价值观

1.**课堂游戏**:"拍卖你的生涯"。请勾选你想要的事项,不多于 5 个。

A. 豪宅　　　　　　　B. 巨富　　　　　　　　C. 一张取之不尽、用之不竭的信用卡

D. 美貌贤惠的妻子或英俊博学的丈夫　　　　　E. 一门精湛的技艺

F. 一个小岛　　　　　G. 一所宏大的图书馆　　H. 和你的爱人浪迹天涯

I. 一个勤劳忠诚的仆人　　　　　　　　　　　J. 三五个知心朋友

K. 一份价值 50 万美元并每年可获得 25％纯利收入的股票

L. 名垂青史　　　　　M. 和家人共度周末　　　N. 一张免费旅游世界的机票

O. 直言不讳的勇敢和百折不挠的真诚

2.**工作价值类型 Work Values**:请勾选你想要的类型,不多于 5 个。

A. 经济收入　　　　　B. 稳定性　　　　　　　C. 独立自主

D. 创造性　　　　　　E. 管理与领导　　　　　F. 工作环境

G. 人际关系　　　　　H. 成就感　　　　　　　I. 社会奉献

J. 知识性　　　　　　K. 生活方式　　　　　　L. 社会地位

M. 多样性而不是单调的工作。

3.**职业价值观类型**:根据测试结果,属于你的职业价值观类型有:

Ⅰ. 自由型/非工资生活型　　Ⅱ. 经济型/经理型　　Ⅲ. 支配型/独断专横型

Ⅳ. 小康型　　　　　　　　Ⅴ. 自我实现型　　　　Ⅵ. 志愿型

Ⅶ. 技术型　　　　　　　　Ⅷ. 合作型　　　　　　Ⅸ. 享受型

第 4 次:自我探索——性格

1.**课堂练习**:请写出 20 个"我是谁"……,尽量使用形容词。

2.**你的性格类型是什么**:请勾选属于你的性格类型(可多选)。

(1)气质类型:①胆汁质;②多血质;③黏液质;④抑郁质。

(2)常见的一些分类:

①内倾型;②外倾型。

①顺从型;②独立型。

①行动型;②思考型。

①理智型;②意志型;③情绪型。

(3)五类基本个性类型/大五人格:

①Extraversion 外向的;

②Agreeableness 温和的;

③Conscientiousness 谨慎的;

④Emotional Stability 情绪稳定的;

⑤Openness to Experience 爱好尝试的。

(4)心理学家划分的 4 类,属于你的性格类型:

①敏感型;②情感型;③思考型;④想象型。

第 5 次:自我探索——兴趣

1.自我认识的工具——好恶调查表(附表 3-1):请尽量多地列举出你的好恶。

附表 3-1　　　　　　　　　　　　好恶调查表

喜好	厌恶

2.你的职业兴趣类型是什么:请勾选属于你的职业兴趣类型。

(1)工作世界地图:

①Data;②People;③Things。

(2)霍兰德职业兴趣类型,对照教材,属于你的兴趣类型:

①现实型职业;②调研型职业;③社会型职业;

④事务型职业;⑤企业型职业;⑥艺术型职业。

第 6 次:自我探索——能力、生活方式

1.自我认识的工具——优缺点平衡表(附表 3-2):请尽量多地列举出你的优缺点。

附表 3-2　　　　　　　　　　优缺点平衡表

优点	缺点

2.你的天赋:请写出你比周围的人更擅长的一些事项。

3.你的专业技能:请写出你主修的专业所训练的一些技能。

4.你乐于运用的技能:

你比较擅长的技能:

你想要发展和获得的技能:

你从来没使用过的技能:

5.你比较欠缺的工作技能:请勾选自己比较欠缺的工作技能。

①读写的能力;②沟通技巧;

③科学与数学技能;④随机应变与处理危机能力;

⑤组织能力;⑥处理人际关系的技巧;

⑦外语交际能力;⑧逻辑和分析能力;

⑨商业管理能力;⑩其他。

6.你所偏好的生活方式:请简要回答以下问题。

(1)工作或成功在你生命中到底有多重要?

(2)你的生命中除了工作还有什么?

(3)生活的其他部分重要吗?

(4)你偏爱什么样的城市和生活环境?

(5)你如何看待工作与生活的协调与冲突?

第7次:环境探索

1.通过微信或电话,提问你的父母以下三个问题,并记录他们的回答。

(1)你们希望我做什么工作?

(2)你们对我未来的生活有什么要求或期望?

(3)你们对我日后的发展可以提供哪些支持?

2.与你专业相关的工作或你日后想从事的工作有哪些,请写出至少3个:

(1)_____

(2)_____

(3)_____

3.从上述工作中任选一个,针对该工作写出求职网站上的一则招聘广告,并查找能够证明其发展前景的数据资料。

(1)招聘广告:

(2)数据资料:

第 8 次:目标与计划

1.根据教材的心理测验,你的职业锚类型:

①技术/职能型;②管理型;③自主/独立型;④安全/稳定型;

⑤创造/创业型;⑥服务奉献型;⑦挑战型;⑧生活型。

2.拟定一个近期最想实现的目标,关于学习的、生活的、娱乐的、身体的都可以。

原则如下:

①是以结果而不是行动来表述的;

②是可度量和定量化的;

③具有清楚的时间框架;

④具有挑战性但却是可实现的;

⑤书面的;

⑥如果涉及他人,则必须是与有关人员沟通过的。

近期的一个目标:

3.针对上述这一目标,制订尽量细化的可执行计划方案。

措施1:

执行措施1的计划:

措施2:

执行措施2的计划:

第 9 次：评估与调整

1.人生不如意事十有八九,在附表 3-3 中写出 3 件目前为止你最不如意的事项,并勾选你将如何看待这些人生的不如意,是改变、改善还是接受？对于这些不如意,如果你想改变或改善,写出具体措施；如果你想接受,那将如何面对内心的不平静,也请写出具体措施。

附表 3-3　　　　　　　　　　最不如意的事

不如意的事项	改变	改善	接受	措施
(1)				(1) (2) (3)
(2)				(1) (2) (3)
(3)				(1) (2) (3)

2.请根据你的理解,简要回答以下问题：

(1)我们常常看到不同性格的人做着同一份工作,他们可以调整自己以适应工作,所以"人职匹配"根本就是不可能的也是不现实的？

答：

(2)"计划赶不上变化",未来不可预测,所以职业规划根本没用。你怎么看?

答:

(3)有人说"去工作吧,去享受你的人生!"而现实中的工作都是无趣的,谁愿意工作!其实人生的乐趣都在工作之外,与工作无关,你认同吗?

答:

(4)你如何看待"先就业再择业",你想先就业再择业吗?你会先就业再择业吗?

答:

(5)为什么说"选择工作就是选择将来的自己"?

答: